A DIETA DE SOUTH BEACH ADITIVADA

A DIETA DE SOUTH BEACH ADITIVADA

PERCA PESO MAIS RÁPIDO E MELHORE SUA SAÚDE

Arthur Agatston, M.D.

com Joseph Signorile, Ph.D.

SEXTANTE

ATENÇÃO: Este livro é uma obra de referência, e não um manual médico. As informações contidas aqui têm o objetivo de ajudar o leitor a tomar decisões conscientes sobre sua saúde, seu bem-estar e seu programa de exercícios. O propósito desta publicação não é substituir orientações de profissionais das áreas médica e de condicionamento físico. Caso você suspeite de que tem um problema de saúde, nós o aconselhamos a consultar um médico. Além disso, busque a orientação e a aprovação desse profissional antes de dar início à dieta e ao programa de atividade física. As informações que apresentamos têm o propósito de complementar, e não de substituir um treinamento físico adequado. Como a prática de qualquer exercício envolve risco, declaramos que cabe ao leitor tomar todos os cuidados relativos à sua segurança, observando seus limites. Não se esforce além do seu nível de condicionamento físico e experiência. Observe também o estado de conservação dos equipamentos que vier a utilizar para evitar incidentes. A menção de determinadas empresas, organizações e autoridades neste livro não corresponde a uma recomendação do editor nem quer dizer que tais empresas, organizações e autoridades corroboram o conteúdo desta obra.

tradução
Ana Beatriz Rodrigues

preparo de originais
Débora Chaves e Valéria Inez Prest

revisão
Tereza da Rocha

revisão técnica do programa de atividade física
Karla Tavares Vieira Pires e Julia Maria Penha Lima

adaptação de projeto gráfico e diagramação
DTPhoenix Editorial

design da capa
Carol Angstadt

adaptação da capa
Miriam Lerner

pré-impressão
ô de casa

impressão e acabamento
Congregação do Santíssimo Redentor
Editora Santuário

CIP-BRASIL. CATALOGAÇÃO-NA-FONTE
SINDICATO NACIONAL DOS EDITORES DE LIVROS, RJ

A21d Agatston, Arthur S.
A Dieta de South Beach Aditivada / Arthur Agatston; com Joseph Signorile [tradução de Ana Beatriz Rodrigues]. - Rio de Janeiro: Sextante, 2008.

Tradução de: The South Beach Diet Supercharged
Inclui bibliografia
ISBN 978-85-7542-436-0

1. Dieta de emagrecimento. 2. Dieta de emagrecimento – Receitas. 3. Emagrecimento – Exercícios. 4. Emagrecimento. I. Signorile, Joseph F. II. Título.

CDD: 613.25
08-3965 CDU: 613.24

GMT Editores Ltda.
Rua Voluntários da Pátria, 45 - Gr. 1.404 - Botafogo
22270-000 – Rio de Janeiro – RJ
Tel.: (21) 2286-9944 – Fax: (21) 2286-9244
E-mail: atendimento@esextante.com.br
www.sextante.com.br

SUMÁRIO

Parte Um
Vivendo de acordo com a Dieta de South Beach

Parte Dois
O programa de atividade física da Dieta de South Beach Aditivada

Parte Três
Alimentação aditivada

INTRODUÇÃO

Este livro é ao mesmo tempo uma vitória e um desafio. Além de celebrar o sucesso da Dieta de South Beach, ele comprova a ampla aceitação de seus princípios alimentares saudáveis – carboidratos ricos em nutrientes e em fibras, como hortaliças, frutas e grãos integrais; gorduras benéficas, não saturadas; proteínas magras; e laticínios com baixo teor de gordura. A novidade, nesta versão *aditivada*, é o eficiente programa de atividade física que criei para acelerar ainda mais o metabolismo.

Recebi, nos últimos cinco anos, milhares de relatos documentando os ótimos resultados obtidos por pessoas que decidiram transformar a Dieta de South Beach em um estilo de vida. Selecionei, inclusive, as melhores histórias para compartilhar com você. Mas aproveito esta edição atualizada para incorporar as novidades nutricionais que surgiram após o fim das controvérsias a respeito das dietas de baixo teor de gordura em oposição àquelas com baixo teor de carboidratos. Já não se discute mais qual é a melhor abordagem alimentar para um emagrecimento duradouro e para a manutenção da saúde. É consenso entre os especialistas que o que importa não é a quantidade de carboidratos, proteínas e gorduras, mas sua qualidade.

Na verdade, os princípios alimentares saudáveis da Dieta de South Beach não mudaram. Continuam seguindo as diretrizes da American Heart Association e de muitas outras organizações dedicadas à promoção da boa saúde. O que o livro traz de inédito são as estratégias que desenvolvi, nos últimos cinco anos, para ajudar quem se propõe a mudar seus hábitos alimentares.

Para começar, identifiquei as principais armadilhas encontradas por quem chega a um peso saudável mas ainda acha que precisa perder alguns quilos. É a síndrome do "sempre é possível emagrecer mais", um comportamento que pode levar ao efeito sanfona e até mesmo ao ganho de peso. Para as pessoas que atingem um estágio da dieta em que não conseguem mais emagrecer, mostro o que devem fazer para acelerar seu metabolismo e reverter essa situação.

Apresento também os efeitos benéficos de alguns nutrientes, entre eles o resveratrol, encontrado em um dos meus alimentos preferidos (o chocolate amargo) e no vinho tinto. E aproveito as recentes descobertas feitas sobre as epidemias de diabetes e de obesidade, que estão se espalhando por todo o mundo, para reafirmar a importância que a alimentação correta tem no controle e na prevenção dessas doenças. Alguns estudos mostram ainda indícios de que a gordura abdominal está associada à inflamação, o que parece ser um denominador comum a muitos problemas de saúde.

Mas a grande novidade desta edição é mesmo o programa de atividade física. Embora tenha afirmado, no primeiro livro, minha crença nos benefícios que os exercícios proporcionam à saúde, não havia, na época, nada de original que valesse a pena comunicar aos leitores. Hoje, graças a experiências pessoais esclarecedoras, tenho informações valiosas a oferecer – daí o programa de exercícios que desenvolvi para cada uma das três fases da dieta. Para isso, contei com a ajuda de dois especialistas: Joseph Signorile, Ph.D., professor de Fisiologia do Exercício da Universidade de Miami, e Kris Belding, especialista em Pilates, que vem trabalhando com minha esposa, Sari, há vários anos.

Como para mim a Dieta de South Beach é um estilo de vida, considero este livro uma obra em andamento. À medida que os princípios nas áreas de saúde, nutrição e condicionamento físico se renovam, minha idéia é atualizar o programa. Naturalmente, os avanços exponenciais da ciência podem superar o conhecimento atual ou mesmo revelar conflitos conceituais. Porém, minha missão continua a mesma: ajudar as pessoas a terem uma vida melhor e mais saudável.

Arthur Agatston, M.D.

PARTE UM

Vivendo de acordo com a Dieta de South Beach

1

UM NOVO ESTILO DE VIDA

A Dieta de South Beach sempre se propôs a ser mais do que uma dieta. Na verdade, ela foi desenvolvida para ajudar meus pacientes diabéticos e cardíacos a emagrecer e a se prevenir contra infartos e acidentes vasculares cerebrais (AVCs). Escrevi o livro original em 2003 porque queria contribuir para a mudança da alimentação de um modo geral. Sempre acreditei mais na busca de uma vida longa, saudável e ativa do que no simples emagrecimento.

Hoje, meu objetivo é outro: quero mudar o *estilo de vida* das pessoas, não apenas por meio de uma alimentação saudável e de um corpo magro, mas também melhorando seu nível de condicionamento físico. Isso significa eliminar os maus hábitos alimentares e o sedentarismo que nos tornam mais gordos e doentes.

Nas últimas décadas, uma epidemia de obesidade tomou conta dos Estados Unidos e de muitos outros países. As estatísticas mostram que 51% da população não pratica exercícios físicos regularmente. Além disso, um terço dos americanos adultos com mais de 20 anos está obeso e dois terços estão acima do peso. O número de crianças com sobrepeso triplicou. Os resultados são alarmantes porque a obesidade é responsável por várias doenças.

Além de despertar preocupações estéticas, o excesso de peso favorece uma série de problemas, como ataque cardíaco, AVC, pré-diabetes, diabetes, diversos tipos de câncer, doença de Alzheimer, degeneração macular, artrite, osteoporose, psoríase, acne, depressão e transtorno do déficit de atenção. E essa é apenas uma pequena amostra.

Se não revertermos essa tendência, o custo do excesso de peso em termos humanos e econômicos alcançará proporções críticas. A alimentação inadequada e o estilo de vida sedentário já estão nos cobrando um preço alto no que diz respeito a mortalidade e dinheiro. Esses dois fatores são responsáveis por cerca de 300 mil mortes prematuras por ano nos Estados Unidos. A má notícia é que não estamos sozinhos nesse cenário desolador. Ao exportarmos o estilo sedentário e a comida tipo fast-food para todas as partes do mundo, fazemos com que os problemas que eles causam afetem outros povos. A boa notícia é que, por entendermos melhor o que está acontecendo, podemos começar a criar soluções.

O sedentarismo na berlinda

Estudando as estratégias para deter e reverter a epidemia de obesidade, descobri que, se as pessoas forem colocadas a par dos problemas, podem se tornar os melhores parceiros na busca por soluções.

Usei minha formação em história para investigar as origens dessa situação e entender como chegamos a essa crise. Embora os maus hábitos alimentares e o estilo de vida prejudicial não sejam novos, as mudanças mais nocivas cresceram muito nos últimos anos. Já não vivemos mais na selva nem queimamos calorias caçando e coletando alimentos, mas nosso DNA é projetado para viver, comer e se exercitar da mesma forma que faziam nossos ancestrais caçadores-coletores. Isso não mudou quase nada desde então.

O que, de fato, há de novo é o ritmo acelerado do avanço tecnológico e das invenções cada vez mais incríveis que favoreceram a redução gradual dos níveis de atividade física em nosso cotidiano. Hoje, tanto no trabalho quanto em casa, passamos horas sentamos diante do computador. Máquinas e equipamentos movimentam e transportam as coisas para nós, e a comunicação por e-mail faz com que muitas pessoas nem sequer se levantem da cadeira para conversar com colegas sentados no outro lado da sala.

A preponderância de equipamentos que poupam trabalho e esforço físico – de tratores e empilhadeiras ao controle remoto e ao computador

– tem enorme impacto sobre o número de calorias que gastamos diariamente. Os efeitos disso são devastadores para nossos músculos, ossos, tendões e ligamentos. Sentar-se curvado diante do computador por horas a fio não faz bem à saúde.

Trato desse problema no capítulo 5 e também na parte dois, seções em que apresento o programa de atividade física de 20 minutos que ajuda a queimar calorias e também a fortalecer os músculos do abdômen, das costas, da pélvis e dos quadris, para evitar dores nas costas e outros problemas provocados pelo sedentarismo.

Ausência de nutrientes

A alimentação inadequada é o outro pilar desse estilo de vida pouco saudável. Desde que começamos a cultivar grãos, frutas e hortaliças, há cerca de 10 mil anos, o conteúdo nutricional dos alimentos sofreu grande deterioração. Investimos na durabilidade, no sabor e na aparência da comida em detrimento de sua capacidade de nutrir.

As frutas e as hortaliças disponíveis na maior parte dos supermercados são maiores, mais doces e mais bonitas do que as que nossos ancestrais coletavam. O problema é que elas contêm menos fibras, vitaminas e minerais do que o recomendável para a saúde.

Felizmente, os produtos orgânicos, cultivados com métodos sustentáveis e que recuperam o estado mais natural e nutritivo dos alimentos, estão cada vez mais populares. No capítulo 7, recomendo alguns itens poderosos em termos nutricionais que ajudam a manter a saúde e prevenir doenças crônicas e degenerativas.

Alimentos excessivamente processados

Além do desejo de cultivar e produzir alimentos quase que exclusivamente para torná-los agradáveis ao paladar, precisamos considerar também os aspectos sociais e tecnológicos envolvidos na baixa qualidade da comida que consumimos hoje. Até poucas décadas atrás, a maior parte das pessoas costumava andar diariamente até o mercado local para comprar os produtos que não cultivavam, bem como pão fresco e outros itens. O surgimento do automóvel e da geladeira, porém, permitiu que elas adquirissem comida suficiente para alimentar a família por uma semana ou mais.

Mas, para que essa mudança de hábito fosse possível, foi necessário aumentar a durabilidade dos alimentos na prateleira. Pena que esse processo tenha eliminado nutrientes importantes e, ao mesmo tempo, acrescentado substâncias como sódio e gorduras trans. No capítulo 3, abordo os efeitos prejudiciais dessas novidades tecnológicas sobre a saúde e o que fazer para evitá-los.

Está na hora de mudar

Hoje sabemos que o aumento de peso, a falta de condicionamento físico e a deterioração da saúde não são questões isoladas, mas parte do mesmo problema. Aprendemos também que o que é bom para manter a boa forma é melhor ainda para o coração, para o cérebro e para a saúde de modo geral. O próximo passo é começar a exigir que a indústria alimentícia, inclusive as redes de restaurantes e lanchonetes do tipo fast-food, ofereçam opções mais saudáveis.

Temos que proporcionar às crianças em idade escolar refeições ricas em nutrientes, e incorporar a educação nutricional ao currículo escolar. Na realidade, o ideal seria voltarmos a fazer as refeições à mesa, com a família, e, apesar da correria do dia-a-dia, dar um jeito de oferecer alimentos frescos aos nossos filhos. Essas medidas são a garantia de uma sociedade mais saudável, mais feliz, mais motivada e mais produtiva. Tenho certeza disso.

Não importa se você está com 2 ou 9 quilos a mais, se é ativo ou sedentário, o objetivo deste livro é ajudá-lo a se tornar saudável e recuperar a boa forma. Portanto, continue lendo e conheça os benefícios proporcionados pelo programa de alimentação e de condicionamento físico. Nas partes dois e três mostro detalhadamente como chegar lá. Torne-se parte da solução.

CINCO ANOS DE SUCESSO

DEBORAH M., 43 ANOS: "SOU MAIS FELIZ DESDE QUE MUDEI MEU ESTILO DE VIDA."

Foi em 2003. Eu e meu marido éramos hipertensos e, mesmo com o uso de medicação, não conseguíamos controlar a pressão. Eu estava acima do peso e nós dois sabíamos que precisávamos mudar. *A Dieta de South Beach* tinha acabado de sair e fui até a livraria dar uma olhada. Folheei o livro e fiquei entusiasmada com a parte das receitas. Adoro cozinhar e não conseguiria abrir mão disso.

Depois de ler o livro, percebi que passava o dia comendo maus carboidratos (biscoitos doces e salgados). Assim que parei de consumir farinha branca refinada notei uma mudança completa, inclusive no humor e na energia. Emagreci 20 quilos ao longo de um ano, e meu marido, 9 quilos. Embora ele continue tomando remédio para hipertensão, sua pressão está sob controle.

Virei uma especialista em alimentação saudável. Nos almoços com os amigos, todos sabem que podem contar comigo para preparar um prato nutritivo, pois aprendi a substituir os maus carboidratos das receitas por bons carboidratos. Também faço questão de ensinar as pessoas a ler os rótulos para se certificarem de que estão comprando produtos feitos de grãos integrais, e não com farinha de trigo refinada.

Em 2005, hospedamos um menino de 11 anos pelo sistema de adoção temporária. Ele estava acima do peso e tomava medicação para hipertensão, pois vivia à base de junk food. Decidimos levá-lo ao médico, que recomendou não só uma mudança na alimentação como no estilo de vida. Essa criança passou então a comer da mesma maneira que nós e a praticar exercícios físicos. Ao fim de quatro meses, já não precisava mais tomar o remédio e, 18 meses depois, quando deixou nossa casa, havia perdido 15 quilos.

Estou feliz por ter emagrecido, mas me sinto ainda melhor por ter adotado um estilo de vida saudável. ▪

2

OS FUNDAMENTOS DE UMA ALIMENTAÇÃO SAUDÁVEL

Recentemente, uma matéria distribuída pela Associated Press sobre o sistema de metrô da cidade de Nova York chamou minha atenção. De acordo com funcionários do metrô, grande parte dos atrasos das composições é causada pelo alto número de desmaios nas plataformas e nos vagões. Isso mesmo: adeptos de dietas radicais que passam mal e necessitam de ajuda médica são os maiores responsáveis pelos atrasos no metrô.

É evidente que essas pessoas não estão se alimentando corretamente e, com certeza, não estão seguindo a Dieta de South Beach porque ela prevê três refeições e pelo menos três lanches por dia. Ou seja, ninguém sente fome ou tontura por estar se sentindo fraco. Na realidade, após as duas primeiras semanas, pode-se até comer sobremesa e tomar uma ou duas taças de vinho para acompanhar a refeição.

A proposta da Dieta de South Beach não é fazer com que você pule refeições, e sim que consuma porções satisfatórias de alimentos, inclusive carboidratos ricos em nutrientes e com alto teor de fibras (hortaliças, frutas e grãos integrais), além de proteína magra e laticínios light. Não se trata de um regime com alto teor de proteína e baixo teor de carboidratos nem mesmo de um programa alimentar que proíbe a ingestão de gordura. Nosso objetivo é o emagrecimento seguro (e nutricionalmente sólido) e a conquista de um bom condicionamento físico.

OS PRINCÍPIOS BÁSICOS EM POUCAS PALAVRAS

Na parte três, você vai encontrar todas as ferramentas de que necessita para iniciar a primeira fase do regime e dar continuidade às outras duas. No entanto, apresento a seguir uma visão geral de seus fundamentos:

Fase 1: A fase mais curta e mais rígida da dieta. Dura apenas duas semanas e se destina às pessoas que estão muito acima do peso ou que sentem uma vontade tremenda de comer doce ou amido refinado. Nessa fase, tem início o processo de emagrecimento, os níveis de glicose no sangue se estabilizam e o desejo de ingerir aqueles itens diminui. Entre os alimentos permitidos estão as proteínas magras (peixes e frutos do mar, frango, peru, alguns cortes de carne vermelha e soja); as hortaliças; os feijões e outras leguminosas; as nozes; os ovos; os laticínios light e as gorduras boas (azeite de oliva extravirgem e óleo de canola). Estão previstas três refeições ao dia, dois lanches e sobremesa, mas sem a presença de amidos (pães, massas e arroz) e açúcares (inclusive o das frutas). Embora pareça difícil de acreditar, aquela vontade vai desaparecer. Lembre-se de que, em apenas duas semanas, muitos desses alimentos voltarão a fazer parte da sua vida. E não se esqueça de que os exercícios aceleram os resultados.

A Fase 1 é muito estimulante, pois permite um emagrecimento rápido em apenas duas semanas, mas o principal objetivo é estabilizar os níveis de glicose no sangue e eliminar a vontade de consumir açúcares e carboidratos. Só assim é possível controlar melhor a própria alimentação. Embora o emagrecimento rápido sirva de incentivo para continuar a dieta, é importante passar à fase seguinte, quando a perda de peso se torna mais gradual e a mudança do estilo de vida se transforma em realidade.

Fase 2: As pessoas que precisam perder 5 quilos ou menos, que não sentem o desejo irresistível de comer doces e carboidratos ou que querem apenas ser mais saudáveis podem começar a dieta na Fase 2. Mas, se você estiver vindo da Fase 1, perceberá que continua a emagrecer, embora mais lentamente, e que sua vontade de ingerir determinados alimentos desapareceu. Não desanime com o emagrecimento menos acelerado. O objetivo é alcançar um peso saudável e duradouro, bem como obter mais qualidade de vida. Para isso, você começará a reintroduzir alguns alimentos proibidos na Fase 1: frutas, pães e massas integrais, arroz integral e alguns tubérculos, como batata-doce. Uma taça de vinho no almoço ou jantar passa a ser permitido.

Fase 3: Essa fase começa quando você alcança o chamado peso ideal. A essa altura, já terá aprendido a hierarquia dos alimentos e adotado a alimentação adequada. Por exemplo: batata-doce em vez de batata-inglesa; arroz integral em vez de arroz branco; frutas vermelhas em vez de melancia; e muitas hortaliças e grãos integrais. Nessa etapa, nenhum alimento é proibido. Extravagâncias eventuais são permitidas, mas é provável que você satisfaça sua vontade de comer doce logo após as primeiras mordidas.

A importância das fibras alimentares

Você sabe qual é a diferença entre os bons e os maus carboidratos? Muitos de meus pacientes não tinham a menor idéia até a publicação de *A Dieta de South Beach*, há cinco anos. Na verdade, até recentemente, muitos profissionais da área médica também não estavam a par disso nem da importância das fibras para que o carboidrato seja considerado "bom".

Quem associou a alimentação pobre em fibras alimentares ao desenvolvimento de determinadas doenças foi o médico inglês Denis Burkitt, quando estava a serviço do Exército britânico na África, na década de 1960. Já o reconhecimento da importância nutricional das fibras tem a assinatura do Dr. David Jenkins, da Universidade de Toronto, que desenvolveu, na década de 1980, o conceito de índice glicêmico – método que classifica os alimentos de acordo com a velocidade com que eles elevam os níveis de glicose no sangue, o que se deve em parte aos tipos de amido, açúcar e fibras neles contidos. Além disso, na última década descobriu-se que os carboidratos ricos em fibras são fontes de micronutrientes fitoquímicos, categoria que inclui os antioxidantes essenciais para a prevenção de doenças e para a manutenção da saúde.

As fibras contribuem para o processo de emagrecimento. Elas são de dois tipos: as solúveis e as insolúveis. As fibras solúveis estão presentes sobretudo nas hortaliças, nas frutas, nos legumes, na cevada e na aveia. Elas retardam o processo de digestão, fazendo com que o alimento permaneça mais tempo no estômago, prolongando assim a sensação de saciedade. Já as fibras insolúveis são encontradas principalmente no trigo, no farelo de trigo e em outros grãos integrais. Elas aceleram a passagem dos alimentos pelo intestino, ajudando a prevenir a constipação. Infelizmente, para que os pães e outros produtos de confeitaria tenham mais durabilidade e uma textura mais homogênea, as fibras dos grãos são eliminadas. Com esse processamento, os grãos perdem os nutrientes e se tornam basicamente cadeias de moléculas de glicose (açúcar) conhecidas como amido.

Os amidos são rapidamente digeridos e convertidos em açúcares simples, podendo causar a súbita elevação dos níveis de glicose no sangue. Um pedaço de pão branco, quem diria, aumenta mais rápido os níveis de glicose no sangue do que a ingestão de uma colher de chá de açúcar. É por essa razão que os produtos de confeitaria altamente processados e os cereais açucarados estão entre os carboidratos menos recomendados.

Vamos supor que o seu café da manhã seja um prato de cereal açucarado ou um pão branco. Além de quase não conter fibras e nutrientes, ele é convertido em açúcar com muita rapidez. Quando isso acontece, o pâncreas responde produzindo insulina, hormônio que facilita a absorção da glicose e da gordura da corrente sanguínea pelas células. Trata-se de uma etapa crucial, pois garante que toda a energia que consumimos sob a forma de alimento seja distribuída pelos tecidos do corpo, onde é queimada, armazenada ou incorporada como hormônio.

Se a sua refeição é constituída majoritariamente de amido ou açúcar, o pâncreas é obrigado a produzir mais insulina do que o normal. Quando a insulina adicional entra em ação, os níveis de glicose no sangue caem abruptamente. Embora logo após comer você se sinta satisfeito e cheio de energia, assim que a glicose é eliminada da corrente sanguínea surgem a sensação de cansaço, o mau humor e a fome.

É por causa dessas variações nos níveis de glicose que muitas pessoas estão sempre com vontade de comer doces ou lanches à base de amido – uma solução rápida para aliviar a fome. Com o tempo, o metabolismo se torna suscetível à condição chamada pré-diabetes, ou síndrome metabólica, que já atinge cerca de 40% dos adultos nos Estados Unidos. Quando não tratado, esse problema pode aumentar a ocorrência de infartos e de AVCs, assim como abrir caminho para o desenvolvimento do diabetes propriamente dito.

Opção preferencial pelas boas gorduras

Quando, há mais de 10 anos, recomendei que meus pacientes com problemas cardíacos ingerissem mais gorduras benéficas, minha sugestão foi considerada uma heresia médica. Hoje, os nutricionistas concordam que as boas gorduras são importantes. Essa é uma ótima notícia, especialmente para quem sofria tentando emagrecer com as dietas de baixo teor de gordura. Na verdade, é muito difícil seguir um regime que proíbe todo tipo de gordura. O corpo precisa das boas gorduras porque elas são essenciais para a constituição das membranas celulares, dos nervos, do coração e do cérebro (as gorduras compõem 60% do cérebro), e estão presentes em praticamente todas as funções básicas do organismo.

As boas gorduras também retardam a digestão dos carboidratos e conferem sabor aos alimentos, ajudando na sensação de saciedade. No entanto, é preciso ter cuidado com o tipo de gordura consumido. As mais saudáveis são os ácidos graxos insaturados, que podem ser monoinsaturadas (azeite de oliva e os óleos de amendoim, abacate e canola) ou poliinsaturadas (ômega-3 e ômega-6).

As gorduras ômega-3 são encontradas em algumas nozes, sementes de linhaça e frutos do mar, em especial em peixes de águas frias, como salmão, atum, sardinha e arenque. As gorduras ômega-6 estão presentes nos óleos de milho, açafrão e gergelim e também nos grãos. Ambas são necessárias ao organismo, mas as gorduras ômega-6 dependem de interações com as gorduras ômega-3 para gerar benefícios à saúde.

A gordura ômega-6 deve ser ingerida com a ômega-3 na proporção de aproximadamente 2-4:1, ou seja, uma parte de ômega-3 para 2 a 4 partes de ômega-6. A média nos Estados Unidos é de 15-17:1 (uma parte de ômega-3 para 15 a 17 de ômega-6), dado o alto consumo de óleos ricos em ômega-6 e de carne de gado confinado, alimentado com ração rica em ômega-6. O gado criado solto no pasto e as carnes de caça têm mais ômega-3.

Quando consumido em grande quantidade, o ácido graxo do tipo ômega-6 tende a favorecer a inflamação, enquanto o ácido graxo do tipo ômega-3 atua como antiinflamatório. Como geralmente ingerimos ômega-6 demais e ômega-3 a menos, não é exagero dizer que estamos em um estado constante de inflamação, o que pode causar ou agravar diversos problemas de saúde, tais como ataques cardíacos, cânceres e doença de Alzheimer.

Embora eu não tenha o hábito de recomendar suplementos alimentares (prefiro que os nutrientes sejam obtidos diretamente dos alimentos), faço uma exceção quando se trata de ômega-3. Se você não come peixe pelo menos duas vezes por semana, compense a carência tomando um suplemento de óleo de peixe que contenha ácido eicosapentaenóico (EPA) e ácido docosahexanóico (DHA). Os rótulos costumam mostrar a quantidade desses nutrientes em miligramas (mg), mas consulte seu médico para saber a dose ideal para você. Em geral, a dose-padrão varia entre 1.000 e 2.000mg diários. Quem tem alta taxa de triglicerídeos pode consumir doses mais elevadas. O DHA, que está presente em grandes quantidades no cérebro, vem sendo acrescentado a muitas marcas de leite artificial para bebês desde 2002.

É preciso ter cuidado até mesmo com as boas gorduras. Por melhores que sejam, elas são muito calóricas e devem ser consumidas com parcimônia em todas as fases da Dieta de South Beach. Sugiro limitar a ingestão diária de óleos a duas colheres de sopa e a de nozes a um quarto de xícara.

Gordura trans, a grande vilã

A gordura má inclui a gordura saturada e a gordura trans. Na categoria saturada, ela se classifica como gordura animal, encontrada principalmente nos cortes gordurosos de carne de boi, de carneiro e de porco, bem como na pele do frango e nos laticínios integrais, e como gordura vegetal, presente no coco, no azeite de dendê e no óleo de semente de palma.

Um detalhe importante: ainda há controvérsia a respeito dos efeitos prejudiciais da gordura saturada de origem vegetal. Pesquisas sugerem que alguns óleos vegetais podem ser benéficos à saúde. Por outro lado, não resta dúvida de que a gordura trans merece a má reputação que possui.

Criada pelos fabricantes para aumentar a durabilidade e a estabilidade dos alimentos, a gordura trans está presente em algumas margarinas, em produtos fritos com gordura hidrogenada e nos salgadinhos industrializados feitos com gordura hidrogenada ou parcialmente hidrogenada.

Sabemos há algum tempo que o alto consumo de gorduras saturadas de origem animal está associado à maior incidência de ataques cardíacos e AVCs porque eleva o colesterol ruim, o LDL (lipoproteína de baixa densidade). As gorduras trans, por sua vez, não apenas aumentam o LDL como diminuem o colesterol bom, o HDL (lipoproteína de alta densidade), afetando o metabolismo, o que pode provocar obesidade, infertilidade e muitos outros problemas.

Em 2006, a FDA (Food and Drug Administration) passou a exigir que os fabricantes de alimentos registrassem na embalagem a quantidade de gorduras trans utilizada, mas a maioria deles optou por retirá-la da composição dos produtos e estampar essa decisão na embalagem como valioso recurso de marketing.

CINCO ANOS DE SUCESSO

DANNY S., 42 ANOS: "A DIETA DE SOUTH BEACH É MINHA APÓLICE DE SEGURO CONTRA A OBESIDADE." Minha história apareceu no primeiro livro do Dr. Agatston e tenho a felicidade de poder compartilhar a continuidade do meu sucesso.

Quando procurei ajuda, oito anos atrás, estava com 35 anos e pesava quase 120 quilos. Embora não houvesse nada de errado com minha saúde, sabia que precisava fazer algo a respeito. Consegui perder quase 30 quilos e me mantenho assim porque, sempre que engordo um pouco e sinto que minha vontade de comer doce ou carboidratos está de volta, retorno à Fase 1 durante alguns dias para relembrar os princípios alimentares saudáveis.

Os exercícios também me ajudaram a emagrecer. Nunca me senti tão ativo e ágil. Faço musculação três vezes por semana e exercícios cardiovasculares cinco vezes por semana. Mas a lição mais importante da Dieta de South Beach foi o autocontrole. Adoro pão, porém aprendi a comê-lo com moderação. Quando somos viciados em alguma coisa, a vontade não desaparece imediatamente, no entanto dá para mantê-la sobre controle. Aprendi que é possível emagrecer e manter o peso. ▪

Proteínas magras tiram a fome

As proteínas são digeridas lentamente e não produzem o pico nos níveis de glicose no sangue que estimula a fome. Elas proporcionam a sensação de saciedade e evitam a fome. Por isso a Dieta de South Beach privilegia os cortes magros de carne de boi, de carneiro e de porco; a carne branca de frango e de peru (sem a pele); as carnes de caça; os peixes e os frutos do mar; os produtos derivados da soja; os feijões e outras leguminosas; os ovos e os laticínios light.

A quantidade de proteína necessária varia de acordo com a idade, o nível de atividade física e as condições de saúde de cada pessoa. Jovens atletas, por exemplo, consomem muita proteína em comparação com indivíduos mais velhos e sedentários. Quem tem problemas renais, por sua vez, precisa limitar drasticamente a ingestão de proteína.

Há quem questione o fato de um cardiologista recomendar o consumo de carne vermelha, que contém gordura saturada. A verdade, porém, é que aconselho a comer os cortes magros de carne vermelha porque são excelentes fontes de proteína, de ferro, de zinco e de vitaminas do complexo B. Considero preferível comer carne vermelha a carboidratos refinados e processados, mas isso não significa que a Dieta de South Beach não seja adequada a vegetarianos. Muitas fontes de proteínas vegetais, como soja e leguminosas (feijão, lentilha, grão-de-bico), são satisfatórias. Assim como existem gorduras monoinsaturadas e poliinsaturadas benéficas, há bons carboidratos em frutas, hortaliças, leguminosas e grãos integrais.

Fibras em alta

As pessoas precisam aumentar o consumo de alimentos ricos em fibras. Não tenho dúvidas de que, se fizessem isso, haveria menos casos de obesidade. Por quê? Porque os itens com alto teor de fibras retardam o ritmo de digestão de amidos e açúcares, equilibrando assim as oscilações nos níveis de glicose no sangue e evitando aquele forte desejo de comer. Não é por acaso que as pessoas que consomem mais fibras engordam menos. Elas simplesmente não sentem tanta fome.

Além de ajudar a manter o peso, as fibras desempenham um papel importante no combate a numerosas doenças. Houve uma época em que se acreditava que ingeri-las em grande quantidade ajudava a prevenir o câncer de cólon. Tal crença baseava-se na menor incidência desse tipo de câncer nos países em que o consumo de fibras alimentares era alto. Porém, estudos posteriores levantaram dúvidas a respeito dessa teoria. Ainda assim, parece que as fibras de fato oferecem proteção contra doenças cardíacas e diabetes do tipo 2.

Uma pesquisa realizada em Harvard com mais de 40 mil profissionais de saúde do sexo masculino revelou que aqueles que ingeriam grande quantidade de fibras alimentares – principalmente cereais – corriam um risco 40% menor de apresentar doenças coronarianas. Outro estudo, também conduzido em Harvard, porém apenas com enfermeiras, revelou que as fibras proporcionavam os mesmos benefícios às mulheres em termos de saúde cardíaca. Muitas outras pesquisas associaram o consumo de fibras a um menor risco de diabetes (veja um exemplo na página 82).

A American Heart Association recomenda a ingestão de 15 gramas de fibras para cada 1.000 calorias, o que corresponde a 25-35 gramas por dia. Os americanos não chegam nem perto disso; sua média diária é de 15 gramas. Daí minha insistência para que as pessoas aumentem o consumo de alimentos ricos em fibras, tais como frutas, hortaliças, legumes e grãos integrais.

■ ■ ■

Agora que você entende a importância dos bons carboidratos, das boas gorduras, das proteínas magras e das fibras, sabe por que esses itens constituem a base da Dieta de South Beach Aditivada. Portanto, trate de incorporá-los às refeições. Basta escolher o que for do seu agrado nas listas de alimentos permitidos (parte três) e seguir à risca os planos de refeições sugeridos para as Fases 1 e 2. Outra opção é usar as recomendações como inspiração para criar suas próprias refeições. Você vai perceber que é muito fácil adotar uma alimentação saudável como parte de seu estilo de vida.

3

UMA DIETA PARA A VIDA INTEIRA

Quando a Dieta de South Beach foi lançada, em 2003, houve quem questionasse a existência de estudos de longo prazo que confirmassem seu valor. Duvidavam que alguém pudesse adotar esse tipo de alimentação pelo resto da vida e disseram até que as "dietas não funcionam" – uma verdade incontestável, a menos que o regime em questão ensine a pessoa a fazer escolhas alimentares inteligentes e a seguir um estilo de vida saudável que possa ser mantido.

Nesse aspecto, gosto de dar como exemplo um experimento que durou centenas de anos com admirável sucesso. Ele envolveu os habitantes da ilha de Creta, no Mediterrâneo. Ao longo dos anos, os cretenses (que, é claro, não tinham idéia de que faziam parte de um experimento) sempre adotaram uma alimentação supervariada e com um teor relativamente alto de gordura, mas não estavam acima do peso. Além disso, a incidência de problemas cardíacos, diabetes, câncer e outras doenças entre eles era mínima. Como conseguiam? Obviamente não estavam preocupados em seguir dietas, contar calorias ou freqüentar academias. Consumiam o que a natureza lhes oferecia, ou seja, frutas, hortaliças, grãos integrais, carnes magras, peixes e azeite de oliva.

Quanto à atividade física, sua rotina diária incluía longas caminhadas. Enfim, a população de Creta era feliz e saudável e não precisava se preocupar com regimes alimentares e programas de condicionamento físico.

Infelizmente, o estilo de vida ocidental chegou à ilha nos últimos anos, fazendo com que seus habitantes passassem a se aproximar dos americanos tanto em termos da medida da cintura quanto da saúde.

Por que os americanos são tão gordos?

A epidemia de obesidade e de diabetes que assola os Estados Unidos há três décadas continua em ritmo acelerado. Não por acaso, foi na década de 1980 que o governo federal, junto com associações médicas, começou a incentivar uma dieta rica em carboidratos e com baixo teor de gordura. Isso se refletiu na composição da pirâmide alimentar divulgada em 1992 pelo Departamento de Agricultura dos Estados Unidos, que indicava pães, arroz, massas e cereais como a base de uma alimentação saudável. Gorduras e óleos deveriam ser usados com parcimônia.

Será que essas recomendações estavam erradas? Vem daí a obesidade que assola o país? Acredito que sim. As verdades científicas da época, baseadas em estudos populacionais realizados após a Segunda Guerra Mundial, justificavam a abordagem que preconizava uma alimentação com pouca gordura e rica em carboidratos. Até cientistas influentes, como o fisiologista Ancel Keys, Ph.D. da Universidade de Minnesota, que examinou a relação entre alimentação, colesterol e doenças cardíacas em países industrializados e não industrializados, validou as diretrizes do governo.

Em países industrializados, como os Estados Unidos, o alto consumo de gordura estava associado a elevados níveis de colesterol e infartos. Nos países não industrializados, onde a alimentação não era rica em gordura, os níveis de colesterol eram baixos e a incidência de doenças cardíacas era pequena. A ilha de Creta, que seguia uma dieta relativamente rica em gordura mas apresentava poucos casos de doenças cardíacas, foi considerada exceção e, por isso, irrelevante para a pesquisa. Assim, os Estados Unidos iniciaram uma cruzada em nome de uma alimentação com alto teor de carboidratos e pobre em gordura – e a população foi engordando cada vez mais. Como pudemos nos enganar tanto?

Acreditava-se realmente que a nova alimentação imitaria a composição dietética do mundo não industrializado, onde praticamente não havia obesidade nem doenças cardíacas. O problema era que aquelas recomendações oficiais não distinguiam os bons e os maus carboidratos, as boas e as más gorduras. Ainda que o uso de açúcar estivesse banido, os amidos (os chamados carboidratos complexos, com baixo teor de fibras) eram bem-vindos. Não se sabia que o pão branco e a batata-inglesa elevavam os níveis de glicose no sangue com a mesma rapidez que os açúcares simples. Quanto às gorduras, ainda não se conheciam os benefícios dos óleos ricos em ômega-3, incluindo seus efeitos positivos para o coração.

Em resposta às propostas nutricionais equivocadas da época, a indústria alimentícia começou a fabricar produtos com pouca gordura, entre os quais pães e biscoitos, mas com farinha de trigo refinada e açúcar. E, para substituir as gorduras animais altamente saturadas, usavam o óleo de coco ou o de palma – até que a American Medical Association declarou que os óleos tropicais eram tão ricos em gorduras saturadas quanto as gorduras de origem animal. A indústria passou então a procurar alternativas para esses óleos, o que só piorou as coisas.

Os óleos de coco e de palma foram substituídos por óleos vegetais hidrogenados ou parcialmente hidrogenados, as prejudiciais gorduras do tipo trans, que estão diretamente associadas a ataques cardíacos, AVCs, diabetes e outros graves problemas de saúde. A ironia é que as gorduras trans foram criadas para ser uma opção mais saudável às gorduras saturadas. Durante anos, a maioria dos americanos (inclusive eu) acreditou que podia ingerir impunemente produtos de confeitaria repletos de amido e gorduras trans. Estávamos errados. E engordamos.

Por que comer pode aumentar a fome?

Graças às contínuas descobertas nas áreas de nutrição e diabetes, no início da década de 1990 percebi que algo estava errado nos hábitos alimentares dos americanos. Ficou claro que a tentativa de limitar o consumo de gordura levou a um aumento da ingestão de maus carboidratos.

Estávamos comendo uma quantidade cada vez maior de doces e amidos refinados destituídos de fibras e outros nutrientes. Isso causava oscilações exageradas nos níveis de glicose no sangue que resultavam no desejo por mais carboidratos refinados e na fome constante.

O conceito de índice glicêmico também contribuiu para explicar o motivo pelo qual sentíamos fome o tempo todo. Passamos a entender a velocidade com que determinados alimentos são digeridos, absorvidos e utilizados. Grãos integrais, hortaliças e frutas pobres em açúcar (como as frutas vermelhas) não causam oscilações drásticas nos níveis de glicose – esses itens possuem um índice glicêmico baixo e por isso são digeridos lentamente, gerando uma sensação de saciedade mais duradoura.

As fibras são o elemento determinante na definição do índice glicêmico de um alimento, mas outros fatores também contam, como seu grau de processamento, tempo de cozimento e acidez. Entretanto, por mais útil que o índice glicêmico possa ser para estimar como os alimentos afetam os níveis de glicose, ele não explica tudo. Nosso conhecimento a respeito dos alimentos e de sua ação no organismo aumentou muito desde que o índice glicêmico foi identificado. As listas de alimentos permitidos e de alimentos a serem evitados que criei para esta edição atualizada refletem esse novo aprendizado.

Pensando no passado, não é surpresa que meus pacientes estivessem engordando, pois vinham sendo incentivados a comer sem restrições carboidratos com alto índice glicêmico (massas, pães e cereais feitos de farinha branca) em vez de carnes gordurosas e laticínios integrais. Ao me inteirar da questão do índice glicêmico, porém, logo percebi que os alimentos desprovidos de fibras e ricos em amido estavam deixando as pessoas mais famintas por causa das oscilações que provocavam nos níveis de glicose.

E, quanto mais elas comiam, mais engordavam. Logo se tornavam pré-diabéticas ou diabéticas. Diante das novas pesquisas nessa área, comecei a entender que havia muitos equívocos não só a respeito dessas doenças como também sobre o que de fato constitui uma alimentação saudável.

Equívocos a respeito do pré-diabetes

A maior parte das pessoas associa erroneamente todos os tipos de diabetes à falta de insulina, hormônio produzido pelo pâncreas que retira o açúcar (glicose) e a gordura da corrente sanguínea e abastece as células. O diabetes do tipo 1, antigamente conhecido como diabetes juvenil, caracteriza-se pela incapacidade do pâncreas de produzir insulina suficiente. No pré-diabetes, que geralmente leva ao diabetes do tipo 2, o problema não é a insuficiência de insulina, mas a resistência das células aos efeitos do hormônio.

Na verdade, no pré-diabetes, os níveis de insulina permanecem altos após as refeições até que o excesso desse hormônio finalmente abre as comportas, permitindo que a glicose passe do sangue para as células. Isso provoca uma queda rápida nos níveis de glicose, fenômeno conhecido como hipoglicemia reativa porque a reação, isto é, a queda da taxa de glicose no sangue (hipoglicemia), ocorre muito mais rápido após a refeição do que numa situação normal, em que a reação seria gradual. Essa é a razão pela qual a resistência à insulina associada ao pré-diabetes exacerba as já intensas oscilações nos níveis de glicose no sangue e a conseqüente vontade de comer gerada pelos carboidratos ruins. É por isso também que os pré-diabéticos quase sempre sentem fome logo após as refeições e tendem a engolir rapidamente a comida para compensar a queda abrupta da glicose.

O pré-diabetes é mais comum em indivíduos com predisposição genética ao acúmulo de gordura abdominal. Na verdade, as pessoas pré-diabéticas são fáceis de identificar: elas têm barriga grande e pernas e braços relativamente finos. Essas pessoas também tendem a apresentar hipertensão, baixos níveis de colesterol HDL, o bom colesterol, e altos níveis de triglicerídeos (moléculas de armazenamento de gordura encontradas nas células sanguíneas e nas células de gordura).

Mas como o pré-diabetes leva ao diabetes do tipo 2? Ao longo do tempo, o pâncreas tende a se esgotar com o estresse de produzir insulina adicional para superar a resistência à insulina dos tecidos e retirar a glicose e a gordura do sangue da maneira apropriada. É nesse ponto que a glicose se mantém alta durante muitas horas após uma refeição, indicando que o diabetes do tipo 2 está instalado.

No pré-diabetes, a maioria das pessoas apresenta, em jejum, glicose normal, limítrofe ou baixa. Por esse motivo, muitos dos meus pacientes acreditam que o risco de sofrerem infarto ou AVC só aumentará caso eles se tornem diabéticos. Ledo engano. Quando a glicose em jejum

NÃO É O ESTRESSE QUE NOS ENGORDA

Muitas pessoas que estão acima do peso, inclusive grande parte dos meus pacientes, acreditam que a fome está ligada ao estresse, e não às oscilações nos níveis de glicose no sangue. Elas se sentem culpadas pela falta de força de vontade e me garantem que só devoraram aquele pedaço gigante de torta, o saco de balas ou o pacote de biscoito recheado porque brigaram com alguém (a esposa, o marido ou o chefe), porque o boletim do filho está cheio de notas baixas ou porque ficaram no engarrafamento por mais de duas horas. Alguns cientistas chegaram a sugerir que a epidemia de obesidade se deve ao estresse da vida moderna.

Embora algumas pessoas exagerem na comida como forma de compensar os problemas, contesto a idéia de que o estresse seja a causa da obesidade que assola os Estados Unidos. Afinal, ele não é uma novidade e o pico da obesidade no país aconteceu a partir da década de 1990, ou seja, após a queda do muro de Berlim (que marcou o fim da Guerra Fria) e antes dos atentados de 11 de setembro. É importante lembrar que, nesse período, a economia americana estava no auge. Na verdade, o que mudou – para pior – foi o estilo da nossa alimentação e o nível de atividade física, que começou a cair por causa do uso crescente de computadores pessoais e de outros mecanismos que poupam trabalho.

Ou seja: foi em meio à paz e à prosperidade que a população engordou. Está claro que a causa principal desse problema não foi psicológica. Ele se deveu à alimentação errada e ao sedentarismo.

ainda é normal, a resistência à insulina está presente, tornando mais lenta a retirada da glicose e das gorduras da circulação. É essa gordura adicional, que permanece mais tempo na corrente sanguínea após a refeição, que penetra nas paredes dos vasos sanguíneos que suprem o músculo cardíaco, o cérebro e outros órgãos. Essa é a origem das placas ateroscleróticas que obstruem os vasos e acabam provocando infartos e AVCs. Isso pode ocorrer – e, de fato ocorre – na fase pré-diabetes.

Essa é uma informação relativamente recente. A primeira descrição do pré-diabetes foi feita em 1988 pelo Dr. Gerald Reaven, da Universidade de Stanford, e ainda estamos descobrindo de que maneira ele afeta os vasos sanguíneos e a saúde de modo geral. Voltarei a falar nas origens e nas implicações do pré-diabetes no capítulo 6, "Adeus, barriga".

Criando a Dieta de South Beach

Com a convicção de que o problema da obesidade não estava no excesso de gordura nem de carboidratos, e sim nas gorduras e nos carboidratos errados, decidi testar, em mim e em meus pacientes, uma dieta baseada em gorduras e carboidratos benéficos. Resolvi também me ater às proteínas magras que não tivessem excesso de gordura saturada de origem animal. Por fim, optei por uma abordagem em três fases, cada uma delas dedicada a objetivos diferentes.

A primeira fase seria rigorosa e teria duração de duas semanas. O objetivo básico seria acabar com a vontade constante de comer. Embora vários estudos tenham demonstrado os efeitos psicológicos positivos do emagrecimento inicial rápido, eu não queria que a perda de peso acelerada se prolongasse. Privar as pessoas dos importantes nutrientes contidos em frutas e grãos integrais se tornaria contraproducente com o passar do tempo.

A segunda fase se caracterizaria pelo emagrecimento mais lento, pois os grãos integrais e as frutas passariam a ser reintroduzidos aos poucos às refeições. Seria uma fase educativa e de transição da dieta propriamente dita para um novo estilo de vida. A terceira fase, também chamada de período de manutenção, seria aquela em que os novos hábitos alimentares já estariam estabelecidos. A pessoa saberia quais eram os alimentos saudáveis e não haveria mais necessidade de emagrecer nem de melhorar os níveis de colesterol ou de glicose no sangue.

Como novos estudos mostraram que lanches leves e regulares ajudam a prevenir a queda dos níveis de glicose e, assim, evitam que surja a vontade de comer, incluí o que chamei de lanches estratégicos em todas as três fases da dieta, especialmente na primeira.

Essa abordagem era, sem dúvida, diferente das recomendações vigentes de se ingerir pouca gordura e muitos carboidratos e também das dietas que se tornaram mais populares depois – as que eram pobres em carboidratos e ricas em gorduras e as que pregavam a severa restrição de gorduras. Embora eu não quisesse recomendar alimentos com gordura saturada, pois isso poderia acelerar a evolução das doenças cardíacas, eu não tinha a intenção de banir totalmente a gordura da alimentação. As pessoas têm dificuldade em seguir dietas assim. Além disso, o regime de pouca gordura e muito carboidrato faz com que o bom colesterol caia e a glicose e os triglicerídeos disparem.

Meu objetivo era manter os benefícios das boas gorduras, pois os estudos tinham me convencido de que elas faziam bem ao coração e à saúde em geral. Além disso, a gordura benéfica melhora o sabor dos alimentos, aumenta a sensação de saciedade e facilita a adesão à dieta.

O primeiro a seguir a dieta – eu mesmo!

Meu interesse em encontrar a dieta ideal, porém, foi além da preocupação com os pacientes. Na verdade, fui um pouco egoísta. Tive uma experiência ruim com uma dieta de pouca gordura e muito carboidrato e, como todo mundo, engordei. Cheguei até a acumular um depósito de gordura, típico da meia-idade, onde antes existia um abdômen definido. Além disso, eu vinha me sentindo sem gás no final da tarde, o que me levava à sala dos médicos, onde eu comia bolinhos com pouca gordura (mas muito açúcar) acompanhados de uma xícara de café, para enfrentar o resto do dia. Hoje percebo que isso era sinal de hipoglicemia reativa decorrente da resistência à insulina e que os carboidratos refinados e os açúcares que eu estava ingerindo pioravam o problema.

Por isso, decidi testar eu mesmo a nova dieta. Fiquei impressionado ao perceber como minha barriga diminuíra em apenas duas semanas e como eu me sentia com mais energia. Parei até de fazer os lanches no final da tarde. Diante de tão bons resultados, convidei a médica e nutricionista Marie Almon, chefe de nutrição do Mount Sinal Medical Center, em Miami Beach, para me ajudar a desenvolver os cardápios de cada fase da dieta.

Tendo como base os carboidratos ricos em fibras e nutrientes, as gorduras saudáveis e as fontes magras de proteínas, criamos pratos para as três fases, além de listas com os alimentos permitidos e com aqueles a serem evitados.

Depois de anos de frustração, fiquei satisfeito com o sucesso alcançado por meus pacientes – abdômens menores, taxas de colesterol e de triglicerídeos em queda e estados de pré-diabetes e diabetes do tipo 2 inicial em reversão. Também me senti surpreso e gratificado ao saber que eles estavam distribuindo para amigos e parentes cópias das orientações alimentares que eu lhes dera.

O fenômeno South Beach

O entusiasmo provocado pelos bons resultados da dieta foi tamanho que comecei a divulgar minha experiência em encontros nacionais. Eu fazia um relato dos casos e depois realizava um pequeno teste clínico para comparar minha abordagem, que utilizava bons carboidratos e boas gorduras, com o regime pobre em gorduras e rico em carboidratos da Fase II da Dieta da American Heart Association (AHA).

Um grupo de 60 voluntários com sobrepeso foi dividido entre a Dieta de South Beach e a Fase II da Dieta da AHA. Depois de 12 semanas, cinco integrantes do segundo grupo haviam abandonado o estudo contra apenas uma desistência do primeiro grupo. No final, os que seguiram a Dieta de South Beach tinham conseguido emagrecer quase o dobro em relação aos outros e seus níveis de gordura no sangue, especialmente os triglicerídeos, apresentavam melhoras muito expressivas. Eles também perderam bastante gordura abdominal, o que era possível constatar pela diminuição da relação entre cintura e quadril (veja "Por que seu IMC pode criar distorções?", nas páginas 68-69).

No início de 1999, depois que apresentamos os resultados dessa pesquisa em uma reunião do American College of Cardiology, em Nova Orleans, uma emissora de televisão de Miami me convidou para apresentar um programa sobre a Dieta de South Beach. Graças às centenas de habitantes da Flórida que a seguiram e conseguiram emagrecer, a dieta se tornou um sucesso por três anos seguidos. Daí surgiu a idéia de escrever um livro.

VIVENDO A DIETA DE SOUTH BEACH

JEN P., 43 ANOS: "AGORA EU AMO A VIDA E AS PESSOAS."

Em 2006, eu estava com 41 anos e 15 quilos acima do peso. Fumava dois maços de cigarro por dia e bebia quase uma garrafa de café antes das 10h para ter energia. Não tomava café da manhã nem me exercitava. Comia basicamente fast-food ou qualquer coisa pronta que encontrasse pelo caminho. Meu colesterol total estava em 287, embora eu tomasse medicação.

Nessa época, aconteceram dois fatos que me levaram a refletir sobre a vida. Primeiro, minha avó morreu. Três semanas depois, meu pai teve um AVC e também morreu. A dor das duas perdas me fez sentir a necessidade de aproveitar a vida, mas, para isso, eu precisava mudar meu modo de viver. Minha supervisora no trabalho me contou que estava seguindo a Dieta de South Beach e que, para ela, estava funcionando muito bem. Por isso, comprei o livro e decidi experimentar. Emagreci 4 quilos na Fase 1 e me senti com mais energia. Comecei a caminhar ao ar livre diariamente e, aos poucos, fui aumentando até completar um percurso de 8 quilômetros.

Faltava largar o cigarro. Aproveitei que estava com a geladeira sempre cheia de hortaliças e compensava a vontade de colocar alguma coisa na boca pegando algo saudável para mastigar. Além disso, eu caminhava quando sentia vontade de fumar. Ou seja, consegui largar o cigarro e não engordei um grama. Na verdade, continuei perdendo de 500 gramas a 1 quilo por semana durante a Fase 2 e decidi começar a pedalar para acelerar o ritmo. Havia mais de 20 anos que eu não andava de bicicleta, mas hoje percorro 35 quilômetros sem problemas. Comprei halteres, vídeos de exercícios e uma esteira para caminhar em casa quando chove ou faz frio.

Em dois meses, meu colesterol baixou de 287 para 155. Seis meses depois, parei de tomar a medicação para controlar o colesterol. Entrei para uma academia e agora adoro as aulas de ginástica. Sempre conto minha rotina de exercícios e troco receitas com as pessoas no fórum de mensagens do site www.southbeachdiet.com. Alcancei minha meta de perder 15 quilos depois de um esforço de sete meses. Às vezes, recupero 1 ou 2 quilos, porém volto a me alimentar como se estivesse nas primeiras semanas da Fase 2 e emagreço de novo. Outro benefício da dieta é que fiz novos amigos no trabalho, na academia e no meu bairro. Antes eu não era uma companhia muito agradável. Agora, amo a vida e as pessoas.

O fim das controvérsias a respeito das dietas

Surgiram, nos últimos cinco anos, numerosos estudos científicos reafirmando os princípios alimentares saudáveis da Dieta de South Beach, sobretudo a importância das boas gorduras e dos bons carboidratos. A mais recente versão da pirâmide alimentar do Departamento de Agricultura dos Estados Unidos, inclusive, reflete isso.

Agora a lei exige que os fabricantes de alimentos especifiquem no rótulo a quantidade de gordura trans usada nos produtos, e muitos decidiram eliminá-la completamente. A cidade de Nova York, por exemplo, proibiu o uso de gordura trans nos restaurantes locais. É provável que outros grandes centros façam o mesmo.

Os anúncios de alimentos à base de grãos integrais são cada vez mais freqüentes, da mesma forma que as expressões *bom carboidrato*, *boas gorduras* e *índice glicêmico* se tornaram comuns na mídia e até nas conversas do dia-a-dia. São sinais claros de que a controvérsia e a confusão a respeito de alimentação saudável chegaram ao fim.

Selecionei uma pequena amostra dos estudos científicos que confirmam os benefícios da filosofia alimentar da Dieta de South Beach para que você se mantenha atualizado.

O sucesso da dieta mediterrânea. Em 2006, um estudo espanhol (o PREDIMED) envolveu 772 adultos com alto risco de doenças cardiovasculares. Formaram-se três grupos com os participantes. Um deles seguiu uma dieta com pouca gordura, enquanto os outros dois adotaram um regime no estilo mediterrâneo, rico em frutas, hortaliças, grãos integrais, frutos do mar, carnes magras e gorduras saudáveis. Um desses dois grupos tinha permissão para acrescentar um pouco de azeite de oliva (1 litro por semana), e o outro, uma porção de nozes (30 gramas por dia). Resultado: os grupos que seguiram o regime mediterrâneo, que é o mesmo adotado pela Dieta de South Beach, apresentaram melhores taxas de glicose no sangue, de pressão arterial e de colesterol do que o grupo que aderiu à dieta de baixo teor de gordura. Os grupos do regime mediterrâneo também apresentaram uma redução na proteína C-reativa, que mede a inflamação no sangue (leia mais sobre a inflamação e seus efeitos sobre a saúde no capítulo 6).

Alimentos com menor índice glicêmico são mais eficientes na prevenção da resistência à insulina. Quando comparada com outras abordagens, a dieta dos alimentos com menor índice glicêmico confirmou seus bons resultados. Um estudo feito em 2007 pelo nutricionista David S. Ludwig no Children's Hospital Boston reuniu 73 jovens obesos e deixou que escolhessem a dieta de sua preferência: a de baixo teor de gordura ou a de baixo índice glicêmico. Todos os participantes foram examinados antes do estudo, a fim de determinar se secretavam muita insulina, o que revelaria sensibilidade extra aos alimentos com alto índice glicêmico e também tendência ao pré-diabetes (síndrome metabólica).

Depois de 18 meses, os que secretavam muita insulina e seguiram a dieta de baixo índice glicêmico perderam mais de 5 quilos. Os que adotaram o regime pobre em gordura emagreceram menos de 2 quilos. Os seguidores da dieta de baixo índice glicêmico também perderam maior quantidade de gordura corporal e não recuperaram o peso. Tanto os altos secretores de insulina quanto os que apresentavam resposta normal desse hormônio se saíram melhor com a dieta de baixo índice glicêmico no que diz respeito a duas referências importantes: o HDL, ou bom colesterol, aumentou e os triglicerídeos diminuíram.

A Dieta do IG é mais eficaz. Num estudo australiano de 2007 pesquisadores do Hospital Infantil de Westmead, em Sydney, revisaram testes clínicos aleatórios realizados na Austrália, na França, na África do Sul, na Dinamarca e nos Estados Unidos e compararam a dieta de baixo índice glicêmico com outros regimes. A conclusão foi que a restrição alimentar baseada no menor índice glicêmico é mais eficaz em termos de emagrecimento e de redução da gordura corporal. Além disso, no caso das pessoas que seguiram a dieta do índice glicêmico, a redução do colesterol geral e do LDL – o chamado colesterol ruim – foi maior.

■ ■ ■

Eu poderia citar muitos outros estudos, mas todos contam a mesma história. Profissionais de saúde de todo o mundo concordam que as dietas devem priorizar alimentos ricos em nutrientes, carboidratos ricos em fibras, fontes de gorduras insaturadas, laticínios com baixo teor de gordura e carnes magras – ou seja, os princípios da Dieta de South Beach.

Para muita gente, a adoção dessas diretrizes foi o primeiro passo para um estilo de vida saudável. Quem seguiu adiante passou a praticar algum tipo de exercício com regularidade, o que facilita a manutenção do peso saudável, pois a atividade física ajuda a acelerar o metabolismo, favorecendo o emagrecimento. No capítulo 4, dou dicas e sugestões para incorporar uma atividade física ao seu dia-a-dia – seja você um executivo sem tempo, ou seja, uma dona-de-casa sedentária.

4

COMO TURBINAR SEU METABOLISMO

Uma das queixas mais comuns de quem faz dieta é aquela fase em que, por mais que a pessoa se esforce, ela não consegue emagrecer. Com exceção dos que nascem com um ritmo metabólico naturalmente acelerado e que nunca vão precisar fazer dieta, pois podem comer de tudo sem engordar, todos nós passamos por essa experiência. Dependendo do nosso metabolismo, há um momento em que podemos continuar fazendo exatamente o que antes ajudava a emagrecer e nada acontecerá – o peso se estabiliza.

Minha paciente Susan, que era pré-diabética, era um desses casos. Ela havia emagrecido mais de 10 quilos com a Dieta de South Beach. Embora sua aparência e seu bem-estar tivessem melhorado muito, ela não estava satisfeita: ainda queria perder de 3 a 5 quilos. No entanto, por mais que se esforçasse, não conseguia. Seu metabolismo não respondia ao estímulo. O organismo de Susan se ajustara ao seu novo gasto calórico e, por isso, ela não engordava nem emagrecia.

Ela me perguntou se não podia voltar à Fase 1. "Não tive a menor dificuldade de emagrecer naquela época", explicou. Fui contra. A Fase 1 destina-se a pessoas muito gordas e que sentem uma vontade irresistível de comer, não é para quem quer perder apenas alguns quilos. E o mais importante: Susan não sentia desejo de ingerir açúcar e carboidratos e seu exame de sangue estava normal.

Em casos assim, reduzir as calorias e cortar frutas e grãos integrais da alimentação poderia ser contraproducente e até levar ao efeito sanfona (veja as páginas 45-46). A única solução saudável e viável para que Susan continuasse a emagrecer de forma segura seria mudar e intensificar sua rotina de exercícios. Como ela não tinha um metabolismo naturalmente acelerado, seria preciso turbiná-lo para que queimasse mais calorias.

O problema é que Susan não queria nem ouvir falar em aumentar sua cota de malhação. Ela já acordava às seis da manhã para fazer uma hora de caminhada na esteira antes de deixar os filhos na escola e ir para o trabalho. "Não me diga que agora vou ter que passar ainda mais tempo na esteira. Não dá para acordar mais cedo", queixou-se.

Quando expliquei que bastava efetuar algumas mudanças em sua rotina de exercícios para acelerar seu metabolismo e intensificar o gasto calórico, Susan ficou aliviada. Como costuma acontecer depois de um período de dieta e emagrecimento, seu corpo havia se adaptado ao novo peso e ao nível de atividade física. Não adiantaria apenas aumentar o tempo de caminhada.

Queimando mais calorias em menos tempo

Aconselhei Susan a seguir o programa de treinamento intervalado. Por esse método, a pessoa alterna curtos períodos de esforço intenso com períodos de recuperação em vez de manter um ritmo uniforme (e potencialmente monótono). Embora este livro se concentre na caminhada, praticamente qualquer outro exercício pode ser executado nesse sistema, inclusive natação, corrida, ciclismo, treinamento com equipamentos (bicicleta, esteira e transport) e até musculação.

A vantagem de aumentar a intensidade do exercício durante uma parte do tempo é que isso acelera a queima de calorias e gorduras em comparação coma atividade que é praticada em um ritmo constante. E mais: no treinamento intervalado, a queima calórica posterior é mais longa, ou seja, as gorduras e calorias continuam a ser queimadas depois de concluída a sessão de exercícios. A explicação para isso é simples. As pessoas com melhor condicionamento físico desenvolvem mais massa muscular magra e elevam a taxa metabólica basal – ou seja, queimam mais gordura e calorias durante as atividades diárias mesmo quando estão em repouso.

Não se assuste com a idéia de que a intensidade do exercício será maior. É verdade que você precisará se esforçar mais durante curtos períodos, mas terá tempo de sobra para se recuperar. O treinamento intervalado funciona para quem está fora de forma e até mesmo para pacientes cardíacos. De qualquer modo, recomendo que converse com seu médico antes de iniciar essa ou qualquer outra atividade física, especialmente se for uma pessoa sedentária.

A caminhada na esteira é benéfica basicamente para o sistema cardiovascular, mas não atua no fortalecimento dos músculos das costas e do abdômen nem aumenta a força e a flexibilidade em geral. Susan, por exemplo, precisava melhorar também o tônus muscular e a densidade óssea. Em razão do declínio natural dos hormônios e da redução da atividade física, tanto homens quanto mulheres tendem a perder massa muscular e óssea à medida que envelhecem.

No caso das mulheres, a queda hormonal ocorre em geral de modo abrupto durante a menopausa, causando uma redução do ritmo metabólico. Conseqüentemente, quem está na pós-menopausa tem mais dificuldade para manter o peso. Nos homens, a andropausa é mais gradual, embora também desacelere o metabolismo e propicie ganho de peso ao longo do tempo.

A diminuição dos níveis hormonais e da atividade física reduz também a quantidade de músculos e a densidade óssea. Como a manutenção dos músculos exige mais calorias do que gordura, menos massa muscular requer menor queima calórica, o que desacelera ainda mais o metabolismo. Preservar a musculatura por meio de exercícios ajuda a superar a diminuição natural do ritmo do metabolismo que ocorre com a idade.

Se você quiser que seus músculos continuem metabolicamente ativos – ou seja, queimando gorduras e calorias –, precisa usá-los. É importante manter o metabolismo acelerado durante o envelhecimento. Por isso, recomendei que Susan seguisse o programa de atividade física descrito na parte dois. Antes que ela protestasse alegando não ter tempo, mostrei como ela poderia realizar um treino cardiovascular e de queima calórica ainda mais eficaz e na metade do tempo que vinha passando na esteira. Com isso Susan atingiria o condicionamento físico ideal e, com os exercícios específicos, também tonificaria os músculos de forma geral.

VIVENDO A DIETA DE SOUTH BEACH

BÁRBARA, P., 58 ANOS: "REALIZEI GRANDES CONQUISTAS DANDO UM PEQUENO PASSO ATRÁS DO OUTRO."

Sempre engordei e emagreci como uma sanfona, mas nos últimos tempos estava conseguindo me manter magra. No entanto, depois que terminei meu namoro, voltei a comer tudo o que via pela frente. Tenho 1,72m e, por isso, demorou um pouco para que o peso adicional começasse a aparecer. Isso aconteceu quando cheguei aos 22 quilos extras. Nenhuma roupa cabia mais em mim. Estava me sentindo péssima com 88 quilos. Foi nesse momento que uma amiga me deu um exemplar de *A Dieta de South Beach*. Nem abri.

Naquela época eu estava fazendo terapia. O psicólogo se tornara a minha consciência na questão do peso. Hoje percebo que tinha desistido. As pessoas não sabem como é terrível detestar a própria imagem refletida no espelho, não se sentir atraente... é algo que repercute em todos os outros aspectos da vida. Levei um tempo para lidar com meu peso.

A ficha só caiu mesmo quando fui visitar amigos em Naples, Flórida, e precisei colocar um maiô. Naquele momento, percebi o que havia feito comigo e decidi dar o primeiro passo – literalmente. Fui até a academia do hotel e caminhei um pouco na esteira. Ao voltar para casa, contratei um *personal trainer* e passei a me exercitar regularmente.

Por fim, estava pronta para ler *A Dieta de South Beach*. Depois de começar, não consegui parar. Aprendi coisas novas sobre alimentação. Fiquei sabendo o que é um bom carboidrato, o que podia comer e o que devia evitar. Eu acreditava que o pão era um alimento que deveria ser descartado, mas aprendi que ele pode ser consumido se for feito de trigo 100% integral ou de qualquer grão rico em fibras, pois assim proporciona uma digestão mais lenta do que o pão branco. O conceito de índice glicêmico era então uma novidade para mim. Aprendi como acelerar meu metabolismo.

Antes eu pensava que, se não comesse, emagreceria. Estava errada. Quando não nos alimentamos, o corpo imagina estar passando fome e faz com que o metabolismo se torne mais lento. Para não ficar faminta, mantinha lanches saudáveis por perto: nozes, amêndoas, tomate-cereja ou pedaços de queijo light.

Na verdade, não segui totalmente a dieta no início. Incorporei algumas coisas, mas ainda não estava pronta para abrir mão do açúcar. Aos poucos fui realizando algumas trocas, como o leite integral pelo desnatado quando pedia meu cappuccino, assim como o sanduíche do almoço por um prato de carne e salada. Quando percebi que não estava sofrendo privações, e que, ainda por cima, tinha começado a emagrecer com essas pequenas mudanças, fiquei motivada a seguir a dieta direitinho.

Levei dois anos, mas acabei eliminando tudo o que havia engordado. Já estou usando minhas antigas roupas e me sinto ótima. E dei mais um grande passo. Inseri meu perfil em um site de relacionamentos. Estou pronta para iniciar um novo namoro.

Os quilos extras se dissolvem

Veja como Susan transformou o programa de uma hora de caminhada na esteira em um treinamento intervalado. Eu a instruí a reduzir o tempo na esteira para 20 minutos, dia sim, dia não. Disse a ela que, em vez de caminhar em um ritmo constante, alternasse curtos períodos de passos acelerados com fases de recuperação, isto é, de caminhada mais lenta (consulte a página 107 para dar início à caminhada intervalada na Fase 1).

Dependendo do objetivo do dia, Susan poderia realizar vários intervalos alternando os ritmos rápido e lento dentro dos 20 minutos dedicados à esteira. E, à medida que sua resistência melhorasse, ela poderia passar mais tempo na fase acelerada e menos nos períodos de recuperação, acrescentando aos poucos mais repetições. Isso é bom para espantar o tédio, pois a variação de exercícios faz o tempo voar. Outro benefício do programa foi o fortalecimento muscular, que vinha sendo deixado de lado na medida em que Susan só realizava exercícios aeróbicos.

Quando a reencontrei, cerca de um mês depois, nem precisei perguntar como ela estava. Vi com meus próprios olhos os bons resultados do programa. Aqueles últimos 5 quilos se dissolveram. E, graças ao treinamento de força, Susan estava com uma postura mais ereta e um ótimo tônus muscular.

Derrubando mitos

A esta altura, você deve estar pensando: "Isso contradiz quase tudo o que me ensinaram sobre a prática de exercícios." É verdade. Até pouco tempo, acreditava-se que a melhor maneira de queimar gordura era realizar os exercícios atingindo cerca de 60% da freqüência cardíaca máxima. Para isso, era necessário medir o pulso ou usar um monitor de freqüência cardíaca. Outro mito era que a queima de gordura só começava depois de pelo menos 20 minutos de esforço. Hoje sabemos que isso não é verdade.

O treinamento intervalado não é uma novidade. Há anos ele é usado para melhorar o desempenho de atletas de resistência, como maratonistas e ciclistas profissionais. A boa notícia é que os pesquisadores descobriram que ele também pode ser útil para não-atletas que desejem emagrecer e aprimorar seu condicionamento físico. Pesquisas demonstraram que o treinamento intervalado é eficiente para queimar gorduras e calorias e produz resultados mais significativos do que os obtidos no treinamento tradicional, feito em ritmo moderado e por períodos mais longos.

Um estudo realizado em 2007 pela Universidade de Guelph, em Ontário, Canadá, escolheu mulheres de vinte e poucos anos para testar um treinamento intervalado de ciclismo: 10 séries de 4 minutos de pedaladas vigorosas, com 2 minutos de descanso entre cada série. Depois de sete sessões de 1 hora, realizadas ao longo de duas semanas, as oito participantes – tanto as que estavam com um bom condicionamento físico quanto as que estavam fora de forma – apresentaram um aumento de 36% na queima de gordura. (Quem disse que exercícios de alta intensidade não queimam gordura?) As participantes apresentaram também uma melhora de 15% no condicionamento cardiovascular, o que significa que seu coração e seus pulmões passaram a enviar sangue para os músculos com mais eficiência.

Se o seu objetivo é emagrecer e manter o peso saudável, o treinamento intervalado é o que lhe permitirá queimar mais calorias. Um estudo realizado por Darlene Sedlock, Ph.D., e seus colegas da Purdue University revelou que a prática de exercícios de alta intensidade durante 19 minutos queimava 300 calorias – para eliminar a mesma quantidade de calorias com exercícios de baixa intensidade, era preciso suar a camiseta durante 30 minutos. O mais interessante é que as pessoas que tinham realizado exercícios de alta intensidade continuaram queimando mais calorias depois do fim do período de exercícios do que as que haviam feito atividades menos vigorosas.

Outro estudo realizado em conjunto pela Baylor University e pela Universidade do Alabama comparou exercícios contínuos de baixa intensidade executados durante 60 minutos com um programa de treinamento intervalado de alta intensidade com a mesma duração, porém alternando períodos de 2 minutos de grande esforço com 2 minutos de recuperação. Os participantes eram oito mulheres com idades entre 23 e 35 anos e a freqüência, cinco dias por semana. O treinamento intervalado foi mais eficaz: queimou 160 calorias por dia a mais do que o método de treinamento de baixa intensidade, totalizando 800 calorias por semana.

A conclusão desses estudos é que, para queimar mais calorias, basta que a pessoa se exercite com mais intensidade. Mulheres que adotaram nosso programa da caminhada intervalada conseguiram emagrecer e até diminuir as medidas da cintura e dos quadris realizando o treinamento 20 minutos todo dia. Outra vantagem do treinamento intervalado em relação aos exercícios convencionais é a rapidez na normalização das

COMO O EFEITO SANFONA PREJUDICA O METABOLISMO

O organismo humano foi feito para enfrentar a adversidade. Embora isso tenha sido fundamental para os nossos ancestrais caçadores-coletores, não é necessariamente bom para nós quando se trata de alimentação. Os povos caçadores-coletores enfrentavam períodos de escassez de alimentos e o que os salvava de morrer de fome era o fato de o metabolismo entrar em marcha lenta, fazendo com que o organismo se satisfizesse com menos calorias.

Infelizmente, esse mecanismo de sobrevivência inato não ajuda quem quer perder bastante peso com rapidez. As dietas muito radicais, de baixas calorias, inicialmente emagrecem para valer. Porém, em pouco tempo o mecanismo de sobrevivência se instala. Ou seja, o metabolismo torna-se mais lento e o emagrecimento pára ou fica muito mais difícil.

Além disso, quando há redução calórica intensa, o organismo não queima apenas gordura para manter os níveis de glicose no sangue e fornecer energia. A proteína dos músculos e dos ossos também é utilizada. E não se esqueça de que a manutenção dos músculos requer mais calorias do que a de gordura. Quanto menos músculos houver, menos calorias serão queimadas, mesmo em repouso.

É impossível seguir uma dieta de restrição calórica intensa ou de privação por muito tempo. A sensação de fome se torna uma constante e, para se sentir melhor, a pessoa volta a comer normalmente. Assim o metabolismo se torna mais lento e ela acaba ganhando mais peso do que antes. Esse sobrepeso a faz entrar em pânico e iniciar mais uma dieta de restrição calórica e, sem querer, retarda ainda mais o funcionamento do metabolismo. O ciclo se repete sem parar. E o peso vai aumentando cada vez mais. É o chamado efeito sanfona. A pessoa emagrece rápido, volta a engordar e depois emagrece novamente, porém ganha peso mais uma vez.

Sempre que esse círculo vicioso se instala, a taxa metabólica se reduz e não sai do lugar. Conclusão: as dietas de privação não dão certo. O emagrecimento gradual funciona. Fazendo as escolhas alimentares corretas nas três fases da Dieta de South Beach, você não vai sentir fome, o metabolismo funcionará com eficiência e o emagrecimento lento e gradual ocorrerá com segurança e de forma permanente.

taxas de glicose no sangue, de LDL, de colesterol total e de triglicerídeos, o que o torna ideal para a saúde cardiovascular.

Esse tipo de atividade também é uma opção para as pessoas com risco de desenvolver pré-diabetes ou diabetes. É particularmente eficaz na queima da gordura abdominal, a perigosa gordura visceral que aterroriza tanto homens quanto mulheres de meia-idade.

Além disso, o treinamento intervalado proporciona um condicionamento físico mais afinado com as dificuldades do dia-a-dia. Como assim? Experimente medir sua freqüência cardíaca ao sair de casa pela manhã e veja se consegue mantê-la sem variações ao longo do dia. Impossível, certo? Durante a realização das atividades cotidianas, as pessoas estão constantemente acelerando e desacelerando o ritmo – levantam-se da mesa de trabalho, aceleram o passo para pegar o ônibus, correm atrás dos filhos pequenos. A vida real é construída em torno de atividades intervaladas. Portanto, um programa de condicionamento deve preparar as pessoas para todo tipo de demanda física. E o treinamento intervalado faz exatamente isso.

Como o treinamento intervalado funciona

O treinamento intervalado acelera o metabolismo e aumenta a demanda de energia (calorias), fazendo o organismo queimar mais calorias e gorduras.

Pense no seu corpo como um automóvel. Quando você dirige na cidade, parando nos sinais, o consumo de combustível é maior do que quando está na estrada em velocidade constante. Com os altos preços dos combustíveis (sem falar na vontade de economizar recursos fósseis), essa é a última coisa que você quer fazer quando está ao volante. Mas é exatamente o que pretende quando seu objetivo é queimar o máximo de calorias e gordura durante os exercícios. E é assim que funciona o treinamento intervalado: sempre que você acelera o trabalho físico e, em seguida, diminui o ritmo, gasta energia e queima calorias, eliminando no processo aqueles indesejados quilos extras.

Usando a fonte de energia correta

Muitas pessoas já ouviram falar na ligação entre metabolismo e emagrecimento, mas infelizmente poucas entendem o que é metabolismo. Para ficar bem em trajes de banho, prevenir o diabetes e manter um peso saudável pelo resto da vida, é preciso aprender a fazer o metabolismo funcionar a seu favor, não contra você.

Assim como o carro necessita de gasolina para andar, as células precisam de uma substância chamada adenosina trifosfato, ou ATP, que é produzida em todas as células do corpo. A ATP é imprescindível para o bom funcionamento dos sistemas orgânicos, bem como para a realização das atividades cotidianas. De certo modo, ela é nossa única fonte de energia e pode ser reposta a partir dos alimentos que consumimos diariamente, e do combustível armazenado em nosso organismo sob a forma de gordura ou de glicogênio (molécula de glicose utilizada como reserva energética). A ATP é convertida na energia de que necessitamos para contrair os músculos e executar todas as funções orgânicas. Usá-la como energia é o mesmo que queimar carvão numa caldeira para alimentar um motor a vapor. A queima do carvão aquece a água, que gera o vapor que move o motor.

No auge do treinamento de resistência, atletas como o ciclista Lance Armstrong precisam de 6.000 a 9.000 calorias por dia para manter os músculos em funcionamento. É como se eles tivessem que comer a maior parte do tempo em que não estão se exercitando nem dormindo, apenas para suprir a demanda de energia de seus músculos durante os treinos. No caso das pessoas comuns, todo o combustível de que necessitam para um programa de emagrecimento e a prática regular de exercícios está nas refeições e lanches saudáveis que podem fazer diariamente.

Outro aspecto que precisa ser entendido é que existem dois tipos de metabolismo, e cada um deles utiliza um combustível diferente. O metabolismo aeróbico requer oxigênio para produzir ATP e pode usar tanto açúcar quanto gordura como combustível. Já o metabolismo anaeróbico não utiliza oxigênio para produzir ATP. Ele queima açúcar e um composto conhecido como fosfocreatina ou creatina fosfato, produzida nas células, como combustível.

Se você conhece o significado dos termos *aeróbico* e *anaeróbico*, sabe que eles são utilizados para categorizar diferentes tipos de exercício. As atividades aeróbicas, também chamadas de cardio, podem ser de longa duração e incluem caminhada, ciclismo, remo e exercícios em equipamentos como esteira ou transport. Como essas atividades podem ser realizadas em um nível de intensidade relativamente baixo, é possível manter o nível de desempenho utilizando os sistemas aeróbicos do corpo. Assim a respiração mais profunda e mais freqüente acelera os batimentos cardíacos, enviando sangue e oxigênio em quantidade suficiente para suprir as necessidades dos músculos sem acumular resíduos em excesso capazes de causar a fadiga muscular.

As atividades anaeróbicas – musculação, pular corda e correr curtas distâncias – trabalham os músculos em alta intensidade e, conseqüentemente, exigem energia com mais rapidez do que os sistemas aeróbicos são capazes de fornecer, embora estejam trabalhando em sua capacidade máxima. Resultado: os músculos acumulam resíduos rapidamente e entram em exaustão. Sendo assim, é impossível suportar exercícios anaeróbicos durante muito tempo, por isso somos forçados a reduzir o ritmo a um nível em que o metabolismo aeróbico possa mais uma vez dominar.

Existem vários conceitos equivocados a respeito de condicionamento físico em geral e exercícios anaeróbicos em particular. Um dos maiores mitos é o de que só queimamos gordura praticando exercícios aeróbicos. Essa idéia se baseia na interpretação errônea de que a gordura é um combustível aeróbico, o que levou ao surgimento de um segundo mito, ainda mais insidioso – o de que o treinamento anaeróbico de alta intensidade, como o intervalado, não provoca a queima de gordura. Isso não é verdade, pois está fundamentado em um conceito enganoso a respeito do funcionamento do organismo – o de que só um tipo de metabolismo pode estar em ação por vez: aeróbico (queimando glicose e gordura) ou anaeróbico (queimando glicose e fosfocreatina).

Na realidade, quando nos exercitamos, o corpo alterna livremente entre o metabolismo aeróbico e anaeróbico. Dependendo da atividade, ele pode favorecer um tipo em detrimento do outro. Nunca queimamos apenas glicose, gordura ou creatina fosfato, e sim os três combustíveis simultaneamente. Dependendo da atividade, queimamos maior quantidade de um tipo ou de outro.

No treinamento intervalado, alternamos atividades de alta intensidade com atividades de baixa intensidade, o que nos faz passar por várias fases no espectro do metabolismo. Não conseguimos manter o pique máximo por muito tempo porque ficamos cansados. E as causas desse cansaço são diversas. A primeira delas é que a queima rápida do combustível gera muita energia (fosfocreatina), mas continua queimando glicose e gordura. A segunda é que os músculos produzem ácido lático e outros produtos residuais que contribuem para a fadiga muscular. Por isso é necessário diminuir o ritmo e passar pela recuperação, de baixa intensidade. Durante esse período, ocorre não só a queima de ácido lático e combustível como também de gordura e de carboidratos para repor a fosfocreatina e a ATP. Assim, podemos executar o esforço seguinte de alta intensidade e continuar queimando gordura e calorias.

O interessante é que, a cada intervalo, queimamos uma proporção maior de gordura porque precisamos de mais e mais oxigênio, tanto para o período de ação quanto para o de recuperação. Isso significa que nos aproximamos cada vez mais dos sistemas aeróbicos, pois utilizamos tanto gordura quanto carboidrato para gerar a fosfocreatina e o ATP necessários para o intervalo seguinte. No entanto, é possível manter altos níveis de atividade em relação ao treinamento aeróbico em ritmo constante, pois os períodos de recuperação permitem a reposição de ATP e de fosfocreatina e a eliminação de produtos residuais.

Conclusão: gastamos cada vez mais energia, sendo que uma parte cada vez maior dessa energia decorre do uso aeróbico da gordura. É gratificante pensar que, quanto mais treinamos, mais queimamos gordura durante o período de recuperação. Apesar dos benefícios evidentes, o treinamento intervalado não é para todos. Ele precisa ser adaptado caso a pessoa tenha problemas ortopédicos e doenças cardíacas. Não deixe de procurar o seu médico antes de iniciar este ou qualquer outro programa de exercícios. E leia o próximo capítulo para garantir a correta execução dos exercícios.

BENEFÍCIOS ADICIONAIS

Além de acelerar o metabolismo e ajudar a queimar gorduras e calorias, a prática regular de atividade física proporciona outros benefícios. Veja quais são:

Melhora o sexo. Se quiser criar um clima, coloque seus tênis de corrida. Diversos estudos associaram a prática regular de exercícios vigorosos com o aumento da freqüência de relações sexuais e maior prazer sexual tanto para o homem quanto para a mulher. Um estudo realizado em 2003 com profissionais de saúde do sexo masculino revelou que a atividade física reduziu em 30% o risco de disfunção erétil em homens fisicamente ativos com mais de 50 anos. Na Universidade British Columbia, pesquisas revelaram que 20 minutos de exercícios intensos pareciam estimular a libido em mulheres. Talvez os casais devam pensar em se exercitar juntos.

Aumenta os níveis de energia. Cansado demais para se exercitar? O problema é começar. Pesquisadores da Universidade da Georgia analisaram 70 estudos sobre o impacto dos exercícios em mais de 6.800 pessoas. Concluíram que 90% dos indivíduos sedentários que concluíam um programa regular de atividade física sentiram-se com mais energia e menos cansados, comparados a quem se manteve sedentário.

Acelera o raciocínio. Por volta dos 40 anos, o cérebro humano começa a encolher, causando alterações na função mental e problemas de memória associados ao envelhecimento. Até recentemente, acreditávamos que o cérebro que está envelhecendo não consegue produzir novos neurônios. Hoje sabemos que ele pode fabricar neurônios até a idade avançada, mas para isso precisa de uma mãozinha – mais especificamente, de exercícios cardiovasculares. Um estudo da Universidade de Illinois envolvendo pessoas de 60 a 70 anos revelou que o cérebro de quem praticava uma hora de exercícios aeróbicos três vezes por semana aumentou de tamanho. Mais neurônios = melhor raciocínio. Outra prova de que praticar exercícios é uma atitude inteligente.

Prolonga a vida. A atividade física pode prolongar a vida, garante o Framingham Heart Study, publicado em 2005 no periódico *Archives of Internal Medicine*. Os pesquisadores examinaram os registros médicos de mais de 5.200 homens e mulheres ao longo de 40 anos, assim como informações sobre alimentação e estilo de vida. As pessoas que praticavam exercícios moderados aumentaram sua expectativa de vida em um ano e meio. As que começaram a praticar atividades mais intensas viveram três anos e meio a mais. Acredito que os indivíduos mais ativos não só vivem mais como também possuem uma qualidade de vida bem melhor.

5

CONDICIONAMENTO FÍSICO INTELIGENTE

Desde que descobri o beisebol, aos cinco anos, adoro esportes e pratiquei quase todas as modalidades esportivas. Infelizmente, com o tempo, precisei me dedicar mais ao consultório e ao hospital e, por isso, fui deixando de lado o basquete e o *softball*, entre outros. Meu maior feito esportivo passou a ser o tênis, que joguei competitivamente na juventude. Mas eu também era adepto da corrida, do hóquei, do caratê e da patinação. Há cerca de 10 anos, comecei a jogar golfe. Tive que abrir mão das atividades mais pesadas porque, ao envelhecer, comecei a desenvolver certa tendência a sofrer lesões, principalmente nos ombros, na região lombar e nos joelhos. Não sou o único.

Há cerca de três anos, iniciei um programa de fortalecimento muscular com Kris Belding, especialista em Pilates, que acabou assinando a parte do programa de atividade física sugerido neste livro, e fiquei impressionado com a sensação de bem-estar. Minha força e flexibilidade melhoraram muito. Passei a me sentir mais jovem, e as dores que antes me incomodavam desapareceram. Finalmente, consegui cumprir uma das recomendações da minha mãe: "Sente-se com as costas retas!"

Nunca tive problema para adotar uma rotina de exercícios em meu dia-a-dia, mas, como viajo com freqüência a negócios, tenho dificuldade em treinar (especialmente o condicionamento cardiovascular que complementa o treinamento de força) e cumprir à risca a Dieta de South Beach Aditivada. Confesso: nem sempre consigo seguir meus próprios conselhos e ter à mão alimentos saudáveis para comer no lanche. O resultado é que, de vez em quando, engordo.

Tive a sorte de conhecer Joe Signorile, Ph.D. e professor de Fisiologia do Exercício da Universidade de Miami, que se tornou meu colaborador neste livro. Joe me falou dos benefícios do treinamento intervalado e me convenceu de que era a solução para queimar mais calorias e alcançar um nível mais alto de condicionamento físico em menos tempo.

Embora eu já tivesse ouvido falar desse tipo de treino para atletas de resistência, não conhecia seus possíveis benefícios para as pessoas comuns. Examinei a literatura científica que ele sugeriu e me convenci de que o treinamento intervalado para não-atletas era um avanço importante. A grande vantagem desse tipo de treino – que envolve a alternância de exercícios em alta intensidade e com períodos de recuperação (veja o capítulo 4) – é que ele pode ser realizado em qualquer lugar e adaptado a qualquer atividade.

Na mesma época em que conheci Joe, ouvi de um paciente querido, Mel, maravilhas de sua experiência com o boxe. Eu sabia que ele praticara esse esporte na adolescência, mas fiquei surpreso ao saber que, aos 72 anos, estava de volta ao ringue. Eu e sua esposa há tempos vínhamos tentando convencê-lo a se exercitar regularmente, mas Mel se entediava com os exercícios convencionais. Como treinava boxe havia mais de um ano, os bons resultados começaram a aparecer. Sua energia aumentara e seus exames de sangue, pressão arterial e peso refletiam os benefícios do tempo que ele passava no ringue.

Quem não está familiarizado com o esporte talvez ignore que os boxeadores estão entre os atletas mais bem condicionados. Na verdade, o boxe é o exemplo mais perfeito de treinamento intervalado, com rounds de 2 a 3 minutos de exercícios intensos seguidos por períodos de descanso. Daí surgiu a idéia de incorporar o boxe ao meu programa de condicionamento cardiovascular. Fui apresentado a um famoso treinador, Luis, e comecei a praticar com ele. Antes de continuar, quero explicar que nas aulas de boxe eu desferia socos em luvas especiais, não no professor. Ele não estava autorizado a me socar de volta.

Meu programa consistia em uma coreografia progressiva, e minhas habilidades e preparo físico melhoraram rapidamente. Em poucos meses, eu "voava feito borboleta" pelo ringue. Além disso, estava queimando muito mais calorias do que em minhas tradicionais caminhadas e corridas. Fiquei animado com o progresso e cometi o erro de ignorar uma lesão, o que me obrigou a interromper os exercícios físicos. Na verdade, prefiro encarar esse acontecimento como uma lição e uma inspiração para este capítulo.

Ocorreu da seguinte forma: no final das sessões no ringue, eu e Luis costumávamos fazer exercícios usando *medicine ball*. Tudo ia bem até eu executar repetidamente o movimento de levantar, jogar e pegar a pesada bola sobre minha cabeça. Logo no início, senti uma dor forte no ombro esquerdo. No entanto, em vez de parar, optei por continuar o exercício.

No dia seguinte a dor piorou e, então, procurei um médico. Quase nem precisei ser examinado para que o problema fosse identificado. Ao fazer minha ficha, a assistente, que era mulher dele, perguntou o que acontecera. Contei sobre o exercício com a bola e ela disse que costumava ouvir o marido aconselhar os pacientes da minha faixa etária (e até os mais jovens) a não levantar pesos acima da cabeça – em especial, não de forma repetida. Estava claro, mesmo antes de fazer a consulta médica, que eu havia lesado o manguito rotador.

O ortopedista explicou que, com a idade, o espaço entre as articulações do ombro diminui por causa da calcificação decorrente dos processos naturais de desgaste. Esse espaço se reduz ainda mais quando levantamos pesos acima da cabeça, provocando trauma na articulação e laceração dos delicados músculos do manguito rotador. Essa lesão colocou um ponto final na minha incipiente mas promissora carreira no boxe. Prejudicou também minhas partidas de golfe e afetou até meus exercícios de Pilates. Felizmente, não precisei ser operado e, depois de seis meses de fisioterapia, voltei a me exercitar sem sentir dor.

Como descrevi minha experiência a muitos pacientes, constatei que metade dos homens e um terço das mulheres que se consultavam comigo também haviam sofrido lesões no manguito rotador. Muitos tiveram que operar e quase todos haviam aprendido a lição: nada de *medicine ball* acima da cabeça. Lamentei não saber disso antes.

Durante o período em que me dediquei à fisioterapia, observei outro problema. Meu pulso doía. Seria artrite? Não. Era a síndrome do túnel do carpo, que muitas pessoas desenvolvem por passar horas a fio digitando no computador.

Não estou contando a minha história para desestimular ninguém a praticar exercícios. Ao contrário. O sedentarismo aumenta o risco de desenvolvimento de várias doenças em homens e mulheres, incluindo artrite e câncer, males do coração e Alzheimer. O objetivo é que você não cometa o mesmo erro que eu cometi. Se não fosse por isso, estaria praticando boxe até hoje. O problema não foi o esporte, e sim minha forma de praticá-lo.

Não importa a atividade escolhida – pode ser tênis, musculação, corrida ou dança de salão. Se você fizer alguma tolice, como ignorar a dor (como eu fiz) ou lesões anteriores e não treinar da maneira adequada para o esporte ou atividade de sua escolha, certamente terá problemas.

Comece devagar e evite lesões

À medida que um número cada vez maior de pessoas na faixa dos 50 aos 60 anos segue o conselho médico e volta a se exercitar para recuperar a boa forma, não há dúvida de que estão mais vulneráveis a lesões. Segundo um artigo publicado no *The New York Times* em 2006, os ferimentos ou traumatismos sofridos durante a prática de esportes foram o segundo maior motivo de consultas médicas nos Estados Unidos, atrás apenas do resfriado comum.

Os ortopedistas relatam um aumento nas lesões entre atletas de meia-idade, atletas de fim de semana e aspirantes a atletas. Um dos motivos é que muitas pessoas sedentárias decidiram correr atrás do tempo perdido. Matriculam-se na academia e passam a se exercitar na esteira, a praticar musculação com excesso de peso, e há até quem comece a participar de maratonas de uma hora para outra. Por um lado é maravilhoso que tanta gente se sinta inspirada a cuidar do corpo. Por outro lado, esse entusiasmo tem que ser acompanhado de uma dose de cautela. Qualquer que seja a forma de condicionamento físico escolhida, é necessário começar devagar para não provocar lesões.

VIVENDO A DIETA DE SOUTH BEACH

DIANE E MARK C., AMBOS COM 58 ANOS:

"A PRIMEIRA DIETA FÁCIL DE FAZER E QUE CONQUISTOU MEU MARIDO."

Eu e meu marido Mark estamos seguindo a Dieta de South Beach há mais de um ano e estamos muito animados com o resultado. No último ano, perdemos juntos 40 quilos: eu passei de 77 para 60, e ele, de 133 para 110. Fui a primeira a começar a dieta e, nas duas semanas iniciais, emagreci 4 quilos. Mark disse que jamais faria dieta, mas, quando viu o que eu tinha conseguido, decidiu aderir à idéia. Perdeu incríveis 10 quilos já nas primeiras semanas e, acredite, sem passar fome.

As pequenas porções que as dietas normalmente recomendam não me satisfazem, mas dessa vez eu me sentia satisfeita até a refeição seguinte. Meu marido era viciado em junk food e bebia muita cerveja. Ele odiava a simples menção da palavra dieta. Hoje, mudou seus hábitos alimentares e está animadíssimo com os resultados. Ele aprendeu que pode até comer de tudo, porém não em grande quantidade.

O mais bacana é que não é uma dieta complicada e pode ser feita em qualquer lugar. Já experimentei diversas dietas, mas sempre acabava engordando ainda mais. Dessa vez foi diferente. Fizemos um cruzeiro de 11 dias e não engordei nada, apesar de ter me alimentado muito bem. Escolhia ovos no café da manhã e beliscava nozes ou hortaliças cruas quando sentia fome. No jantar, em vez de comer todas aquelas sobremesas calóricas do bufê, escolhia frutas ou doces light. Mark e eu sempre ouvimos falar que quanto mais velho você fica, mais difícil é fazer regime. A Dieta de South Beach acaba com esse mito.

Há um motivo para que o programa de atividade física deste livro tenha três fases. Durante a Fase 1, com duração de duas semanas (ou mais, se for preciso), a idéia é entrar gradualmente em uma rotina de exercícios, com o objetivo de preparar o corpo para a Fase 2. Nela, a pessoa já está mais forte e mais flexível, pronta para enfrentar exercícios mais desafiadores. Quem passa para a Fase 3 já sabe como trabalhar o corpo com segurança, integrando os conceitos do programa ao seu esquema de atividade física, se assim o desejar.

Sem sobrecarregar as articulações

Como cardiologista, atendo pessoas com doenças cardíacas ou com indícios de que podem desenvolvê-las. Às vezes, porém, sinto-me mais um ortopedista. Como preciso saber o histórico de atividade física de cada paciente, pois se trata de uma parte importantíssima da função cardíaca, costumo ouvir uma ladainha de queixas: dor na lombar, no manguito rotador, no quadril, no joelho, no punho, no pescoço, no cotovelo (principalmente os tenistas), na canela e tendinite no tendão-de-aquiles. Essas são as lesões que mais identifiquei.

O problema é que a maioria das pessoas – em especial as que estão na meia-idade –, até as mais bem condicionadas, não pratica os exercícios certos para seu corpo. Os corredores, por exemplo, apresentam muitas lesões nos joelhos e quadris. Na realidade, raramente vi um corredor de meia-idade que não tenha sofrido um problema no joelho, no quadril ou na região lombar. Muitos continuam se exercitando até quando sentem as articulações doloridas. Digo-lhes que não precisam aposentar os tênis de corrida, porém que está na hora de praticar também exercícios que não sobrecarreguem as articulações.

Há ainda o grupo dos fanáticos. Em vez de permitir que o corpo descanse, continuam se esforçando cada vez mais, até que ocorre uma lesão. Quando se é jovem, dá para correr diariamente quilômetros em uma superfície rígida, mas eu não recomendaria isso para quem tem 40 anos. O corpo humano não foi feito para suportar esse esforço. É melhor seguir um programa intervalado de corrida, com piques mais rápidos por curtos períodos, seguidos por fases de recuperação – e, se possível, evitando superfícies duras.

Mas não são apenas os corredores ou atletas de meia-idade que se machucam por excesso de exercício. E digo isso por experiência própria. Há 10 anos, durante uma reunião do American College of Cardiology em Nova Orleans, hospedei-me em um hotel localizado a 800 metros do centro de convenções onde o encontro estava sendo realizado. Eu ia e voltava a pé e caminhava bastante dentro do centro de convenções. Dois dias após o início da reunião, comecei a notar uma dor na canela que parecia piorar a cada passo que eu dava. Quando percebi que não conseguiria andar mais, vi uma cadeira de engraxate e resolvi aproveitar para descansar um pouco enquanto o rapaz engraxava meu sapato. Ao me sentar, comentei com ele que estava sentindo aquela dor. Ele observou meu mocassim de sola fina e fez o diagnóstico: "canelite" (em linguagem médica, síndrome da tensão tibial medial). Certamente eu não era o primeiro participante da convenção a buscar refúgio em sua cadeira por causa daquele problema.

O engraxate e dublê de médico chegou até a me indicar uma marca conhecida de sapatos com sola de borracha. Embora eu soubesse que deveria usar tênis apropriados para correr, nunca me ocorreu ter calçados especiais também para o dia-a-dia. Comprei o sapato recomendado e, desde então, venho caminhando longas distâncias em muitas convenções de cardiologia sem uma única recorrência de dor na canela.

O estilo de vida sedentário pode levar ao sobrepeso, e, junto com o uso de calçados inadequados, isso também sobrecarrega as articulações dos quadris, da coluna e dos joelhos. Emagrecer pode poupar as articulações do desgaste. No caso do joelho, cada passo significa uma força de três a seis vezes o peso corporal. Um estudo de 2005 publicado na revista *Arthritis & Rheumatism* revelou que cada meio quilo que emagrecemos proporciona a redução de 2 quilos no estresse da articulação dos joelhos. Como usamos essa articulação sempre que ficamos de pé ou caminhamos, quanto menor a carga, melhor.

Tão importante quanto evitar o sedentarismo é não exagerar nos exercícios físicos. Apenas o emagrecimento e a realização de atividades físicas seguras, com períodos de recuperação, podem evitar lesões e futuras cirurgias. Por isso, quanto antes começarmos, melhor.

Exercícios inteligentes

Curiosamente, a maior parte das queixas que ouço em meu consultório, incluindo as de lesões do manguito rotador e de dor na região lombar, não são resultado da prática de esportes. Ao contrário, elas ocorrem durante atividades do dia-a-dia, como ao abaixar-se para colocar o cinto de segurança no filho ou ao levantar uma caixa de ferramentas. Embora algumas lesões aconteçam porque a musculatura abdominal é fraca e pouco flexível, percebi que elas são comuns também entre meus pacientes que apresentam melhor condicionamento físico – ou, pelo menos, os que eu assim considero.

Essa constatação me leva a outra questão importante. Muitas pessoas acham que estão se exercitando da maneira correta quando, na verdade, estão provocando mais danos do que benefícios ao corpo. Em determinados casos, a musculação convencional pode ser prejudicial, pois tende a isolar grupos musculares e treiná-los de uma forma que não é naturalmente funcional. É o caso dos exercícios que não reproduzem as atividades cotidianas e, assim, negligenciam os músculos que dão sustentação ao corpo. Resultado: a imagem da musculatura no espelho ou na praia pode ser boa, mas não é útil para prevenir lesões ou realizar as tarefas do dia-a-dia.

Os exercícios mais eficientes para prevenir lesões são chamados de exercícios funcionais, pois reproduzem os movimentos que executamos diariamente e, para isso, exigem que utilizemos diversos grupos musculares de modo suave. Por isso, além do condicionamento cardiovascular, o programa deste livro enfatiza o condicionamento funcional, a fim de fortalecer os músculos principais e periféricos. Por exemplo, quando nos abaixamos para pegar uma criança ou para tirar uma sacola de compras do carro, não usamos apenas os braços e as pernas. Se assim fosse, sobrecarregaríamos esses músculos, deixando-os vulneráveis a lesões. Quando nos agachamos para apanhar alguma coisa no chão, utilizamos todos os músculos, inclusive os das pernas, do abdômen, das costas e dos braços. Os músculos principais sustentam todos os outros e ajudam a manter a força, a boa postura e o equilíbrio.

Os exercícios específicos para a musculatura promovem a estabilidade, aumentam a força e a flexibilidade e são essenciais para a prevenção de lesões e a manutenção do peso saudável. Tenho observado, durante minhas viagens, que cada vez mais as pessoas estão incorporando exercícios desse tipo a suas rotinas de treinamento. Nas academias dos hotéis em que me hospedo, vejo homens e mulheres levantando pesos sentados naquelas gigantes bolas suíças que são próprias para exercício, malhando no *pulley* ou equilibrando-se sobre *balance boards* (plataformas que funcionam como uma balança), todos usando os músculos abdominais, pélvicos e da região lombar enquanto trabalham as outras partes do corpo.

Adeus, sedentarismo

Obviamente, nossos ancestrais não precisavam se preocupar em reservar uma parte do dia para realizar exercícios de flexibilidade e fortalecimento para manter a boa forma física. Eles se exercitavam durante a execução de suas atividades cotidianas. Os antropólogos dizem que os habitantes das cavernas tinham músculos e ossos extremamente fortes. Afinal, sua rotina era perseguir e matar animais, encontrar e coletar frutos e hortaliças – ou seja, puro exercício. É preciso considerar também que, se eles sofressem alguma lesão nas costas, talvez não sobrevivessem.

Antes da industrialização da sociedade, realizar as tarefas diárias era um desafio físico, tanto para os homens quanto para as mulheres. Cortar lenha, cuidar do jardim, esfregar o chão, lavar roupa na beira do rio e pendurá-la para secar – tudo isso envolvia movimentos funcionais do corpo.

Hoje, vamos de carro para o trabalho, usamos o elevador para chegar à nossa sala, ficamos sentados o dia inteiro e utilizamos o controle remoto para trocar os canais da televisão, ligar o aparelho de som, o DVD, as luzes da casa e até mesmo para abrir e fechar as cortinas.

Nossos filhos não correm pela rua depois da escola, não sobem em árvores nem jogam bola como antes. Eles ficam basicamente em casa, diante da tela de videogames. O mundo civilizado em que vivemos estimula o sedentarismo e atrofia os músculos, pois desencoraja a realização das atividades que fomos programados para executar. A inatividade desacelera o metabolismo e enfraquece os músculos, reduzindo sua flexibilidade – o que, em última instância, favorece as lesões.

Atividades cotidianas também queimam calorias

Todos nós precisamos estar mais cientes dos fatores que levam ao sedentarismo. É maravilhoso realizar uma atividade física durante algumas horas por dia, mas é necessário equilibrar o que fazemos no tempo restante. Você fica sentado o dia inteiro ou é ativo? Prefere a escada ao elevador? Chama um táxi ou encara andar algumas quadras? Todos os movimentos que executamos cotidianamente, de maneira consciente ou inconsciente, queimam calorias. E essa perda calórica é importante.

O Dr. James A. Levine, da Mayo Clinic, criou um conceito chamado NEAT (acrônimo de *nonexercise activity thermogenesis*, atividade termogênica sem exercício). Na prática, a NEAT é o gasto calórico que ocorre quando não estamos dormindo, comendo nem nos exercitando formalmente. Em um estudo publicado em 2005, na revista *Science*, o Dr. Levine e vários colegas compararam a NEAT de dois grupos de pessoas sedentárias, um composto por magros e outro por obesos. Constataram que o grupo de magros tinha o hábito de se levantar da mesa de trabalho para se alongar ou dar uma volta de vez em quando, andar enquanto falava ao telefone e também realizar as atividades cotidianas de pé, o que totalizava pelo menos duas horas diárias de atividade. O resultado dessa movimentação era a queima de 350 calorias a mais por dia, o que ajudava a explicar a diferença de peso entre os dois grupos.

Outra perspectiva interessante sobre a importância do conceito NEAT foi dada por William L. Haskell, Ph.D., do Stanford Prevention Research Center. Ele estima que gastar dois minutos por dia enviando mensagens de e-mail em vez de se levantar e andar pelo corredor até a mesa de um colega resulta em um aumento de 5 quilos ao longo de 10 anos. Talvez não tenha sido uma idéia tão boa assim abolir o papel e implantar um software médico em meu consultório.

A verdade é que, no último século, a proliferação de máquinas que poupam trabalho, do automóvel a softwares, reduziu a NEAT das pessoas entre 500 e 1.000 calorias por semana. Essa queda desempenhou um papel importante na atual epidemia de obesidade nos Estados Unidos. No entanto, o impacto da NEAT em nossa sociedade, ainda que seja perturbador, também oferece a oportunidade de mudar nossas rotinas diárias para compensar o gasto de energia que perdemos por causa das atividades que deixamos de executar.

A NEAT é uma notícia maravilhosa para as pessoas que acreditam que o único modo de se manter em forma e com bom condicionamento físico é correr uma maratona. Caminhar, ficar de pé e se movimentar continuam sendo maneiras fáceis de manter a boa forma e força física pelo resto da vida. O mais importante é que o programa de atividade física da Dieta de South Beach pode ajudá-lo a alcançar esses objetivos sem sofrimento. Quando alguém lhe disser que se sente e fique quieto, simplesmente diga "não".

6

ADEUS, BARRIGA

Se você está tendo dificuldade de entrar em sua calça jeans preferida ou teve que afrouxar o cinto da calça recentemente, cuidado. O aumento da circunferência da cintura pode estar elevando suas chances de ter um ataque cardíaco ou um AVC.

Um dos benefícios mais importantes da Dieta de South Beach é que, à medida que você emagrece, também perde medidas, principalmente na região abdominal. As mulheres me contam, com muito orgulho, que, pela primeira vez em anos, podem usar vestidos de cintura marcada, às vezes até um biquíni. No caso dos homens, talvez seja sua chance de tirar a camisa na praia sem se envergonhar da barriga.

Embora essa seja uma excelente notícia para as pessoas interessadas nos efeitos estéticos das dietas, é ainda melhor para quem está preocupado em evitar ataques cardíacos e em melhorar a saúde em geral.

Se você olhar as pessoas na rua, vai perceber que nem todo mundo que está acima do peso tem o mesmo formato de corpo. Alguns corpos se assemelham mais a uma pêra, e outros a uma maçã. Caso você venha acompanhando a epidemia de obesidade e sobrepeso nas últimas décadas, deve ter notado o aumento chocante na quantidade de pessoas obesas com o corpo em forma de maçã. Nesses indivíduos, o excesso de gordura se concentra no abdômen, enquanto no corpo em forma de pêra a gordura se acumula nos quadris e nas coxas.

Em 1947, o médico francês Jean Vague estabeleceu a diferença entre a obesidade andróide (forma de maçã) e ginóide (forma de pêra) e observou a associação entre a obesidade em forma de maçã e o desenvolvimento do diabetes, da hipertensão, da gota e da aterosclerose. Desde então, as pesquisas demonstram que as implicações da forma corporal para a saúde são mais importantes do que imaginávamos.

A gordura abdominal é diferente daquela que se acumula diretamente sob a pele. A gordura abdominal se instala dentro da cavidade do abdômen, entre os órgãos internos (estômago, fígado e intestino). É a chamada gordura visceral, que produz hormônios e outras substâncias químicas que causam danos ao organismo. São essas substâncias que nos matam lentamente.

A proliferação das "maçãs"

Por que deveríamos nos importar com a proliferação dos corpos em forma de maçã? Porque a compreensão desse mecanismo de sobrevivência do corpo humano ajuda a entender as razões da atual epidemia de obesidade e decidir que providências tomar. Para os nossos ancestrais, o acúmulo de gordura nos períodos de escassez funcionava como uma reserva de energia para ser usada nos momentos difíceis. Se essa reserva estivesse concentrada na barriga, deixando pernas e braços mais finos, a pessoa poderia continuar correndo e caçando sem limitações. Conseqüentemente, comer mais do que a fome exigia nos períodos de fartura, para acumular energia sob a forma de gordura, era uma necessidade.

Usando uma analogia contemporânea: o homem primitivo se protegia enchendo o tanque de combustível reserva localizado na região abdominal. Quando a comida era abundante durante o verão e o outono, ele consumia mais do que precisava para manter esse tanque sempre cheio. Assim, poderia gradualmente consumir a energia extra durante os meses de inverno, quando havia escassez de alimento. Esse mecanismo funcionou bem durante milênios, mas hoje a maioria das pessoas vive em constante abundância, sem intervalos de escassez, e o corpo continua armazenando gordura para sobreviver, permanece insaciável. Resultado: estamos cada vez mais gordos, além de pré-diabéticos e diabéticos.

Você deve estar se perguntando por que, em meio a esse banquete constante, não estamos todos gordos e barrigudos. O motivo é fascinante. Ocorre que os genes que estimulam o armazenamento de gordura – chamados de genes econômicos – não estão igualmente distribuídos pelas populações de todo o mundo. As sociedades que tiveram, em épocas recentes, uma vida de subsistência pontuada por fome possuem uma dose generosa desse tipo de gene. No entanto, se essas mesmas sociedades mudarem seus tradicionais hábitos de alimentação e estilo de vida, passando a adotar a dieta ocidental, a população se tornará obesa – isso é quase uma certeza.

Um exemplo disso são os índios Pima, que durante séculos lutaram para sobreviver nas regiões desérticas do sudoeste dos Estados Unidos. Sua facilidade de armazenar gordura nas fases de fartura de comida, para depois usá-la nos períodos de escassez, foi crucial para sua sobrevivência. No entanto, no final do século XX, esse povo indígena adotou o estilo de vida ocidental e viu crescer os casos de obesidade, diabetes, problemas cardíacos e AVCs.

Outros povos que adotam uma alimentação baseada em fast-food enfrentam os mesmos problemas de saúde. Não importa se é Nova Délhi ou Pequim, em qualquer lugar onde haja lanchonetes à moda ocidental, essa realidade vai se repetir. Mas e aquelas pessoas que comem de tudo e nunca engordam? Simples. Nasceram com menos quantidade de genes econômicos e foram abençoadas com um metabolismo acelerado. (Se isso serve de consolo, na pré-história essas pessoas talvez não sobrevivessem.) A herança genética de cada um é o que determina a propensão a acumular gordura abdominal e o formato do corpo (de maçã ou pêra).

A gordura abdominal não é um problema apenas estético. Na verdade, os hormônios e outras substâncias produzidas pela gordura visceral são pró-inflamatórios. À primeira vista, isso pode parecer algo positivo, pois a inflamação é um meio importante de combater as doenças. Por exemplo, se você se cortar e for infectado por bactérias, seu organismo apresentará primeiro uma resposta inflamatória para deter o sangramento com a formação de um coágulo sanguíneo e, em seguida, mobilizará as células brancas do sangue para neutralizar as bactérias (ou seja, combater o invasor).

Em quantidades apropriadas, a gordura visceral e as substâncias inflamatórias por ela produzidas são essenciais à sobrevivência. Caso contrário, a resposta inflamatória e imune não é suficiente, aumentando o risco de infecção e morte. É o que acontece com crianças do Terceiro Mundo que passam fome e com pessoas que sofrem de desnutrição decorrente de câncer ou de outra doença crônica.

Quando a inflamação é permanente

O que acontece quando o excesso de gordura visceral se torna permanente? E quando a resposta inflamatória é ativada mesmo que não seja necessária? Como os Estados Unidos se tornaram um país de pessoas com o corpo em formato de maçã – portanto, com excesso de gordura abdominal produzindo continuamente substâncias inflamatórias –, os efeitos desastrosos dessa situação já começam a aparecer. Pesquisas indicam que a gordura visceral extra produz substâncias químicas inflamatórias adicionais, mas ainda não se sabe como elas afetam o organismo.

Uma das substâncias mais pesquisadas pela área médica é a proteína C-reativa (PCR). Por meio de um exame de sangue chamado PCR ultra-sensível, contatou-se que essa partícula se eleva quando há uma infecção no corpo, embora também tenham sido identificados níveis perigosamente altos em pessoas com gordura abdominal, pré-diabetes e diabetes. De modo geral, os estudos mostram que os americanos têm níveis de PCR 20% mais elevados do que os ingleses, por exemplo.

O Dr. Paul Ridker, do Centro de Prevenção de Doenças Cardiovasculares em Harvard, descobriu que a PCR em níveis elevados se torna um fator de risco para doenças cardíacas. E mais: que a inflamação crônica está intimamente associada à aterosclerose, o acúmulo de placas de gordura nas artérias que leva à sua obstrução, causando ataques cardíacos e AVCs.

A medicina começa a perceber que os efeitos da inflamação podem causar muitos outros problemas, além de danos ao coração e aos vasos sanguíneos. Há indícios de que os processos inflamatórios sejam o denominador comum de várias doenças, tais como diabetes, Alzheimer, degeneração macular, asma, artrite, acne, psoríase e diversos tipos de câncer.

Antiga tática de sobrevivência

Por que substâncias inflamatórias estão associadas à gordura abdominal? Porque a reação inflamatória requer energia. Como nossos ancestrais costumavam passar fome, não podiam se dar ao luxo de gastar energia com a criação de uma reação inflamatória. Toda a sua energia era utilizada para transportar sangue e nutrientes aos órgãos. Por isso, o homem primitivo era extremamente vulnerável a lesões e infecções, o que, de certa forma, explica por que nossa resposta inflamatória está associada à gordura abdominal. A presença desse tipo de gordura em nossos ancestrais garantia o combustível reserva fundamental para que a reação inflamatória protetora ocorresse. A verdade é que nós não fomos projetados para carregar o excesso de gordura que muitos têm hoje.

Sendo assim, como esse primitivo mecanismo de sobrevivência se encaixa em nosso estilo de vida atual? O excesso de gordura abdominal em tão alta proporção na população é algo sem precedentes. Como é um problema relativamente recente, suas implicações para a saúde ainda não são conhecidas. Ao analisar o número de mortes por doenças cardíacas, que se reduziu nas últimas décadas graças aos avanços no tratamento e à prevenção, percebo que essa tendência favorável está diminuindo nas faixas etárias mais jovens.

Um estudo publicado em 2007 no *Journal of the American College of Cardiology* relevou que as mortes decorrentes de doenças cardíacas na faixa dos 34 aos 55 anos – a mais exposta a alimentos processados e ao fast-food – estão aumentando, bem como a incidência de duas outras doenças diretamente associadas à gordura abdominal: o pré-diabetes e o diabetes do tipo 2. Pelo visto, o sedentarismo e a alimentação no estilo fast-food estão vencendo até os extraordinários avanços no tratamento médico da doença que mais mata homens e mulheres em todo o mundo.

POR QUE SEU IMC PODE CRIAR DISTORÇÕES?

O índice de massa corporal (IMC) é uma fórmula para medir o peso ideal. Usa a altura como parâmetro para ajustar o peso, comparando com outros indivíduos e com outras populações. Vamos tomar como exemplo dois homens que pesam 100 quilos. Se um deles tiver 1,65m e o outro 1,90m, o peso não será suficiente para definir qual dos dois está com sobrepeso. Se o seu IMC estiver entre 18,5 e 24,9, isso significa que você está na faixa de peso saudável para a sua altura, entre 25 e 29,9, que está acima do peso; e acima de 30, obeso. Para calcular o IMC, use uma das calculadoras automáticas disponíveis na internet (o site da Abeso tem: www.abeso.org.br).

Embora o IMC seja um critério de medição mais útil do que o peso em si, quando se trata de comparar o índice de obesidade de duas pessoas, por exemplo, ele pode não ser o melhor método. Lembre-se: a gordura concentrada na cavidade abdominal é muito mais perigosa do que a gordura subcutânea. É possível que um atleta profissional com grande quantidade de massa muscular tenha um IMC elevado, mas pouca gordura abdominal. Ou ainda que uma pessoa muito obesa com um IMC alto tenha apenas gordura subcutânea. Os dois casos podem apresentar um risco baixo de pré-diabetes, diabetes e doença cardíaca. Por outro lado, também é possível encontrar pessoas com um IMC normal e enorme quantidade de gordura visceral. O IMC dessa pessoa pode ser normal porque talvez tenha braços e pernas finos e músculos leves – mesmo assim, porém, ela corre um risco maior de ter doenças cardíacas ou outros males.

Se o IMC não é um indicador confiável do grau de periculosidade da gordura, que outro critério pode ser usado? Resposta: a circunferência da cintura. Pode-se medir a cintura de duas formas. A primeira mede apenas a cintura propriamente dita, ou seja, logo acima do umbigo. O ponto de corte para o diagnóstico do pré-diabetes em mulheres é de até 90 centímetros; nos homens, até 100 centímetros. A segunda medição é conhecida como proporção cintura–quadril. Para encontrá-la, meça seu quadril na parte mais larga das nádegas e depois divida a circunferência da cintura pela circunferência do quadril. Exemplo: se você tem 86 centímetros de cintura e 81 centímetros de quadril, divida 86 por 81; sua proporção cintura-quadril será de 1,06. Números maiores do que 0,95 para homens e 0,8 para mulheres significa que eles se enquadram na categoria de corpo em formato de maçã – e que está na hora de tomar uma providência.

A conexão entre diabetes e gordura abdominal

Já citei essa estatística antes, mas gostaria de mencioná-la novamente: 50% dos americanos com idades entre 40 e 70 anos estão pré-diabéticos. A prevalência de pré-diabetes triplicou nas últimas décadas – a maior parte dos pacientes internados nas unidades coronárias são pré-diabéticos ou diabéticos.

A causa desse problema tem origem em nosso mecanismo ancestral de armazenamento de gordura que, em vez de salvar vidas como antes, tornou-se um fator de risco nos tempos atuais. Além dos prejuízos em potencial, o acúmulo de gordura visceral provoca resistência à insulina, situação em que o organismo produz insulina suficiente, mas as células não conseguem utilizá-la adequadamente (na verdade, as células se tornam resistentes à ação desse hormônio).

Essa resistência provoca oscilações na taxa de glicose no sangue. Essas flutuações aumentam a sensação de fome e isso, por tabela, resulta em acúmulo de gordura abdominal. Quanto mais gordura é armazenada na região da cintura, mais crescem as células de gordura do abdômen. O problema é que a insulina não se comunica efetivamente com as células de gordura inchadas após a refeição. Resultado: o pâncreas tem que continuar produzindo insulina adicional para superar a resistência à insulina dessas células maiores e conseguir transportar glicose e gordura da corrente sanguínea para os tecidos. Se o pâncreas não for capaz de produzir a insulina necessária, a glicose no sangue permanecerá elevada após as refeições, provocando o diabetes do tipo 2.

Não há dúvida de que o mecanismo que ajudou o homem a sobreviver no passado está contribuindo para matá-lo hoje. Felizmente, já se sabe como reverter esse quadro. Não se preocupe. Não pretendo sugerir que a solução seja passar fome ou experimentar períodos de escassez alimentar, mas a verdade é que precisamos consumir maior quantidade de frutas, de hortaliças, de grãos integrais, de gorduras saudáveis e de proteínas magras, como faziam nossos ancestrais. Essa é a sugestão da Dieta de South Beach para eliminar e prevenir o acúmulo de gordura abdominal e suas terríveis conseqüências para a saúde.

Também precisamos imitar outro hábito dos nossos antepassados: a atividade física. Estudos mostram que a prática regular de exercícios aeróbicos (cardiovasculares) e de fortalecimento muscular é uma das maneiras mais eficazes de evitar a gordura visceral.

Em 2005, a Duke University reuniu 175 mulheres e homens com sobrepeso e taxas de colesterol e de triglicerídeos moderadamente altas e os classificou aleatoriamente em três grupos. Durante oito meses essas pessoas praticaram diferentes modalidades esportivas e foram instruídas a não modificar seus hábitos alimentares. Um grupo exercitou-se em intensidade moderada (40% a 55% da capacidade aeróbica) por cerca de 3 horas a cada semana. O segundo grupo realizou uma atividade física de alta intensidade (65% a 80% da capacidade aeróbica) por 2 horas semanais. O terceiro grupo manteve o ritmo alto, mas aumentou o tempo de malhação em uma 1 hora por semana.

Tanto o grupo que se exercitou em alta intensidade durante 2 horas quanto o que se exercitou em intensidade moderada durante 3 horas não teve acúmulo adicional de gordura visceral. No entanto, a melhor notícia foi que o grupo que se exercitou em alta intensidade por 3 horas por semana apresentou uma redução significativa na gordura corporal. Agora, a má notícia para os sedentários: um grupo de controle, que não se exercitou, aumentou significativamente a gordura visceral. Conclusão: é preciso sair da inércia para impedir que esse tipo de gordura continue a se acumular.

Um estudo publicado em 2006 no *International Journal of Obesity* revelou que a combinação de alimentação e exercícios reduziu o tamanho das células de gordura abdominal. Trata-se de uma confirmação importante, pois as células maiores de gordura são as que se tornam resistentes à insulina. A diminuição de seu tamanho pode ajudar a restaurar a resposta normal a esse hormônio e a prevenir o diabetes.

E os corpos em formato de pêra?

Quem tem o corpo em forma de pêra, que acumula gordura principalmente nos quadris e nas coxas, não reage à dieta e à alimentação adequada tão bem quanto quem tem o corpo do tipo maçã. Na verdade, as pessoas do tipo pêra têm mais dificuldade de emagrecer porque seu metabolismo é mais lento em razão da composição genética, não da alimentação. Isso significa que se exercitar é a grande solução para acelerar o metabolismo.

Mas há vantagens em ser uma pessoa do tipo pêra. É que as "peras" com sobrepeso não têm os genes econômicos que provocam o acúmulo de gordura visceral. E isso é muito mais saudável do que a pessoa do tipo maçã, que tem facilidade em estocar gordura na região da cintura.

Taxa metabólica

Ainda que grande parte da epidemia de obesidade se deva à ativação dos mecanismos de sobrevivência que nos fazem acumular gordura e também aos maus hábitos alimentares e à falta de exercícios físicos, essas não são as únicas causas do sobrepeso. Há pessoas que dizem não comer demais e, mesmo assim, estão acima do peso. Por outro lado, há os indivíduos que comem muito e não engordam. A explicação está nas taxas metabólicas que variam de pessoa para pessoa. São elas que determinam a tendência de cada um a engordar.

Isso ficou claro em um estudo canadense com 12 duplas de gêmeos idênticos. Cada uma delas recebeu 1.000 calorias a mais do que o necessário por dia, seis dias por semana, durante 100 dias. A quantidade de exercícios, igual para todos, foi cuidadosamente monitorada. A alimentação e o gasto calórico por meio da prática de exercícios de todos os participantes também eram idênticos. Ao final da pesquisa, cada dupla havia tido quase o mesmo aumento de peso, mas entre os diferentes pares de gêmeos esse ganho variou de 4 a 13 quilos.

Esse resultado é a prova de que uma das maiores contribuições para o aumento de peso é a taxa metabólica determinada por fatores genéticos. É importante que as pessoas que fazem dieta entendam isso, pois a taxa metabólica afeta o ritmo de emagrecimento. Se você tiver o metabolismo lento, precisará seguir rigorosamente os princípios do programa e reforçar a rotina de exercícios.

VIVENDO A DIETA DE SOUTH BEACH

ALAN, J., 52 ANOS: "DESCOBRI A MINHA PRÓPRIA FONTE DA JUVENTUDE."

Em maio de 2006, meu cardiologista me alertou para os resultados preocupantes do meu exame de sangue. O sedentarismo, a cerveja, as frituras e o sorvete finalmente mostravam seus efeitos – eu pesava 113 quilos e minha glicose estava em 140, altíssima. Tenho 1,90m, por isso sempre pensei que podia comer o que quisesse. Nem uma visita à emergência do hospital, três anos antes, com dores no peito, fora suficiente para me fazer cuidar da saúde. Achava que bastava tomar medicação para a pressão e para o colesterol que tudo ficaria bem. Ledo engano.

Meu cardiologista disse que eu estava muito perto de me tornar pré-diabético. Na mesma hora, me veio à cabeça uma cena que presenciei na emergência do hospital – um homem com a perna tão preta que pensei ser uma queimadura, mas a enfermeira disse que ele teria que amputá-la na manhã seguinte por causa do diabetes. Ao saber que era um forte candidato ao pré-diabetes, decidi tomar uma providência.

Há mais de um ano meu médico vinha tentando fazer com que eu lesse *A Dieta de South Beach*, mas eu resistia, pois pensava que fosse um livro para mulheres. Naquele dia, porém, finalmente comprei um exemplar. A explicação sobre como os alimentos afetam o organismo fazia sentido. Os testemunhos eram uma fonte de esperança de que a dieta funcionaria para mim. Decidi iniciar o regime na semana seguinte. Isso me daria seis dias para me despedir das comidas que eu adorava. Consegui ganhar mais 3 quilos nesse período.

A verdade é que eu tinha muito medo da Fase 1 por ter que abrir mão da cerveja e de todas aquelas comidas que me reconfortavam. O que me ajudou foi levar o livro comigo para cima e para baixo, para consultá-lo quando necessário, e o apoio da minha esposa, que preparou as receitas da Fase 1. Quiche e suco de hortaliças, sanduíche de peito de peru e pedaços de queijo branco logo se tornaram meus maiores aliados.

Como não podia mais tomar cerveja depois do trabalho, decidi freqüentar uma academia. Mesmo com o joelho "bichado", consegui caminhar 30 minutos na esteira. Fiquei surpreso ao descobrir o bem-estar que aquela atividade me proporcionava. Passei a sentir vontade de caminhar diariamente.

Em poucas semanas, havia perdido 11 quilos. Quando voltei ao cardiologista para a consulta de acompanhamento, minha glicose havia baixado para 89 e eu estava pesando 96 quilos. Em dezembro, 18 meses e quase 2.000 quilômetros na esteira depois, cheguei à minha meta pessoal: 88 quilos. De vez em quando como algumas guloseimas, mas estou conseguindo manter o peso. E sabe por quê? Porque percebi desde o início que não estava fazendo uma dieta, e sim mudando meu jeito de viver. Quando fiz o teste de esforço anual, o médico me deu parabéns: "Você rejuvenesceu 10 anos."

A síndrome do "preciso emagrecer ainda mais"

A discussão sobre a taxa metabólica é corriqueira em meu consultório. Agora vou contar a história de Karen, uma paciente típica. Ela tem 52 anos e seu histórico familiar mostra casos de diabetes e doenças cardíacas. Sua queixa: ganho de peso na pós-menopausa. Seus exames de sangue revelam sinais de pré-diabetes e ela reclama de sentir muita vontade de comer açúcares e carboidratos refinados.

Recomendo que siga a Dieta de South Beach e que se exercite regularmente. Karen emagrece 7 quilos em seis meses e a vontade de comer desaparece. Na consulta seguinte, lhe dou os parabéns pelos excelentes resultados do exame de sangue: todas as taxas haviam voltado ao normal. Espero ouvir uma reação de satisfação, mas sua atitude é bem diferente: "Ótimo, Dr. Agastston, mas ainda estou muito gorda. Preciso perder pelo menos mais 3 quilos, além de uns centímetros aqui e ali (aponta para os quadris e as coxas)."

Infelizmente, a resposta de Karen é a regra, não a exceção. Muitas mulheres dizem a mesma coisa. E isso ocorre porque nossa cultura definiu um ideal irreal para a aparência feminina – a síndrome do "preciso emagrecer ainda mais". Para as Karens que aparecem em meu consultório, já tenho uma resposta preparada. Digo-lhes que, na minha opinião e na de minha equipe, elas estão ótimas, mas que, se quiserem emagrecer mais ou reduzir medidas, não devem manter a restrição calórica, pois isso pode provocar o famoso efeito sanfona, fazendo-as recuperar o peso e engordar ainda mais.

O metabolismo de Karen, determinado geneticamente, ditou o momento em que seu peso se estabilizou. Para continuar a emagrecer e manter o novo peso pelo resto da vida, ela vai precisar aumentar a taxa metabólica. Para isso, terá que seguir um programa de atividade física como o sugerido neste livro, que a ajude a construir e manter a massa muscular e óssea ao mesmo tempo que queima calorias. Essa é a maneira ideal de fazer isso.

Conclusão sobre a questão da gordura abdominal

Ao colocar em perspectiva as implicações da gordura abdominal para a saúde, identificamos três grandes vilões: alimentação do tipo fast-food, estilo de vida sedentário e excesso de gordura abdominal.

A gordura abdominal é muito mais perigosa do que a gordura subcutânea; porém, se você seguir os princípios da Dieta de South Beach Aditivada, sua barriga desaparecerá. O programa de atividade física vai acelerar o processo de emagrecimento e permitir que você mantenha o peso. Isso se aplica às pessoas que estão com sobrepeso decorrente do metabolismo mais lento, e não da resistência à insulina, e também a quem está bem, mas deseja perder alguns quilos.

Para mim, tem sido muito importante ver como evoluíram as descobertas sobre as causas da obesidade nos Estados Unidos e no mundo. Mais gratificante ainda, porém, é aprender a prevenir esse problema e ajudar as pessoas a se tornarem mais magras e mais saudáveis pelo resto da vida.

VIVENDO A DIETA DE SOUTH BEACH

LINDA S., 56 ANOS: "A SAÚDE DO MEU MARIDO MELHOROU MUITO, E RAPIDAMENTE."

Meu marido e eu começamos a Dieta de South Beach em janeiro de 2007, depois de ouvir do médico que ele era sério candidato a desenvolver diabetes do tipo 2. Meu marido mede 1,77m e estava pesando 130 quilos. Sua glicose estava alta e sua barriga enorme – sabíamos que isso não podia ser bom. Mas não era apenas o medo do diabetes que nos preocupava. Meu marido tinha outros problemas de saúde que estavam sendo agravados pelo peso, como doença óssea degenerativa nas costas e fibromialgia, que causa dor muscular. Ele vivia à base de analgésicos para controlar a dor. Sabíamos que teríamos que mudar as coisas para melhorar a saúde.

Na época, eu estava com 78 quilos, 11 quilos acima do meu peso ideal, e era sedentária. Estava insatisfeita, por isso resolvi seguir a dieta com Bill. Quando começamos a ler, percebemos que vínhamos fazendo tudo errado. Consumíamos muitos alimentos industrializados. Além disso, não comíamos hortaliças nem grãos integrais suficientes. Não sou muito de cozinhar, mas comecei a experimentar algumas receitas do programa e passamos a ingerir mais proteína magra e hortaliças. Qual não foi a nossa surpresa ao constatarmos que os alimentos saudáveis podem ser deliciosos?

Então decidimos dar mais um passo. Entramos para uma academia perto de casa e começamos a nos exercitar três vezes por semana. Por causa dos seus problemas de saúde, Bill tinha que ter muito cuidado, mas fazia o que era possível. Nós dois emagrecemos. Perdi 12 quilos, e Bill, 25. Hoje ele se sente tão melhor que conseguiu reduzir à metade o uso de analgésicos. Sua taxa de glicose no sangue está normal. Não há dúvida de que a saúde do meu marido melhorou muito.

O mais interessante é que descobrirmos que a alimentação saudável é mais gostosa do que a que tínhamos antes. Não nos sentimos privados (pelo menos na maior parte do tempo!) e sabemos que nunca voltaremos aos nossos velhos hábitos.

7

ALIMENTOS PODEROSOS

Houve uma revolução na qualidade das informações nutricionais que pode ser muito útil para quem deseja ter uma vida mais saudável. Até recentemente, não sabíamos quais alimentos eram mais nutritivos porque muitas substâncias presentes nas frutas, nas hortaliças, nos grãos integrais, nas gorduras benéficas e em muitos outros itens ainda não haviam sido descobertas. O papel das fibras, que hoje sabemos ser essencial à saúde, também era praticamente desconhecido, assim como a informação de que os suplementos vitamínicos não conseguem compensar uma alimentação pobre em nutrientes.

Graças aos novos conhecimentos, descobriu-se que os alimentos não processados possuem micronutrientes que favorecem a saúde. Estudos constataram que as pessoas que comem basicamente frutas, hortaliças, grãos integrais e carboidratos benéficos têm menos doenças crônicas, inclusive cardiopatias. Mas há um detalhe: é necessário ingerir grande variedade desses alimentos para obter seus benefícios.

A conclusão a que chegamos é que as pessoas precisam conhecer mais a ciência nutricional que vem impulsionando essa revolução.

Bons carboidratos proporcionam grandes benefícios

Quando você completar 100 anos, vai me agradecer por tê-lo estimulado a se alimentar de acordo com os princípios da Dieta de South

Beach: frutas vermelhas, vegetais crucíferos (brócolis, couve e couve-flor), farelo de trigo e de aveia e até mesmo chocolate e vinho tinto são notórios pelos efeitos positivos que proporcionam à saúde.

Além de serem ricas em fibras, as frutas e hortaliças são excelentes fontes de vitaminas (C e E), minerais (ferro, magnésio e cálcio) e de fitonutrientes, as benéficas substâncias químicas encontradas unicamente nas plantas. Os fitonutrientes concentram-se em geral na casca e nos pigmentos que conferem a coloração aos vegetais. Para que a nutrição seja perfeita, é recomendável consumir um prato com frutas e hortaliças de cores variadas.

Um aspecto interessante da nutrição é que muitas vezes as pessoas comem muito, mas continuam subnutridas – esse é, aliás, o tema do próximo capítulo, uma crítica à má alimentação que oferecemos aos nossos filhos. O consumo insuficiente de fibras e hortaliças é apenas um exemplo de como estamos nos privando de nutrientes importantes. O Departamento de Agricultura dos Estados Unidos recomenda a ingestão de duas ou mais porções de frutas e de três ou mais porções de hortaliças por dia, mas um estudo realizado em 2007, e publicado pelo *American Journal of Preventive Medicine*, mostrou que apenas 11% dos americanos fazem isso.

Curiosamente, nossos ancestrais caçadores-coletores consumiam uma variedade muito maior de frutas e hortaliças do que os homens e as mulheres de hoje, que têm à disposição supermercados e mercearias 24 horas. Na verdade, eles eram mais saudáveis do que nós em muitos aspectos. Não sofriam, por exemplo, das doenças crônicas e degenerativas que nos afetam, certamente porque ingeriam grande quantidade de diversos tipos de alimentos integrais. Pesquisas mostram que as sociedades posteriores que dependiam de uma única fonte de nutrição, como trigo ou arroz, tinham estatura menor, ossos mais fracos e deficiências nutricionais.

O poder da natureza

Estudos revelam que muitos fitonutrientes atuam como substâncias antioxidantes capazes de bloquear o efeito prejudicial dos radicais livres em nosso organismo. Quando em excesso, os radicais livres – moléculas liberadas na queima do oxigênio usado pelas células para converter os nutrientes dos alimentos em energia – podem danificar células e tecidos sadios. Além disso, suspeita-se que favoreçam o desenvolvimento de problemas como inflamações, doenças cardíacas, câncer, envelhecimento prematuro, doença de Alzheimer, artrite e diversos outros. Os antioxidantes ajudam a manter o nível certo de radicais livres no organismo.

Podemos comparar os antioxidantes, que são encontrados sobretudo na casca de frutas e hortaliças, às substâncias à prova de ferrugem usadas em tintas de automóveis. Sem essa proteção, o carro enferruja. Sem antioxidantes adequados na alimentação, o processo de envelhecimento se acelera. Você já notou que os fumantes tendem a parecer mais velhos do que pessoas da mesma idade que não fumam? Em geral a pele de quem fuma é mais enrugada, os cabelos ficam grisalhos mais cedo e até os músculos, ossos e órgãos tendem a envelhecer prematuramente quando comparados com os de não-fumantes. Está comprovado que o cigarro estimula a produção dos radicais livres inflamatórios.

Os fitonutrientes, no entanto, fazem mais do que nos proteger do envelhecimento. Conheça seus principais benefícios:

Combatem as inflamações e estimulam a vida sexual. Os polifenóis, por exemplo, são benéficos para a saúde cardíaca porque são antiinflamatórios e relaxam os vasos sanguíneos, melhorando o fluxo de sangue e reduzindo a pressão arterial. Se você acompanha as novidades na área de nutrição, já ouviu falar que o suco de romã previne a aterosclerose (endurecimento das artérias) e melhora a disfunção erétil, graças à ação dos polifenóis no fluxo sanguíneo. Normalmente, recomendo que as pessoas comam as frutas inteiras, por causa das fibras, em vez de beberem o suco. No caso da romã, porém, abro uma exceção, porque as pessoas têm dificuldade em retirar as sementes da fruta. Recomendo misturar o suco de romã, que é ácido, com água mineral gasosa, criando uma bebida refrescante.

Além de melhorar a circulação sanguínea, os polifenóis encontrados no chá preto, branco, verde e *oolong*, bem como no vinho tinto, proporcionam muitos outros benefícios à saúde, entre eles a redução do LDL (o colesterol ruim) e a elevação do HDL (o colesterol bom). Um estudo específico feito com o chá verde, que é rico em um tipo de polifenol chamado catequina, demonstrou sua capacidade de reduzir a gordura corporal e auxiliar no emagrecimento. O consumo de chá é liberado em todas as fases da Dieta de South Beach Aditivada. Nas Fases 2 e 3, são permitidas uma ou duas taças de vinho para acompanhar uma refeição.

Para os meus companheiros "chocólatras", guardei a melhor notícia para o final. Diversos estudos mostraram que o chocolate amargo pode reduzir a pressão arterial. Isso não significa um passe livre para você se empanturrar de bombons. Trata-se de uma recomendação: ao comer chocolate, opte pelo amargo, pois contém mais cacau e menos açúcar. Embora esse alimento esteja fora da Fase 1, as Fases 2 e 3 permitem a ingestão eventual de um pedaço de chocolate.

Protegem os olhos e a próstata. Os carotenóides encontrados nas frutas e hortaliças de coloração amarela, laranja e vermelha, bem como nas folhas verde-escuras, fazem parte de outra família de substâncias fitoquímicas conhecida por seus benefícios à saúde. A luteína e a zeaxantina, presentes em vegetais de folhas verde-escuras, estão associadas à menor incidência de degeneração macular e, possivelmente, de catarata. O licopeno (tomate, grapefruit e papaia) foi associado a níveis menores de câncer de próstata.

Estimulam a inteligência. As antocianinas são potentes antioxidantes encontrados nas frutas vermelhas, na uva roxa, na ameixa, na berinjela, na cereja e no vinho tinto. Se esses antioxidantes funcionarem tão bem nos seres humanos quanto mostraram funcionar nos camundongos, comer esses alimentos ajudará a preservar a saúde do cérebro até à velhice. Em 2006, o Departamento de Agricultura dos Estados Unidos administrou extrato de *blueberry* a camundongos que apresentavam uma mutação genética que os fazia desenvolver o mesmo tipo de placas amilóides encontradas no cérebro dos pacientes de Alzheimer. Oito meses depois, esses animais se saíram tão bem quanto os camundongos normais em um teste de labirinto, um sinal de que seu cérebro ainda estava livre das placas. Outra característica dos ratos que receberam extrato de *blueberry*: menos sinais de envelhecimento físico e mental do que os que não comiam a fruta.

Previnem o câncer. Os vegetais crucíferos, como brócolis, couve-de-bruxelas, couve-flor, repolho e couve, são ricos em fitoquímicos anticancerígenos, tais como os indóis e os isotiocianatos. O consumo desses alimentos há muito vem sendo associado à diminuição de casos de câncer de mama. Um estudo publicado no *International Journal of Cancer* em 2007 revelou que a incidência de câncer de bexiga entre as pessoas que ingeriam maiores níveis de isotiocianatos diariamente era muito menor do que entre as que não consumiam esse tipo de substância.

Esses são apenas alguns exemplos do poder nutricional dos fitonutrientes. É desnecessário dizer que houve muitas tentativas de transformá-los em suplementos alimentares. A indústria diz ter captado seu poder curativo, mas a verdade é que os suplementos vitamínicos ainda não conseguiram provar que podem gerar o mesmo tipo de resultado positivo para a saúde que os alimentos. Ao ser isolado, o nutriente perde as possíveis interações benéficas com os outros nutrientes do alimento. Se você quer usufruir da farmácia da natureza, deve ingerir os vegetais em sua forma natural.

O pão pode ser seu aliado

As pessoas que já experimentaram outras dietas, em geral ricas em proteínas e com baixo teor de carboidratos, se surpreendem ao descobrir que a Fase 2 da Dieta de South Beach reintroduz o pão, os cereais matinais e as massas às refeições – e não apenas em ocasiões especiais, mas diariamente. Elas imaginam como conseguirão perder peso se vão comer tantos carboidratos. Afinal, acreditam que esses alimentos são responsáveis pela epidemia de obesidade e também pelo aumento do número de casos de diabetes e doenças cardíacas.

Não me canso de repetir: nem todos os carboidratos são iguais. O trigo refinado e processado, sem fibras, é sem dúvida um dos maiores responsáveis pelo desenvolvimento do pré-diabetes, do diabetes e da obesidade. Mas há também a aveia, a cevada, o arroz integral, a quinoa, o trigo-sarraceno, o painço e o centeio.

Se você vinha se recusando a comer uma fatia de pão ou uma porção de arroz ou cereal, pode reintroduzir esse tipo de alimento em sua dieta – sempre na versão integral, é claro. O grão integral mantém a semente inteira (gérmen e farelo), o endosperma (amido) e a fibra, enquanto o processo de refino normalmente elimina a fibra, o farelo e o gérmen que são ricos em vitamina B e em outros nutrientes. Sobra apenas o endosperma, que se converte rapidamente em açúcar durante a digestão.

Um estudo publicado em 2007 no *Archives of Internal Medicine* revelou que a ingestão de 29 gramas de fibras diariamente, sob a forma de grãos integrais, resultava em um risco 27% menor de desenvolver diabetes do que a ingestão de metade dessa quantidade. Os pesquisadores notaram que esse efeito protetor não era conferido apenas pelas fibras, mas também pelo magnésio, um mineral encontrado nos grãos integrais.

Outro ensaio publicado no *American Journal of Clinical Nutrition* indica que a ingestão de alimentos integrais atua na prevenção da aterosclerose. Os pesquisadores mediram a espessura das carótidas de 1.178 homens e mulheres para ter um prognóstico de ataques cardíacos e de AVCs. As pessoas que consumiam a maior quantidade de grãos apresentaram os melhores resultados.

Como o Departamento de Agricultura dos Estados Unidos passou a recomendar a ingestão de grãos integrais, a indústria alimentícia começou a lançar novos produtos desse tipo. Já existem maravilhosas massas de trigo integral, cereais e pães integrais saborosos e repletos de nutrientes e fibras. Mas, se os consumidores não os comprarem, não poderemos culpar a indústria por não continuar a oferecê-los.

Os fabricantes preferem os grãos refinados por duas razões. Primeiro, porque eles aumentam a durabilidade do produto e, segundo, porque eles acham que os consumidores preferem a textura mais lisa das farinhas refinadas à textura mais rústica dos itens integrais. Sugiro que você prove que isso não é verdade. Opte por produtos que contenham no rótulo o aviso "grãos 100% integrais" e procure pães que contenham 3 gramas ou mais de fibras por fatia.

Sob a proteção dos laticínios

O cálcio e a vitamina D são os componentes que tornam os laticínios uma ótima opção para quem se preocupa em ter uma alimentação saudável. Ainda não há confirmação científica, mas são cada vez mais fortes os indícios de que um nutriente presente no leite e no iogurte protege o coração e combate o câncer.

Veja como os laticínios podem contribuir para a manutenção da saúde:

Reduzindo a pressão arterial e prevenindo o diabetes. Vários estudos demonstraram a existência de uma associação direta entre o consumo de laticínios e a redução da hipertensão arterial. Em 2007, uma pesquisa do Hospital Universitário de Wales sugeriu que os laticínios também atuam na prevenção do pré-diabetes (ou síndrome metabólica). Pesquisadores acompanharam, durante 20 anos, 2.375 homens com idades entre 45 e 59 anos, como parte de um estudo de longo prazo sobre a saúde conhecido como Caerphilly Prospective Study (CAPS). Os que consumiram mais laticínios desenvolveram menos pré-diabetes. Os pesquisadores não estabeleceram nenhuma distinção entre laticínios integrais e light, mas eu prefiro diferenciá-los, pois a gordura saturada encontrada nos produtos integrais está associada a um risco maior de doenças cardíacas. Além de não haver necessidade de consumi-los, o mercado já oferece uma enorme variedade de queijos, leites e iogurtes semidesnatados ou desnatados.

Diminuindo o risco de câncer de mama. Um estudo francês realizado com mais de 3.600 mulheres revelou que as participantes que consumiram laticínios diariamente apresentaram um risco reduzido de câncer de mama. A descoberta é coerente com outros ensaios realizados nos Estados Unidos, que mostraram um risco menor de câncer de mama entre mulheres na pré-menopausa que ingerem maiores quantidades de cálcio e vitamina D.

As gorduras do bem

Eu adoraria encontrar uma outra palavra para definir gordura. Apesar de estudos confirmarem os benefícios de determinadas gorduras presentes nos peixes, nas nozes e nos óleos vegetais, muita gente ainda não acredita que elas possam de fato ter efeitos positivos. Para acabar com as dúvidas, conheça as principais contribuições da boa gordura para manter o corpo saudável:

CINCO ANOS DE SUCESSO

ELLE P., 48 ANOS: "NUNCA SENTI QUE ESTIVESSE ME REPRIMINDO."

Há cinco anos dei meu depoimento para o primeiro livro do Dr. Agatston. Agora, me sinto emocionada por poder atualizá-lo porque isso significa que consegui manter os 9 quilos que perdi na época para ir ao *bat mitzvah* da minha sobrinha. Já não penso mais na Dieta de South Beach como um regime alimentar – para mim, é um modo de vida. Sinto que estou comendo normalmente, e de fato estou. Viver dessa forma por todo esse tempo tem sido fantástico. Não preciso contar calorias nem pesar as refeições e posso ingerir o que quiser. Tenho amigos que estão fazendo outros tipos de dieta e eles têm que comer exatamente o que lhes é recomendado toda semana – eu não agüentaria fazer isso. Gosto de planejar e cozinhar minhas próprias refeições. Quem segue a Dieta de South Beach não sente fome. Como camarão, lagosta e carne vermelha, tudo acompanhado de enormes saladas e muitos vegetais.

Continuei a fazer a dieta porque gosto do que vejo no espelho e também da maneira como me sinto. O engraçado é lembrar que eu adorava sobremesas. Quando saía para almoçar com minhas amigas, era a única a pedir torta-musse de chocolate. Hoje em dia peço morangos e me sinto satisfeita. Não é como se estivesse me reprimindo, embora de vez em quando eu me delicie com uma ou outra sobremesa.

Outra coisa que me ajudou a manter o peso foi o hábito que adquiri de beber água. Parei com os refrigerantes e as bebidas açucaradas. Também costumo fazer muitos lanches, mas troquei a batata frita pelos vegetais crus com molho.

Quando cozinho, sigo os princípios da Dieta de South Beach. Tenho duas filhas adolescentes e elas adoram comer dessa maneira. Gostam especialmente de saladas, frutas e mozarela light. Nas festas, percebo que elas vão direto para os *sticks* de vegetais com molho e evitam a junk food. Minhas filhas têm orgulho de mim. Contam que seus amigos dizem que "a mãe parece tão jovem e magra quanto elas". Ouvir isso é muito prazeroso porque estou me divorciando e começando a namorar. ▪

Mantém os triglicerídeos e o colesterol sob controle e protege contra o diabetes. Vamos começar pelas nozes, que tinham uma reputação duvidosa. Gosto de recomendar seu consumo com moderação. Embora sejam ricas em gordura, trata-se da boa gordura monoinsaturada e poliinsaturada. Além disso, as nozes possuem ácido alfa-linolênico (ALA), um ácido graxo ômega-3 benéfico para o coração que, comprovadamente, mantém sob controle os triglicerídeos e as gorduras prejudiciais associadas ao pré-diabetes. Elas também contribuem para reduzir o colesterol e podem substituir a gordura saturada na alimentação. Sempre que sugiro o consumo de nozes e de outras castanhas aos seguidores da Dieta de South Beach, faço questão de avisar que não exagerem na quantidade. Por serem muito calóricas, elas devem ser consumidas com parcimônia, especialmente durante as Fases 1 e 2 (veja as páginas 183-184 para orientações mais específicas).

Reduz os problemas cardíacos. A boa gordura é excelente para o coração, em especial o ácido graxo ômega-3, que é encontrado nos peixes de água fria (salmão, atum e sardinha), nas nozes e sementes de linhaça e em alguns óleos vegetais. O estudo Lyon Diet Heart, divulgado em 1994, foi um dos primeiros a confirmar isso. Nele, 605 pessoas que tiveram ataques cardíacos passaram a adotar uma dieta à moda mediterrânea, ou seja, com óleos ricos em ômega-3 de fontes animais e vegetais. Quem seguiu esse regime apresentou uma redução de 73% dos problemas relacionados ao coração. O resultado me impressionou porque era bem melhor do que o que eu obtive na época com pacientes que usavam medicação. E a dieta conseguiu isso sem alterar significativamente as taxas de colesterol das pessoas.

Recomendo a ingestão de peixe várias vezes por semana, pois muitos estudos constataram que ele está associado a um risco menor de ataque cardíaco e morte repentina. Além disso, suplementos de óleo de peixe rico em ômega-3 têm mostrado bons resultados na redução dos níveis de triglicerídeos. Gestantes e lactantes, entretanto, devem se aconselhar com seus médicos antes de fazerem qualquer mudança em sua alimentação.

Atua como antiinflamatório. O óleo de peixe tem propriedades antiinflamatórias. Um estudo de 2005, publicado no *Journal of American College of Cardiology*, relatou que as pessoas que comem peixe têm menores níveis de marcadores inflamatórios – como proteína C-reativa (PCR) e TNF-alfa –, que são associados não apenas a doenças cardíacas, mas também a artrite reumatóide, psoríase, asma e outros males causados ou agravados por inflamações.

Na verdade, a FDA ficou tão impressionada com os efeitos dos ácidos graxos ômega-3 para a saúde cardíaca que, em 2004, emitiu uma norma permitindo que os fabricantes de alimentos fizessem a seguinte ressalva nos rótulos: "Pesquisas indicam, embora ainda não comprovem, que o consumo dos ácidos graxos EPA e DHA pode reduzir o risco de doença coronariana." Como mencionei, o ácido eicosapentaenóico (EPA) e o ácido docosahexaenóico (DHA) são encontrados em maior quantidade em peixes de água fria.

Ativa a inteligência e o humor. O DHA existe em altas concentrações no cérebro, o que pode explicar por que os peixes conquistaram a reputação de estimular a inteligência. Pesquisas indicam que os ácidos graxos ômega-3 influenciam positivamente o humor e outras funções cerebrais. Pessoas que não ingerem esses ácidos graxos em quantidade suficiente estão mais propensas a desenvolver depressão, demência e problemas de aprendizado, inclusive transtorno do déficit de atenção com hiperatividade (TDAH). Assim, se você quer ser feliz, saudável e sábio, continue consumindo as boas gorduras e incentive seus filhos a comer peixe regularmente.

■ ■ ■

Frutas e hortaliças, grãos integrais, laticínios desnatados e boas gorduras – alguns dos alimentos recomendados pela Dieta de South Beach – são altamente nutritivos e ricos em vitaminas, minerais e fibras. Se você incluir todos esses itens em sua alimentação, seu corpo terá condições de enfrentar o processo de emagrecimento e de manutenção do peso sem maiores problemas. Sua aparência e seu bem-estar vão agradecer.

8

UMA GERAÇÃO SUPERALIMENTADA, PORÉM DESNUTRIDA

A crise de saúde que abala os Estados Unidos atualmente envolve problemas nutricionais na alimentação infantil e falta de atividade física. O número de crianças com sobrepeso no país triplicou desde 1980. Hoje, cerca de uma em cada três crianças americanas está acima do peso ou obesa. Em alguns grupos, essa proporção aumenta para duas em cada três.

Costumamos associar a desnutrição aos países do Terceiro Mundo – e ela é de fato um problema de saúde importante em muitas nações subdesenvolvidas –, mas pouca gente imagina que os Estados Unidos possam ter esse problema. No entanto, essa é a realidade: muitas crianças americanas estão superalimentadas, porém desnutridas.

No passado, a subnutrição e a carência alimentar eram consideradas o resultado da ingestão insuficiente de calorias e nutrientes saudáveis. No início da Segunda Guerra Mundial, constatou-se que muitos jovens recrutas americanos estavam magros. Para o governo, eles estavam subnutridos e precisavam engordar. Com o objetivo de impedir que esse problema voltasse a ocorrer, o governo criou orientações para a ingestão calórica mínima nos programas de merenda escolar. Ironicamente, a situação atual é o oposto: as crianças estão consumindo calorias em excesso, na escola e fora dela.

Da mesma forma que nossos ancestrais caçadores-coletores, que preferiam frutas e hortaliças mais doces (que, por sorte, também continham grande quantidade de antioxidantes e fibras), as crianças adoram alimentos doces industrializados, desprovidos das vitaminas, dos minerais e das fibras essenciais à saúde.

Até pouco tempo acreditava-se que os suplementos vitamínicos podiam compensar uma alimentação deficiente, mas novos estudos mostram que isso não é verdade. Por enquanto, precisamos obter as vitaminas e os minerais diretamente dos alimentos.

Gordura abdominal x cardiopatia

O futuro não é promissor para jovens obesos e desnutridos. Um adolescente acima do peso tem 70% de chance de ser um adulto obeso. Seu prognóstico de ser obeso sobe para 80%, caso o pai ou a mãe sejam gordos. A realidade é que têm aumentado os casos de cardiopatias em jovens adultos sedentários que cresceram à base de fast-food.

Realizado em duas etapas, em 1985 e 2000, o estudo CARDIA (Coronary Artery Risk Development in Young Adults) avaliou alguns fatores de risco cardíaco em jovens adultos de 18 a 30 anos. Na primeira etapa, os pesquisadores mediram a circunferência da cintura e a proporção entre a cintura e o quadril para verificar a quantidade de gordura abdominal da pessoa. Quinze anos depois, fizeram tomografias computadorizadas do coração dos participantes para detectar a presença de placas nas artérias coronarianas (um sinal de desenvolvimento de doença cardíaca). Chegaram à conclusão de que a presença de gordura abdominal, identificada na primeira etapa da pesquisa, era um prenúncio de doença cardíaca futura.

E as más notícias continuam...

A nutrição inadequada é desastrosa para as crianças de muitas outras formas. O Dr. James Perrin, da Harvard Medical School, junto com outros profissionais da Harvard School of Public Health, escreveu um

CINCO ANOS DE SUCESSO

BIANCA R., 24 ANOS: "MINHA FAMÍLIA INTEIRA FEZ A DIETA E CONSEGUIU EMAGRECER."

A Dieta de South Beach transformou minha vida. Em 2003, eu pesava mais de 110 quilos. Tenho 1,60m e usava manequim 48/50. Já tinha experimentado diversas dietas, mas nenhuma funcionara para mim. Fui uma criança gorducha e resignei-me a ser assim também na vida adulta. Durante o ensino médio e a universidade, ganhei ainda mais peso, porém estava convencida de que poderia ser uma gorda feliz. Um dia, vi uma fotografia minha ao lado do meu pai e fiquei chocada. Não me reconheci na foto – eu não podia estar mais gorda do que meu pai, que tinha 1,83m e não era nada magro. Foi quando percebi que não estava feliz, que não me sentia bem com meu corpo e que queria mudar.

Minha mãe, que é enfermeira, decidiu que todos os membros da família seguiriam a dieta. Afinal, todos nós precisávamos emagrecer. Tentei seguir as regras, mas trapaceava muito. Foi então que meu pai me aconselhou a ler o livro, pois assim teria mais motivação para seguir a dieta. Depois que li *A Dieta de South Beach*, tudo se encaixou. Não era mais uma questão de não comer determinados alimentos – era uma questão de reaprender a comer.

Hoje, uma das minhas atividades favoritas é preparar as refeições com minha família. Testei e aprovei praticamente todas as receitas do livro. Passaram-se cinco anos desde que adotei o estilo de vida da Dieta de South Beach. Emagreci quase 50 quilos e hoje uso manequim 42. Meus pais também estão bem – cada um perdeu 25 quilos. E continuamos a ter noites divertidas na cozinha. ■

artigo para o *Journal of the American Medical Association* (*JAMA*), em 2007, em que aborda o crescimento dos problemas crônicos de saúde nas crianças americanas. Inferior a 2% na década de 1960, o percentual subiu para mais de 7%. Asma, obesidade e transtorno do déficit de atenção com hiperatividade (TDAH) encabeçam a lista. Por mais estranho que pareça, o processo inflamatório promovido pela obesidade tende a agravar ou até causar a asma.

Os benefícios da alimentação mais saudável foram confirmados pelo estudo CAPS (Childhood Asthma Prevention Study), de 2004: a ingestão de suplementos de óleos de peixe ômega-3 por crianças pequenas com alto risco de asma reduziu a incidência da tosse. Em geral, não recomendo suplementos e sim alimentos, mas faço uma exceção a esse tipo específico de suplemento.

Quanto ao TDAH, acredita-se que um dos fatores que contribuem para esse problema seja a nutrição inadequada, particularmente nos casos de jovens mães e crianças pequenas. De qualquer forma, considero o TDAH apenas a ponta do iceberg quando se trata de dificuldades de desempenho escolar e de comportamento associadas à nutrição. Uma prima minha, que é professora aposentada de matemática, me falou sobre a agitação dos alunos após o almoço do tipo fast-food. "As crianças se comportam de modo hiperativo e, uma hora depois, estão morrendo de sono", disse ela.

Atendo em meu consultório muitos professores e todos eles confirmam que a atenção das crianças nas salas de aula se deteriorou, seja por causa do TDAH ou não. Tenho uma paciente que trabalhou como guarda florestal no parque Everglades durante 25 anos. Parte de seu trabalho era fazer palestras sobre o local para grupos de estudantes. Ela disse que ao longo dos anos teve que encurtar a duração das apresentações, de 45 para 15 minutos, pois os jovens ouvintes estavam cada vez mais dispersos.

A apnéia do sono, que se caracteriza pela suspensão momentânea da respiração durante o sono, é outra causa de problemas escolares e comportamentais, pois está associada à nutrição inadequada, ao excesso de peso, à hiperatividade e à desatenção. Ela pode ocorrer inclusive em crianças que estão apenas um pouco acima do peso. Nesse caso, o emagrecimento é o melhor tratamento.

A apnéia do sono também está ligada à resistência à insulina, problema que leva ao pré-diabetes e até ao diabetes do tipo 2, condição até bem pouco tempo restrita a adultos porque só ocorria após muitos anos de sobrecarga do pâncreas. Em geral, era necessário um longo período de alimentação inadequada para que esse órgão não conseguisse mais produzir insulina suficiente e, assim, provocasse a elevação dos níveis de glicose no sangue.

Hoje, dada a popularidade do fast-food (basicamente amidos e gorduras ruins) e o sedentarismo, observamos um crescimento nos casos de diabetes em adolescentes e até mesmo em pré-adolescentes (veja no capítulo 6 a relação entre gordura abdominal e pré-diabetes e diabetes em adultos). Não tenho dúvida de que a gordura abdominal e o índice de massa corporal (IMC) estão aumentando também entre os jovens.

Estudos mostram que, embora esses índices assinalem hipertensão arterial na infância, a gordura abdominal pode ser um indicador mais forte do que a obesidade geral. Tanto a gordura abdominal quanto a pressão arterial alta são sintomas do pré-diabetes. Considerado um indício importante de futuras doenças cardíacas em adultos, esse problema está se tornando também um fator importante na previsão de males cardíacos em crianças. O Princeton Lipid Research Clinic Follow-Up Study, divulgado em 2007, demonstrou essa relação. Os casos de pré-diabetes diagnosticados na faixa dos 6 aos 19 anos funcionaram como um prognóstico das doenças cardíacas que surgiriam 25 anos depois.

EVITANDO GANHAR PESO AO ENTRAR PARA A FACULDADE

Alguns dos meus pacientes me disseram que sua luta para controlar o peso começou quando entraram para a faculdade. A preocupação deles agora é que esse problema também aconteça com seus filhos.

Em alguns casos, isso ocorre porque os estudantes passam muitas horas na faculdade e se vêem totalmente livres para tomar suas próprias decisões quanto ao que comer. E poucos deles têm noção do que seja uma alimentação saudável. Cansados e famintos, empanturram-se de lanches gordurosos e bebidas doces. Além disso, há calouros que ficam tão sobrecarregados com as pressões acadêmicas e a vida social com os novos amigos que não praticam exercícios regularmente. Há também aqueles que ingerem grandes quantidades de bebidas alcoólicas, fazendo com que o problema piore. Não vou discutir as implicações morais do consumo de álcool por menores, mas estou cansado de ver a famosa "barriga de cerveja" em homens e mulheres de meia-idade que começou a se formar lá atrás, na época da faculdade.

Veja algumas providências básicas que os estudantes podem tomar para não engordar nessa fase.

- **Nada de pular refeições.** Coma quando sentir vontade – não espere ficar morrendo de fome. Fazer três refeições principais ao dia e pequenos lanches saudáveis entre elas mantém os níveis de glicose no sangue estáveis e ajuda a eliminar o desejo por doces e carboidratos refinados.
- **Opte por alimentos saudáveis sempre que possível.** Priorize proteínas magras, bons carboidratos ricos em fibras, gorduras benéficas e laticínios light. Não é necessário comer alimentos de que não goste, mas pense em fazer algumas concessões. Se você costuma começar o dia com um pão branco e requeijão, experimente um ovo mexido no pão integral. Ou um cereal matinal rico em fibras, sem açúcar, com frutas e leite desnatado. Se for almoçar no restaurante da faculdade, escolha uma opção de massa integral para substituir o hambúrguer gorduroso. No jantar, opte por proteína magra (que tal frango assado?) com hortaliças em vez de massa branca. E, na hora da sobremesa, escolha frutas ricas em fibras em lugar de tortas ou doces. Quando estiver com sede, beba água ou leite desnatado – deixe de lado o refrigerante e a cerveja. Ingerindo maior quantidade de frutas, hortaliças, feijões e outros alimentos ricos em fibras, você vai se sentir mais saciado.
- **Tenha sempre à mão lanches saudáveis.** Quando bater aquela fome no meio da tarde, recorra às opções saudáveis da cantina, como sucos ou vitaminas de frutas, iogurte light e bolachas integrais. Tudo bem, de vez em quando você pode comer uma besteira; mas, quanto mais fizer boas escolhas alimentares, melhor você vai se sentir e melhor será seu desempenho acadêmico.

- **Exercite-se regularmente.** O programa de caminhada intervalada da parte dois é perfeito para você, pois pode ser realizado em apenas 20 minutos. Se for possível, vá caminhando para a faculdade, assim você queimará mais calorias. Tente encontrar tempo para freqüentar uma academia. Talvez você faça novos amigos lá.
- **Se beber, evite excessos.** Exagerar no álcool é sinal de estresse. E certamente não fará com que você se sinta melhor. Para relaxar, tente se divertir socialmente, entrar para um clube ou praticar um esporte. Se quiser beber, aprenda a arte adulta de tomar um só drinque a noite toda ou alternar bebidas alcoólicas com água. Outra boa idéia é comer algo saudável, como frutas ou hortaliças, antes de começar a beber. Reduzir o consumo de cerveja e de outras bebidas alcoólicas faz bem não só à saúde e à cintura como às suas notas e ao seu bem-estar geral.

A falta de atividade física prejudica as crianças

Embora a má alimentação seja responsável por muitos problemas enfrentados pelas crianças, o sedentarismo agrava ainda mais a situação. Quando eu era jovem, o período após a escola era dedicado quase que exclusivamente aos esportes. Andávamos de bicicleta pelo bairro, jogávamos bola. Mesmo na universidade, os esportes continuavam a ser uma atividade popular. Praticamente todos participavam.

Hoje, quando as crianças chegam da escola, só os dedos se exercitam – diante do videogame, deitadas no sofá e comendo batata de saquinho na frente da televisão ou navegando na internet. Um estudo publicado em 2006 no jornal *Pediatrics* revelou que a partir dos 2 anos as crianças permanecem até 3 horas assistindo à televisão. Junte o tempo que elas passam jogando videogame ou na frente do computador e temos o assustador número de cerca de 8 horas por dia diante de uma tela.

É importante entender que a atividade física é um dos melhores antídotos para a obesidade e para todos os problemas de saúde que discutimos aqui. Ela diminui a resistência à insulina, a pressão arterial e a gordura abdominal. Além disso, parece melhorar o comportamento e o desempenho escolar. Estudos mostram que os exercícios estimulam o crescimento dos neurônios. Ainda que eu não saiba como esse crescimento pode ser medido com precisão, estou convencido de que a participação em atividades esportivas desenvolve o caráter e ensina valiosas lições sobre trabalho em equipe e sobre ganhar e perder.

Uma mensagem final

Os pais têm que começar a prestar mais atenção na alimentação dos filhos e passar a enriquecê-la com grãos integrais, frutas e hortaliças frescas, proteínas magras, boas gorduras e muitas fibras – os princípios básicos da Dieta de South Beach, que, aliás, pode ser adotada por toda a família.

O problema é que as crianças estão acostumadas a consumir alimentos altamente processados, açucarados e cheios de gorduras saturadas e trans. Para completar, empurram a comida para dentro com um ou dois copos de refrigerante. Se me pedissem para elaborar uma dieta que promovesse doenças cardíacas e diabetes, eu não conseguiria fazer um trabalho melhor.

Sei que os pais não têm tempo de preparar refeições especiais para os filhos, mas não dá tanto trabalho assim trocar o pão branco do sanduíche pelo pão integral, o espaguete comum pelo macarrão integral e a torta de chocolate pela fruta. É tão fácil comprar uma salada pronta quanto um hambúrguer. Além do mais, já existem à venda versões de cereais sem açúcar, massas integrais, sobremesas e sorvetes light e sem gorduras trans.

Estudos recentes mostram que as crianças fazem muitas refeições na rua. Na casa de amigos ou na lanchonete, é inevitável que comam alimentos prejudiciais à saúde. Se estiverem se alimentando adequadamente em casa durante a semana, uma batata frita ou um refrigerante de vez em quando não fará tanto mal assim. Da mesma forma que os adultos, elas precisam aprender a fazer boas escolhas. Mas, para isso, cabe aos pais (e professores) orientá-las corretamente.

PARTE DOIS

O programa de atividade física da Dieta de South Beach Aditivada

VISÃO GERAL DO PROGRAMA

O programa de atividade física da Dieta de South Beach Aditivada é composto de duas partes – caminhada intervalada e treino de fortalecimento muscular –, que devem ser realizadas em dias alternados.

Ao incorporar a atividade física ao seu dia-a-dia, você não apenas potencializa a eficácia da dieta e emagrece mais rápido como aumenta o tônus muscular, perde medidas na região da cintura, acelera o metabolismo e elimina aquela fase frustrante em que, mesmo passando fome, não consegue mais emagrecer nem um grama. A boa notícia é que em apenas 20 minutos você obtém melhores resultados do que se malhasse por uma hora.

O objetivo da caminhada intervalada é o condicionamento do coração e dos pulmões, a base da saúde cardiovascular. O melhor do treinamento intervalado – períodos de caminhada rápida ou muito rápida alternados com períodos de recuperação, com caminhadas mais lentas – é que ele acelera o metabolismo, proporcionando maior queima de calorias e gordura, o que permite um *emagrecimento mais rápido*. Um efeito colateral maravilhoso é que você continua a queimar gorduras e calorias mesmo quando pára de se exercitar e já está envolvido em outras atividades ou até repousando.

A proposta dos exercícios é fortalecer a parte central do corpo – os músculos do abdômen, das costas, da pelve e dos quadris –, com o objetivo de melhorar o equilíbrio, a estabilidade, a postura e a coordenação, assim como o tônus muscular e a flexibilidade.

O treinamento deve ser adaptado às suas condições físicas. Quem nunca se exercitou antes pode começar no nível mais básico até adquirir confiança para dar o próximo passo. Os que já estão em forma podem pular para os esquemas mais puxados e desafiadores.

Assim como a Dieta de South Beach Aditivada, o programa de atividade física está dividido em três fases.

A *Fase 1* dura duas semanas ou mais, dependendo da sua forma física, e está focada no condicionamento cardiovascular e no fortalecimento muscular. A idéia é preparar os músculos para que você possa avançar sem sofrer lesões.

A *Fase 2* dura quatro semanas ou mais, se você sentir que não está preparado para seguir em frente. Nessa etapa você vai emagrecer, fortalecer os músculos e melhorar a coordenação.

A *Fase 3* é um programa de atividade física que pode ser seguido pelo resto da vida.

Não existe horário ideal para fazer exercícios. A maioria das pessoas prefere suar a camiseta pela manhã, antes de enfrentar as demandas e distrações do dia, mas há quem goste mais de fazer isso à noite ou na hora do almoço. Veja qual é o período mais adequado às suas necessidades e se empenhe em cumprir o compromisso. O importante é definir um horário para a atividade e se esforçar para não faltar.

É BOM PERGUNTAR ANTES

Converse com o médico antes de adotar um programa de atividade física, sobretudo se tiver mais de 50 anos, se for sedentário ou se apresentar tonturas, problemas cardíacos ou dificuldade para manter o equilíbrio.

E se eu não conseguir me exercitar?

Às vezes as obrigações profissionais ou pessoais não deixam que você cumpra seus 20 minutos diários de exercícios. Nesses dias, tente caminhar durante 5 ou 10 minutos ou troque o elevador pela escada sempre que precisar se deslocar na empresa. (No capítulo 5, abordo o tema do gasto calórico com os movimentos do cotidiano.)

Não fique desestimulado caso perca um ou mais dias de exercícios. Recomece de onde parou, sem cair na armadilha do "não fiz minha série hoje, então é melhor desistir". Assim como não queremos que você se sinta mal se sair um dia da dieta, não se culpe excessivamente se não se exercitar por uns dias. Se tiver que parar por um período muito longo, recomendo voltar à Fase 1. Quando estiver novamente em forma, passe para a Fase 2.

FUNDAMENTOS DA CAMINHADA INTERVALADA

O condicionamento cardiovascular é feito de modo intervalado e tem a duração de 20 minutos por dia, embora você possa prolongá-lo, se tiver tempo e fôlego disponíveis. Não se esqueça, porém, de respeitar seus limites (veja as advertências sobre o excesso de exercícios na página 108).

Cada sessão começa com uma caminhada curta, em ritmo lento ou moderado, para aquecer os músculos. Em seguida, têm início os intervalos. Cada um deles consiste numa caminhada num ritmo intenso seguida por outra mais lenta. Estão previstos vários intervalos durante cada sessão, finalizando com um curto período num passo mais moderado.

Por que o treinamento intervalado é mais eficiente? Simples. Porque os exercícios realizados numa intensidade mais alta aceleram o metabolismo. O detalhe é que, para obter esse resultado, o período de maior esforço deve ser pequeno. Antes que você perceba, a parte difícil acabou, e o ritmo é de novo relaxante. E então, quando tiver se recuperado, estará pronto para mais uma bateria de alta intensidade. Estudos revelam que dividir a caminhada em intervalos rápidos e lentos não só favorece o emagrecimento como torna essa atividade mais divertida. Além disso, o tempo parece passar mais rápido.

Você pode caminhar ao ar livre ou executar o programa intervalado na esteira, na bicicleta ergométrica ou no transport (veja nas páginas 102-103 dicas para adaptar o ritmo intervalado aos equipamentos). Caso não freqüente uma academia, não se preocupe. Você pode aplicar o conceito do treinamento intervalado a outros exercícios (veja as sugestões na página 104) e realizá-los no conforto de sua casa.

É recomendável usar tênis adequados, próprios para caminhada ou corrida e que ofereçam apoio e proteção. Se estiver pensando em comprar um novo par de tênis esportivo, experimente-o com as meias com as quais planeja treinar. As meias sintéticas são melhores do que as de algodão, pois deixam a umidade sair e mantêm os pés secos e livres de bolhas. Recomendo também beber 220ml de água antes de iniciar os exercícios e levar uma pequena garrafa d'água para quando sentir sede.

Esteja atento à sua postura durante a caminhada. O ideal é contrair os glúteos (fortalece também a parte posterior das pernas) e o abdômen (tente evitar que a barriga toque o cós da calça ou do calção), manter o tórax ereto e o queixo paralelo ao chão (projetar o queixo para cima pode provocar dores no pescoço e nas costas). A passada perfeita é aquela em que o pé toca o chão com o calcanhar e vai encostando o restante em seqüência até alcançar o dedão do pé. Por fim, lembre-se de relaxar e se divertir. Não fique tenso.

Caminhar ao ar livre, sobretudo na praia, é muito agradável e fácil, mas muitas pessoas vivem em locais em que uma simples caminhada pode se tornar um desafio por causa do mau tempo, de calçadas irregulares ou do tráfego pesado. Tenha cuidado! Procure caminhar durante o dia, de preferência em áreas sem grande movimento de veículos. Se quiser usar o iPod, mantenha o volume baixo para poder escutar os sons do trânsito. Se for caminhar muito cedo pela manhã ou durante a noite, use roupas claras e coloridas, para que os motoristas possam vê-lo.

De olho no cronômetro

Nas três fases do programa repete-se a alternância entre uma caminhada rápida de 15 a 60 segundos e um período de recuperação, mais lento. Em geral, quanto mais pesado o ritmo (ou seja, quanto mais rápido), mais curto será o período de alta intensidade e mais longa a fase de recuperação. Por outro lado, quando o esforço for moderado, o período de alta intensidade será mais longo, e o de recuperação, mais curto.

É preciso monitorar o tempo para que você possa concluir o número de intervalos nos 20 minutos do treino. Há várias maneiras de fazer isso. A mais simples é contar os segundos em voz alta, mas o ideal é usar um relógio ou até um cronômetro. Não é preciso ser muito rígido. Se você se exercitar um pouco mais ou um pouco menos em um intervalo, tudo bem. O importante é que se mantenha dentro de uma média aproximada.

Quatro níveis de intensidade

O programa da caminhada intervalada é dividido em quatro níveis de intensidade: Suave, Moderado, Acelerado e Turbinado. A idéia é trabalhar esses diferentes ritmos em dias alternados. Como saber se está se exercitando no ritmo correto? Não especificamos a velocidade da caminhada porque o nível de dificuldade varia de pessoa para pessoa. Além disso, se você estiver andando em terreno irregular ou na areia da praia, o esforço será maior do que em um piso liso, uniforme.

Para saber se está trabalhando no nível adequado às suas condições físicas, siga os parâmetros descritos a seguir:

Ritmo Suave. Nível de intensidade baixo, equivalente a passear em um shopping center sem parar para ver vitrines. Embora você esteja se movimentando, dá para conversar com a pessoa que está caminhando ao seu lado. Esse é o ritmo geralmente usado para fazer o aquecimento antes de dar início aos intervalos.

Ritmo Moderado. Nesse nível, a caminhada é mais vigorosa, mas não rápida, e a respiração se acelera um pouco. Ainda dá para conversar, embora com um pouco mais de dificuldade.

Ritmo Acelerado. Nesse nível, o ritmo veloz torna a respiração um pouco ofegante. O bate-papo agora fica mais difícil, porém não é impossível.

Ritmo Turbinado. Nível máximo, de altíssima intensidade. A caminhada é a mais rápida possível. Não dá para manter esse ritmo por muito tempo, mas aos poucos, à medida que seu condicionamento for melhorando, você perceberá que o que antes o deixava cansado se tronará relativamente fácil. Até o ritmo Turbinado ficará mais acelerado.

TREINO INTERVALADO INDOOR

É possível fazer o treinamento intervalado na esteira, na bicicleta ergométrica ou no transport, mas há alternativas até mesmo para quem não tem acesso a esses aparelhos:

Esteira ergométrica. O primeiro passo é identificar a que níveis nesse equipamento correspondem os ritmos Suave, Moderado, Acelerado e Turbinado. Caminhar ou correr na esteira é muito diferente de fazer isso ao ar livre. Lembre-se: não é você que impulsiona seu corpo para a frente, e sim o chão debaixo de seus pés que se move para trás. Isso pode fazer com que você entre no ritmo com muita rapidez.

O ideal é começar lentamente e ir aumentando a velocidade aos poucos, até passar do ritmo Suave para o Moderado. Quando você atingir o ritmo Acelerado, ajuste a inclinação para que passe a trabalhar com um nível de resistência mais alto. Estabeleça uma inclinação em que possa realizar intervalos mais intensos e, ainda assim, voltar com facilidade para o período de recuperação, mais lento. A sugestão vale até mesmo para quem está em boa forma, porque é preciso um tempo de adaptação ao equipamento e suas simulações de percurso, bem como para se sentir confortável com os controles. Se você não ajustar a inclinação e tentar caminhar cada vez mais rápido para alcançar o nível Turbinado, correrá o risco de cair da esteira. Além disso, é difícil não começar a correr quando a velocidade da esteira ultrapassa os 6km/h.

Talvez seja necessário tentar algumas simulações até chegar às melhores. Você vai descobrir que uma das grandes vantagens da esteira ergométrica é que tanto a velocidade quanto a inclinação podem ser ajustadas durante a caminhada. Só não se esqueça de que essas mudanças graduais de intensidade afetam a maneira como você alterna o período de maior esforço com a fase de recuperação. Por isso talvez você queira começar a cronometrar os intervalos até que a máquina tenha atingido o nível selecionado. Uma vez que você tenha se acostumado a treinar com a inclinação e a velocidade mais adequadas para os períodos mais intensos e também para as etapas de recuperação, você pode passar do ritmo Suave e Moderado para o Acelerado e o Turbinado. Lembre-se de aumentar a intensidade à medida que seu condicionamento for melhorando.

Bicicleta ergométrica. Ajuste a altura do assento para se sentir confortável. Isso em geral significa que cada perna deve ficar ligeiramente flexionada quando o pé estiver apoiado lá embaixo no pedal. Da mesma forma que fez na esteira, verifique quais são os níveis oferecidos pelo equipamento que correspondem aos ritmos Suave, Moderado, Acelerado e Turbinado. Só depois inicie o aquecimento.

O exercício na bicicleta usa os músculos de forma diferente da caminhada, por isso é importante dar um tempo para o corpo se acostumar aos novos padrões de treinamento. Você pode modificar a intensidade de duas maneiras: pedalando mais rápido ou elevando o nível de resistência. É preciso aumentar ambos para trabalhar no ritmo Acelerado ou Turbinado. Experimente diferentes combinações de velocidade e de resistência para identificar quais ajustes funcionam melhor para as suas necessidades. Não intensifique tanto a resistência a ponto de não conseguir dar pelo menos 60 pedaladas por minuto. Para o treino intervalado, velocidade é melhor do que resistência — esta última serve apenas para adicionar intensidade quando já se atingiu o auge na velocidade máxima.

Transport. Descubra quais são os níveis de dificuldade oferecidos pelo equipamento antes de começar o aquecimento (no ritmo Suave ou Moderado), para que os músculos se adaptem. No transport, a velocidade também é melhor do que a resistência. A diferença é que a maior parte dos equipamentos permite que você ajuste a inclinação e a resistência para aumentar a intensidade do exercício, mesmo estando na velocidade máxima. Experimente para ver qual é a combinação mais eficaz para o seu caso.

Para se exercitar em casa e sem equipamentos. Para cumprir um programa de condicionamento cardiovascular intervalado em casa, é preciso fazer algumas adaptações. Como sua sala de estar ou quarto não permitem uma caminhada rápida o suficiente para atingir os níveis Moderado, Acelerado e Turbinado do treinamento, a solução é fazer um bom trabalho com outro tipo de exercício. Para entrar no clima, coloque uma música com uma batida forte e posicione o relógio para acompanhar o tempo de treino, de 20 minutos. Comece andando sem sair do lugar, para aquecer a parte inferior do corpo, e depois gire os ombros e os braços para trabalhar a parte superior. Após um aquecimento de 5 minutos, inicie os intervalos seguindo as orientações de tempo que fornecemos para cada fase e dia. Faça polichinelos, pule corda (sem a corda), dê pequenos saltos para os lados ou corra sem sair do lugar. Se tiver um step, também vale a pena usar. Após 15 a 30 segundos, dependendo do esforço, volte ao ritmo Suave para se recuperar. Quando tiver concluído o número sugerido de repetições, descanse caminhando sem sair no lugar por 2 minutos antes de tomar seu banho e começar seu dia. Uma grande ferramenta para ajudá-lo a fazer o treinamento cardiovascular/intervalado em casa é um DVD de atividade física.

FUNDAMENTOS DO TREINO DE FORTALECIMENTO MUSCULAR

Nos dias em que você não fizer a caminhada intervalada, opte por exercícios de fortalecimento muscular durante 20 minutos ou mais, se tiver tempo e vontade. O objetivo desses exercícios é trabalhar simultaneamente os vários grupos musculares que usamos para nos movimentar no dia-a-dia. Por exemplo: ao mesmo tempo que estiver exercitando a parte superior dos braços ou elevando as pernas, você manterá os músculos abdominais e os glúteos contraídos. Trata-se de um treinamento completo.

Na caminhada intervalada, você começa no ritmo Suave ou Moderado para aquecer. Porém, no treino de fortalecimento muscular, o processo de aquecimento é automático. Na verdade, os exercícios de cada fase obedecem a uma ordem específica para que o corpo tenha tempo de se aquecer. Embora eles também alonguem a musculatura, sempre é bom se alongar antes e depois do treino.

É importante usar roupas confortáveis que permitam uma ampla extensão de movimentos. Você pode ouvir música, mas não aconselho que assista à televisão; é preciso se concentrar em cada movimento para extrair o máximo deles. Se tiver um espelho grande, exercite-se diante dele para verificar as posições.

Aprendendo o jargão

Para quem não conhece a linguagem do mundo da atividade física, é bom saber que 1 *repetição* significa uma execução completa do exercício, com todos os seus movimentos. Por exemplo, no primeiro exercício da Fase 1, Extensão e Flexão da Coluna, uma repeticão corresponde aos movimentos de estender e flexionar o tronco. Se você fizer 8 repetições, terá completado 1 *série*. O objetivo da maioria dos exercícios deste livro são 3 *séries* de 8 *repetições*. Em alguns casos, dependendo do grau de dificuldade do exercício, sugiro fazer menos repetições. No início, você talvez só consiga realizar 1 ou 2 repetições. Isso basta. Mantenha-se nesse ritmo e, aos poucos, ficará mais forte. É necessário descansar no mínimo 1 minuto entre as séries.

A compra de equipamentos é opcional

A maior parte dos exercícios das três fases não requer a utilização de equipamentos nem de acessórios. Até mesmo os equipamentos recomendados são opcionais.

Para a Fase 1, você vai precisar de uma cadeira (sem braços, de preferência) ou de um banco de exercícios, além de um colchonete ou uma toalha grossa para proteger as costas e os joelhos durante os exercícios executados no chão.

Para a Fase 2, você necessitará de um colchão ou de uma toalha, além de halteres de 1 a 2kg e um step (opcional). Em geral, o tamanho do step é ajustável. Basta selecionar a altura mais confortável para você. Se não quiser comprá-lo, use o primeiro degrau de uma escada em sua casa.

Halteres são úteis para aumentar a intensidade do esforço, mas não são essenciais, pois você criará sua própria resistência ao contrair os músculos e executar movimentos de forma lenta e controlada em cada exercício. Um aviso importante: quem tem problemas no pescoço ou nos ombros deve ter cuidado para não usar sobrecarga ao trabalhar os braços. Se você nunca se exercitou antes, é melhor treinar os movimentos sem os pesos e só utilizá-los quando estiver apto.

Muitos dos exercícios da Fase 3 são executados no chão, por isso você precisará de um colchonete ou de uma toalha.

FASE 1

Caminhada intervalada

A Fase 1 da caminhada intervalada prepara o corpo para trabalhar com maior intensidade, mas faz isso gradualmente, de forma sutil. Os períodos de caminhada acelerada são breves, e os de recuperação, mais longos.

O programa tem duração de duas semanas e apresenta ligeiras variações a cada dia no que se refere à intensidade e ao número de intervalos, que vão de 6 a 12 por sessão.

No primeiro dia, por exemplo, você caminha por 5 minutos para aquecer o corpo e depois inicia os intervalos. Ou seja, faz uma caminhada rápida de 15 segundos seguida de uma caminhada lenta de 60 segundos. A idéia é repetir esse padrão rápido-lento *seis* vezes e depois desaquecer. O treinamento dura 15 minutos, com apenas 1,5 minuto de esforço intenso.

No segundo dia da caminhada intervalada (na verdade, o terceiro dia, pois você já terá feito o treino de fortalecimento muscular no segundo dia), as coisas mudam um pouco. Em vez de fazer 15 segundos de caminhada rápida e 60 segundos de caminhada lenta, a idéia é executar 15 segundos de caminhada rápida seguida de 45 segundos de caminhada lenta e repetir o intervalo 8 vezes antes de desaquecer. Esse esquema é ligeiramente mais difícil do que o do primeiro dia, mas ainda assim mantém generosos períodos de recuperação entre os piques de alta intensidade.

Como o programa é mais difícil em certos dias do que em outros, algumas pessoas ficam tentadas a se exercitar o tempo todo no nível de intensidade máxima. Não faça isso, pois aumentará seu risco de lesão por excesso de esforço (veja o capítulo 5). O corpo precisa de tempo para se recuperar, daí a importância de alternar exercícios mais suaves com exercícios de alta intensidade. Além disso, é necessário que os músculos se restaurem para que você consiga trabalhar com eficiência nos dias de alta intensidade. Quando a musculatura não se refaz, você pode achar que está fazendo mais esforço do que realmente está, o que é ilusório.

Como já mencionei, a caminhada intervalada e o treino de fortalecimento muscular serão realizados em dias alternados. O ideal seria você incluir nos dias do treino de fortalecimento muscular uma caminhada recreativa de 15 a 20 minutos.

O interessante do programa da Fase 1 é observar o progresso feito dia a dia: o coração e os pulmões ficam mais fortes, as células queimam mais gordura e a disposição aumenta. Após duas semanas, é nítido o aumento da capacidade cardiovascular – não por acaso ações cotidianas, como subir um lance de escada ou correr para pegar o ônibus, passam a ser realizadas com muito mais facilidade.

Treino de fortalecimento muscular

O objetivo da Fase 1 do treino de fortalecimento muscular é proporcionar um corpo mais torneado, esguio e definido. Após cada sessão, você se sentirá mais leve, com a postura mais ereta e o tronco mais rígido. Os exercícios não trabalham apenas a força e o tônus muscular. Eles também ensinam como usar o corpo de forma segura para evitar lesões e dores. Os pontos principais do treinamento são a consciência, a mobilidade e o movimento, não apenas durante a realização dos exercícios, mas na vida diária.

Os movimentos simples da Fase 1 preparam você para os exercícios mais complexos da Fase 2. Os exercícios são seqüenciais, o que ajuda a manter e a recuperar o funcionamento e a mobilidade do corpo. Ao final de duas semanas, você se sentirá mais forte e confiante para começar a Fase 2. Se estiver sem tempo, faça apenas 2 séries de cada um deles em vez de 3. Ou, se não estiver apto fisicamente para concluir todo o programa, execute 1 série e avance gradualmente até conseguir fazer 3 séries.

A Fase 1 é razoavelmente fácil para a maior parte das pessoas. Porém, se você sentir dor ou desconforto, pare. É importante fazer os exercícios da forma correta e seguir as instruções. Por exemplo, se a orientação é "contrair os músculos abdominais" em um exercício de fortalecimento dos ombros, faça isso. Esses músculos proporcionam estabilidade e, se você não os mantiver retesados, não estará tirando o máximo proveito daquela atividade. Pior: pode estar contraindo erroneamente o pescoço ou as costas.

Lembre-se de executar lentamente cada exercício e de respirar durante sua realização. Quem faz as séries de forma apressada e sem orientação do professor é um sério candidato a ter lesões. Embora eu recomende o aumento do ritmo durante a caminhada intervalada, no programa de fortalecimento muscular é melhor ir devagar e com cuidado, concentrando-se em cada movimento.

Para sua conveniência, a tabela a seguir detalha a rotina diária das duas semanas da Fase 1 do programa de atividade física da Dieta de South Beach Aditivada. Não se esqueça de alternar a caminhada intervalada com o treino de fortalecimento muscular. Talvez seja uma boa idéia tirar uma cópia dessas páginas e mantê-las por perto para consulta.

Fase 1 - Semana 1

DIA 1 - Caminhada intervalada

Aquecimento: caminhada de 5 minutos em ritmo Suave.

- Caminhada de 15 segundos em ritmo Moderado.
- Caminhada de 60 segundos em ritmo Suave.
- *6 repetições.*

Desaquecimento: finalize com uma caminhada de 2 minutos em ritmo Suave.

DIA 2 - Treino de fortalecimento muscular

Exercícios da Fase 1: consulte as páginas 115-123.

Caminhada recreativa de 15-20 minutos em ritmo Suave (opcional).

DIA 3 - Caminhada intervalada

Aquecimento: caminhada de 5 minutos em ritmo Suave.

- Caminhada de 15 segundos em ritmo Moderado.
- Caminhada de 45 segundos em ritmo Suave.
- *8 repetições.*

Desaquecimento: finalize com uma caminhada de 2 minutos em ritmo Suave.

DIA 4 - Treino de fortalecimento muscular

Exercícios da Fase 1: consulte as páginas 115-123.

Caminhada recreativa de 15-20 minutos em ritmo Suave (opcional).

DIA 5 - Caminhada intervalada

Aquecimento: caminhada de 5 minutos em ritmo Suave.

- Caminhada de 15 segundos em ritmo Moderado.
- Caminhada de 60 segundos em ritmo Suave.
- *11 repetições.*

Desaquecimento: finalize com uma caminhada de 2 minutos em ritmo Suave.

DIA 6 - Treino de fortalecimento muscular

Exercícios da Fase 1: consulte as páginas 115-123.

Caminhada recreativa de 15-20 minutos em ritmo Suave (opcional).

DIA 7 - Caminhada intervalada

Aquecimento: caminhada de 5 minutos em ritmo Suave.

- Caminhada de 15 segundos em ritmo Acelerado.
- Caminhada de 60 segundos em ritmo Suave.
- *8 repetições.*

Desaquecimento: finalize com uma caminhada de 2 minutos em ritmo Suave.

Fase 1 - Semana 2

DIA 1 - Treino de fortalecimento muscular

Exercícios da Fase 1: consulte as páginas 115-123.

Caminhada recreativa de 15-20 minutos em ritmo Suave (opcional).

DIA 2 - Caminhada intervalada

Aquecimento: caminhada de 5 minutos em ritmo Suave.

- Caminhada de 15 segundos em ritmo Acelerado.
- Caminhada de 45 segundos em ritmo Suave.
- *10 repetições.*

Desaquecimento: finalize com uma caminhada de 2 minutos em ritmo Suave.

DIA 3 - Treino de fortalecimento muscular

Exercícios da Fase 1: consulte as páginas 115-123.

Caminhada recreativa de 15-20 minutos em ritmo Suave (opcional).

DIA 4 - Caminhada intervalada

Aquecimento: caminhada de 5 minutos em ritmo Suave.

- Caminhada de 15 segundos em ritmo Acelerado.
- Caminhada de 30 segundos em ritmo Suave.
- *12 repetições.*

Desaquecimento: finalize com uma caminhada de 2 minutos em ritmo Suave.

DIA 5 - Treino de fortalecimento muscular

Exercícios da Fase 1: consulte as páginas 115-123.

Caminhada recreativa de 15-20 minutos em ritmo Suave (opcional).

DIA 6 - Caminhada intervalada

Aquecimento: caminhada de 5 minutos em ritmo Suave.

- Caminhada de 15 segundos em ritmo Turbinado.
- Caminhada de 60 segundos em ritmo Suave.
- *8 repetições.*

Desaquecimento: finalize com uma caminhada de 2 minutos em ritmo Suave.

DIA 7 - Treino de fortalecimento muscular

Exercícios da Fase 1: consulte as páginas 115-123.

Caminhada recreativa de 15-20 minutos em ritmo Suave (opcional).

Exercícios do treino de fortalecimento muscular: Fase 1

EXTENSÃO E FLEXÃO DA COLUNA

Aumenta a flexibilidade da coluna, melhora a postura, tonifica os glúteos e alivia o estresse.

1. Sente-se com as costas eretas na extremidade de uma cadeira, mantendo os pés afastados na largura do quadril e os joelhos alinhados com os tornozelos. Coloque as palmas das mãos sobre as coxas, pressione os calcanhares no chão e contraia os glúteos.

2. Deslize as mãos na direção dos quadris, mantendo os glúteos contraídos (você deve sentir que seu corpo se elevou ligeiramente). Estenda suavemente a coluna e olhe para cima, contraindo os músculos abdominais. Sinta o pescoço se alongar enquanto você eleva a cabeça. Imagine-se pairando sobre a cadeira.

3. Mantendo o abdômen contraído, flexione a coluna à medida que desliza as mãos na direção dos joelhos. Olhe para o chão. Retorne à posição inicial (1). Os movimentos de extensão e flexão compõem 1 repetição.

Faça 3 séries de 8 repetições. O exercício deve ser contínuo, sem intervalos entre as repetições.

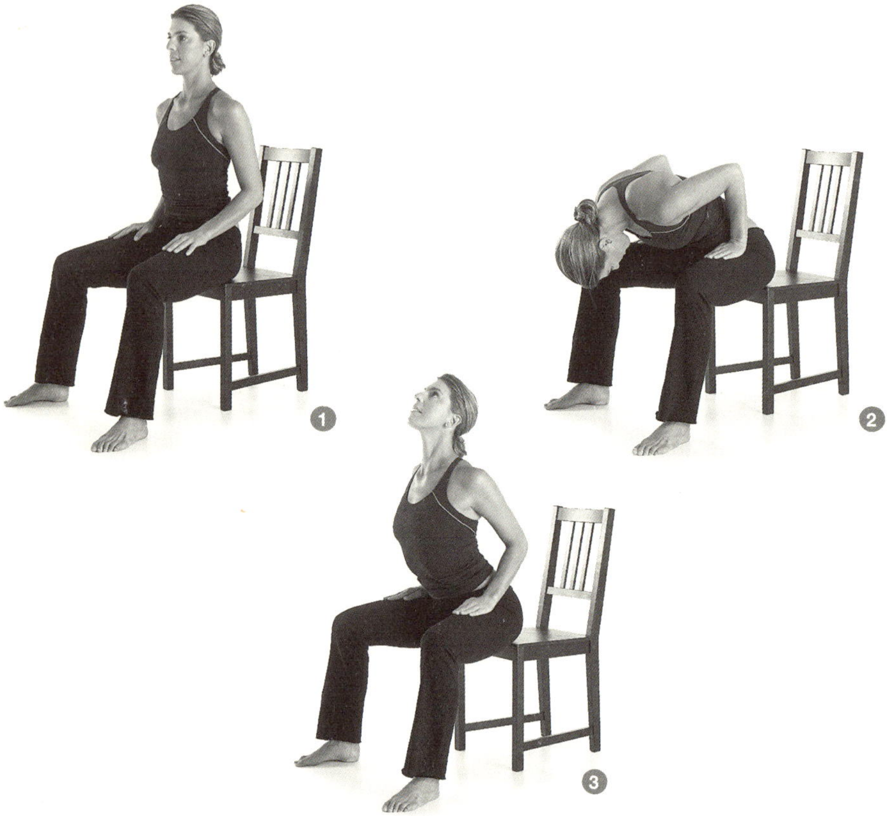

ALONGAMENTO E FLEXÃO DA COLUNA

Melhora a postura e alonga os músculos do peitoral.

1. Sente-se com as costas eretas na extremidade de uma cadeira, mantendo os pés afastados na largura do quadril e os joelhos alinhados com os tornozelos. Os pés devem estar firmes no chão. Coloque as palmas das mãos sobre as coxas.

2. Contraia o abdômen e flexione a coluna enquanto abaixa a cabeça até posicioná-la entre os joelhos.

3. Estenda o tronco lentamente, arqueando a coluna e contraindo os músculos abdominais até voltar à posição inicial. Mantenha os ombros relaxados. Execute os movimentos devagar para sentir a musculatura trabalhando. Isso corresponde a 1 repetição.

   Faça 3 séries de 8 repetições.

   Atenção: *Pare se ficar tonto.*

ROTAÇÃO DO TRONCO

Melhora a flexibilidade das costas.

1. Sente-se com as costas eretas na extremidade de uma cadeira, mantendo os pés afastados na largura do quadril e os joelhos alinhados com os tornozelos. Os pés devem estar firmes no chão. Coloque as palmas das mãos sobre as coxas.
2. Mantendo as costas eretas, contraia os músculos do abdômen. Gire o tronco para o lado esquerdo, deslizando a mão direita na direção do joelho direito e a mão esquerda na direção do quadril esquerdo. Pés e pernas devem permanecer imóveis.
3. Gire o tórax para o lado direito, deslizando a mão esquerda na direção do joelho esquerdo e a mão direita na direção do quadril direito.

Faça 3 séries de 8 repetições. Esse movimento deve ser executado de forma contínua.

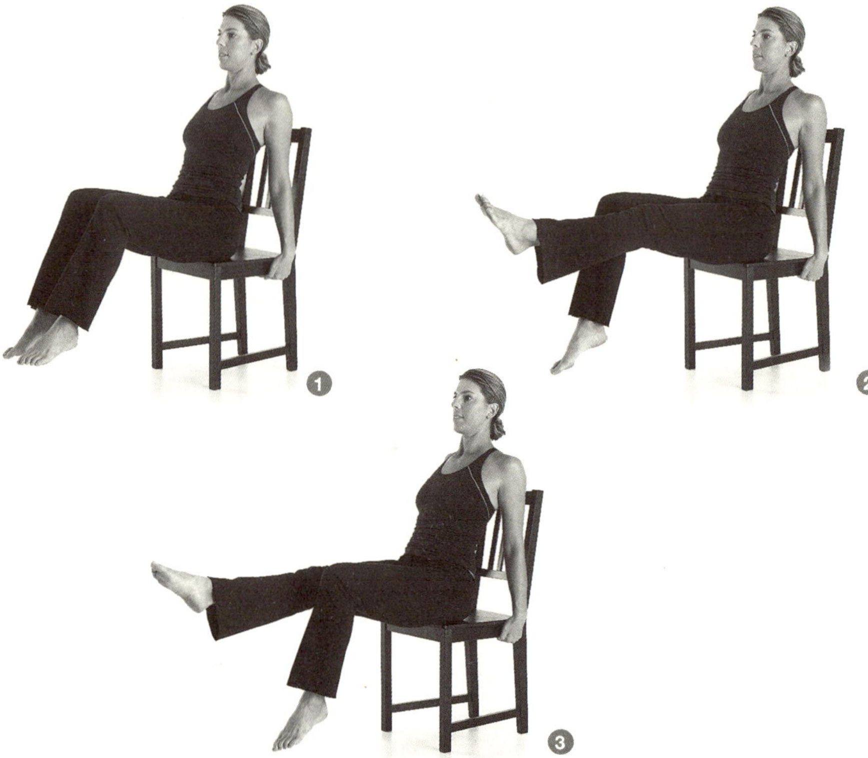

EXTENSÃO ALTERNADA DOS JOELHOS

Enrijece a região do abdômen e tonifica os músculos anteriores da coxa.

1. Sente-se ereto em uma cadeira e segure-se no assento com as duas mãos. Afaste os pés na largura do quadril e alinhe os joelhos com os tornozelos. Mantendo os braços esticados, eleve o tórax e contraia os músculos abdominais. Incline-se ligeiramente para trás e erga os dois pés a 10 a 15cm do chão, deixando os joelhos juntos e as costas relaxadas. Mantendo a coluna ereta, contraia os músculos abdominais para suspender as pernas — não jogue o peso sobre os braços nem force a coluna. Se sentir dor nas costas, use uma almofada como apoio.

2-3. Estenda a perna direita controlando o movimento, retorne à posição inicial e, depois, estenda a perna esquerda (isso corresponde a 1 repetição). Trabalhe em um ritmo lento e controlado e sinta a contração dos músculos anteriores das coxas.

Faça 3 séries de 8 repetições. O movimento deve ser contínuo, sem intervalos entre as repetições. Se você sentir muita dificuldade, faça o que conseguir e aumente gradualmente.

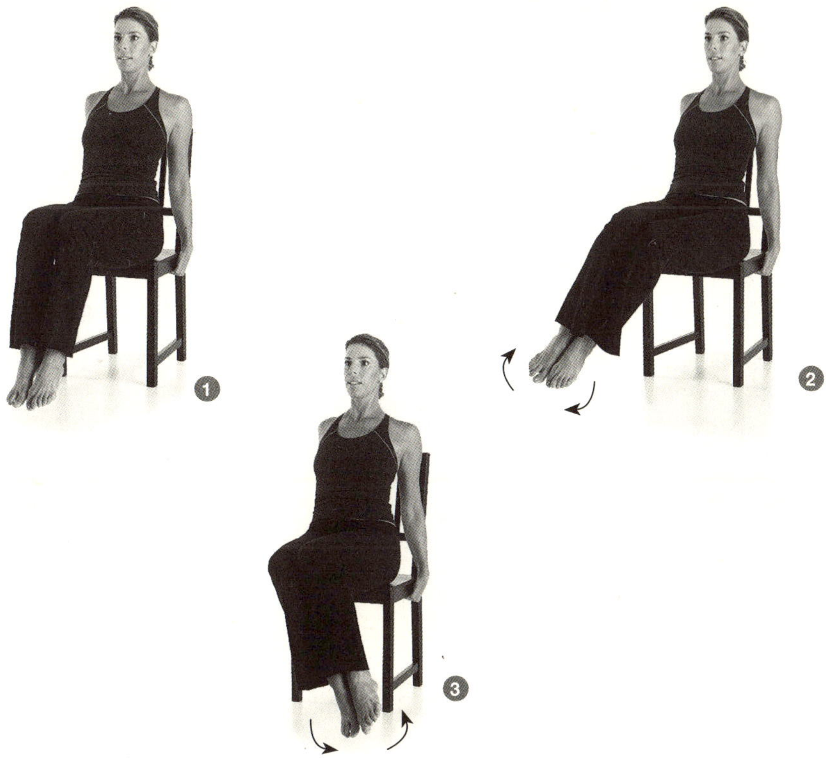

ROTAÇÃO DAS PERNAS

Excelente para a musculatura abdominal inferior e para a flexibilidade das articulações dos quadris e joelhos.

1. Sente-se ereto em uma cadeira e segure-se no assento com as duas mãos. Junte os pés e alinhe os joelhos com os tornozelos. Mantendo os braços esticados, eleve o tórax e contraia os músculos abdominais. Incline-se ligeiramente para trás e erga os dois pés a 10 a 15cm do chão, deixando os joelhos juntos e as costas relaxadas. Use os músculos abdominais para suspender as pernas — não jogue o peso sobre os braços nem force a coluna.
2. Faça um movimento circular com as duas pernas, girando-as 4 vezes para a direita.
3. Sem apoiar as pernas no chão, inverta a direção e faça um movimento circular para a esquerda.

   Faça 3 séries de 4 movimentos circulares para a direita e 4 para a esquerda. O exercício deve ser contínuo, sem intervalos entre as repetições, a menos que você sinta necessidade de descansar.

ROTAÇÃO DOS OMBROS

Aumenta a consciência corporal e a flexibilidade dos ombros e do tórax. Excelente para quem tem dores no pescoço.

1. De pé, com os pés firmes no chão, pressione os calcanhares contra o solo e contraia os glúteos (mantenha-os assim durante todo o exercício). Eleve os braços com os cotovelos flexionados em um ângulo de 90°, as palmas das mãos viradas para a frente.

2. Gire os ombros para a frente 4 vezes.

3. Inverta a direção e gire os ombros para trás 4 vezes.

Faça 3 séries de 4 movimentos circulares para a frente e 4 para trás. Não pare entre as repetições, a não ser que sinta necessidade de descansar.

ROTAÇÃO DO TRONCO

Aumenta a flexibilidade do tronco e fortalece as costas.

1-3. De pé, posicione as mãos no alto da cabeça. Com os cotovelos abertos e afastados, contraia os glúteos e os músculos abdominais (mantendo-os assim durante todo o exercício). Faça um movimento circular com o tórax a partir da cintura, da esquerda para a direita, 4 vezes, sem mover os quadris (imagine que está desenhando um círculo no teto com o alto da cabeça). É como se você estivesse girando um bambolê posicionado bem embaixo do tórax. Mude a direção e execute o movimento circular da direita para a esquerda 4 vezes.

Faça 3 séries de 4 movimentos circulares da esquerda para a direita e 4 da direita para a esquerda.

1

2

3

ABDOMINAL PARCIAL

Fortalece e tonifica a musculatura abdominal.

1. Sente-se no chão com os joelhos flexionados e os pés afastados na largura do quadril. Pressione os pés firmemente no chão e contraia os músculos da coxa. Sustente o peso do tronco. (Imagine que está tentando juntar as pernas, mas elas são tão pesadas que você não consegue movê-las.)

2-3. Contraia os músculos da pelve e comprima o umbigo como se quisesse encostá-lo nas costas. Estenda a coluna, vértebra por vértebra, mantendo a resistência até tocar o chão. Permaneça com os músculos abdominais contraídos e eleve a coluna, vértebra por vértebra, até voltar à posição inicial (1). Esses dois movimentos correspondem a 1 repetição.

Faça 1 série de 8 repetições. Treine para chegar a 3 séries.

Variação: Quando tiver força suficiente para executar este exercício confortavelmente, experimente estender a coluna até o ponto onde é mais difícil manter-se erguido. Mantendo os músculos abdominais contraídos, faça um movimento de rotação do tronco para a direita 8 vezes. Permaneça com o quadril e o sacro imóveis — não gire a pelve. Execute a rotação do tronco para a esquerda 8 vezes.

Faça 1 série de 8 movimentos circulares para a direita e 8 para a esquerda.

1

2

3

ARQUEAMENTO DA COLUNA LOMBAR (POSIÇÃO DO GATO)

Fortalece e alonga o abdômen e os músculos das costas. Além disso, é muito relaxante.

1. Fique na posição de quatro apoios (joelhos e mãos no chão), com as costas retas. Mantenha as mãos afastadas na largura dos ombros e os joelhos alinhados com o quadril.
2. Pressione as mãos no chão e contraia os músculos abdominais na direção da coluna. Comprima os glúteos e curve as costas e o pescoço levando o queixo em direção ao peito (como se fosse um gato se espreguiçando). Fique nessa posição por 10 segundos.
3. Passe suavemente dessa posição de alongamento para a de arqueamento. Abaixe os ombros, afastando-os das orelhas, enquanto eleva devagar a cabeça e o peito. Mantenha os músculos abdominais contraídos e a coluna arqueada. Fique nessa posição por 10 segundos, depois retorne à posição inicial, com as costas retas.

Alterne as duas posições de 3 a 5 vezes. Finalize com a posição do gato, a número 2.

FASE 2

Caminhada intervalada

Ao longo das próximas quatro semanas, você ensinará seu corpo a se tornar um campeão em queima de gordura. Nessa fase, a caminhada intervalada será intensificada. Os períodos mais acelerados serão mais longos, enquanto os de recuperação serão mais curtos. Mas não se preocupe, pois o aumento nos níveis de esforço será gradual.

À medida que você acelerar o metabolismo, queimará mais gordura e calorias, perderá peso e ganhará um corpo mais torneado. Além disso, se sentirá muito mais disposto tanto para realizar os exercícios quanto durante as atividades cotidianas. Cuidado para que a satisfação com o progresso não o deixe tentado a cometer excessos e, assim, correr o risco de sofrer lesões.

Para obter melhores resultados, siga o programa. Os períodos de recuperação são muito importantes para atingir os objetivos de longo prazo. O corpo precisa descansar e se restabelecer do esforço, portanto não pule essa parte.

Se sentir que a caminhada intervalada da Fase 2 é muito difícil, repita o programa da Fase 1 por mais uma ou duas semanas e depois tente novamente se adaptar ao ritmo da Fase 2.

Treino de fortalecimento muscular

A Fase 2 do treino de fortalecimento muscular é uma evolução do que você aprendeu durante a Fase 1. Seus exercícios apresentam movimentos mais coordenados e coreografados, mas você está apto a executá-los. A cada sessão, seu desempenho se tornará melhor. À medida que você for adquirindo mais consciência de como o corpo funciona, seu trabalho se tornará mais eficaz. Você vai aprender a tirar o máximo de cada exercício. E os resultados se refletirão na melhora constante de seu bem-estar físico, particularmente se antes você sofria de rigidez nas articulações.

Caso tenha dificuldade para concluir as séries indicadas para cada exercício, reduza o número de séries ou de repetições. Se não estiver conseguindo se manter na Fase 2, volte à Fase 1 por 2 semanas e depois tente novamente.

Você ficará na Fase 2 por 4 semanas – ou mais, se sentir que ainda não tem condições de ir em frente. Leia nas próximas páginas a rotina diária de exercícios detalhadamente apresentada.

Fase 2 - Semana 1

DIA 1 - Caminhada intervalada

Aquecimento: caminhada de 3 minutos em ritmo Suave.

- Caminhada de 30 segundos em ritmo Moderado.
- Caminhada de 30 segundos em ritmo Suave.
- *12 repetições.*

Desaquecimento: finalize com uma caminhada de 2 minutos em ritmo Suave.

DIA 2 - Treino de fortalecimento muscular

Exercícios da Fase 2: consulte as páginas 135-142.

Caminhada recreativa de 15-20 minutos em ritmo Suave (opcional).

DIA 3 - Caminhada intervalada

Aquecimento: caminhada de 3 minutos em ritmo Moderado.

- Caminhada de 15 segundos em ritmo Turbinado.
- Caminhada de 45 segundos em ritmo Moderado.
- *12 repetições.*

Desaquecimento: finalize com uma caminhada de 2 minutos em ritmo Suave.

DIA 4 - Treino de fortalecimento muscular

Exercícios da Fase 2: consulte as páginas 135-142.

Caminhada recreativa de 15-20 minutos em ritmo Suave (opcional).

DIA 5 - Caminhada intervalada

Aquecimento: caminhada de 3 minutos em ritmo Suave.

- Caminhada de 30 segundos em ritmo Acelerado.
- Caminhada de 30 segundos em ritmo Suave.
- *8 repetições.*

Desaquecimento: finalize com uma caminhada de 2 minutos em ritmo Suave.

DIA 6 - Treino de fortalecimento muscular

Exercícios da Fase 2: consulte as páginas 135-142.

Caminhada recreativa de 15-20 minutos em ritmo Moderado (opcional).

DIA 7 - Caminhada intervalada

Aquecimento: caminhada de 2 minutos em ritmo Moderado.

- Caminhada de 15 segundos em ritmo Turbinado.
- Caminhada de 60 segundos em ritmo Moderado.
- *8 repetições.*

Desaquecimento: finalize com uma caminhada de 2 minutos em ritmo Suave.

Fase 2 - Semana 2

DIA 1 - Treino de fortalecimento muscular

Exercícios da Fase 2: consulte as páginas 135-142.

Caminhada recreativa de 15-20 minutos em ritmo Suave (opcional).

DIA 2 - Caminhada intervalada

Aquecimento: caminhada de 3 minutos em ritmo Suave.

- Caminhada de 30 segundos em ritmo Moderado.
- Caminhada de 30 segundos em ritmo Suave.
- *10 repetições.*

Desaquecimento: finalize com 2 minutos de caminhada em ritmo Suave.

DIA 3 - Treino de fortalecimento muscular

Exercícios da Fase 2: consulte as páginas 135-142.

Caminhada recreativa de 15-20 minutos em ritmo Suave (opcional).

DIA 4 - Caminhada intervalada

Aquecimento: caminhada de 2 minutos em ritmo Moderado.

- Caminhada de 15 segundos em ritmo Turbinado.
- Caminhada de 45 segundos em ritmo Moderado.
- *15 repetições.*

Desaquecimento: finalize com uma caminhada de 2 minutos em ritmo Suave.

DIA 5 - Treino de fortalecimento muscular

Exercícios da Fase 2: consulte as páginas 135-142.

Caminhada recreativa de 15-20 minutos em ritmo Moderado (opcional).

DIA 6 - Caminhada intervalada

Aquecimento: caminhada de 3 minutos em ritmo Suave.

- Caminhada de 30 segundos em ritmo Moderado.
- Caminhada de 45 segundos em ritmo Suave.
- *8 repetições.*

Desaquecimento: finalize com uma caminhada de 2 minutos em ritmo Suave.

DIA 7 - Treino de fortalecimento muscular

Exercícios da Fase 2: consulte as páginas 135-142.

Caminhada recreativa de 15-20 minutos em ritmo Suave (opcional).

Fase 2 - Semana 3

DIA 1 - Caminhada intervalada

Aquecimento: caminhada de 2 minutos em ritmo Moderado.

- Caminhada de 30 segundos em ritmo Turbinado.
- Caminhada de 60 segundos em ritmo Moderado.
- *10 repetições.*

Desaquecimento: finalize com uma caminhada de 2 minutos em ritmo Suave.

DIA 2 - Treino de fortalecimento muscular

Exercícios da Fase 2: consulte as páginas 135-142.

Caminhada recreativa de 15-20 minutos em ritmo Moderado (opcional).

DIA 3 - Caminhada intervalada

Aquecimento: caminhada de 3 minutos em ritmo Suave.

- Caminhada de 45 segundos em ritmo Moderado.
- Caminhada de 30 segundos em ritmo Suave.
- *8 repetições.*

Desaquecimento: finalize com uma caminhada de 2 minutos em ritmo Suave.

DIA 4 - Treino de fortalecimento muscular

Exercícios da Fase 2: consulte as páginas 135-142.

Caminhada recreativa de 15-20 minutos em ritmo Moderado (opcional).

DIA 5 - Caminhada intervalada

Aquecimento: caminhada de 2 minutos em ritmo Suave.

- Caminhada de 30 segundos em ritmo Turbinado.
- Caminhada de 45 segundos em ritmo Moderado.
- *8 repetições.*

Desaquecimento: finalize com uma caminhada de 2 minutos em ritmo Suave.

DIA 6 - Treino de fortalecimento muscular

Exercícios da Fase 2: consulte as páginas 135-142.

Caminhada recreativa de 15-20 segundos em ritmo Moderado (opcional).

DIA 7 - Caminhada intervalada

Aquecimento: caminhada de 3 minutos em ritmo Moderado.

- Caminhada de 45 segundos em ritmo Acelerado.
- Caminhada de 15 segundos em ritmo Moderado.
- *6 repetições.*

Desaquecimento: finalize com uma caminhada de 2 minutos em ritmo Suave.

Fase 2 - Semana 4

DIA 1 - Treino de fortalecimento muscular

Exercícios da Fase 2: consulte as páginas 135-142.

Caminhada de 15-20 minutos em ritmo Suave (opcional).

DIA 2 - Caminhada intervalada

Aquecimento: caminhada de 3 minutos em ritmo Suave.

- Caminhada de 60 segundos em ritmo Moderado.
- Caminhada de 30 segundos em ritmo Suave.
- *8 repetições.*

Desaquecimento: finalize com uma caminhada de 2 minutos em ritmo Suave.

DIA 3 - Treino de fortalecimento muscular

Exercícios da Fase 2: consulte as páginas 135-142.

Caminhada recreativa de 15-20 minutos em ritmo Moderado (opcional).

DIA 4 - Caminhada intervalada

Aquecimento: caminhada de 2 minutos em ritmo Moderado.

- Caminhada de 30 segundos em ritmo Turbinado.
- Caminhada de 60 segundos em ritmo Moderado.
- *10 repetições.*

Desaquecimento: finalize com uma caminhada de 2 minutos em ritmo Suave.

DIA 5 - Treino de fortalecimento muscular

Exercícios da Fase 2: consulte as páginas 135-142.

Caminhada recreativa de 15-20 minutos em ritmo Moderado (opcional).

DIA 6 - Caminhada intervalada

Aquecimento: caminhada de 3 minutos em ritmo Suave.

- Caminhada de 30 segundos em ritmo Acelerado.
- Caminhada de 45 segundos em ritmo Suave.
- *8 repetições.*

Desaquecimento: finalize com uma caminhada de 2 minutos em ritmo Suave.

DIA 7 - Treino de fortalecimento muscular

Exercícios da Fase 2: consulte as páginas 135-142.

Caminhada recreativa de 15-20 minutos em ritmo Suave (opcional).

Exercícios do treino de fortalecimento muscular: Fase 2

STEP

Melhora o equilíbrio e fortalece os músculos posteriores das coxas e dos glúteos.

1. Fique de pé em frente ao step. Apóie o pé esquerdo sobre ele, pressionando o calcanhar. Mantenha o pé direito no chão.
2. Firme a perna direita e estenda-a até o ponto em que possa sentir os glúteos contraídos. Mantenha-se nessa posição por alguns segundos.
3. Contraindo os músculos abdominais e mantendo o tronco o mais estável possível, eleve lentamente a perna direita enquanto comprime os glúteos. Erga e abaixe a perna direita 8 vezes e depois retorne à posição inicial. Troque de perna e repita o exercício.

Faça 3 séries de 8 repetições com cada perna.

Atenção: *Interrompa o exercício caso sinta dor no joelho ou no quadril. Se tiver problemas no joelho, faça este exercício sem o step. Caso tenha dificuldade de se equilibrar, apóie-se na parede ou em uma cadeira para ter mais estabilidade.*

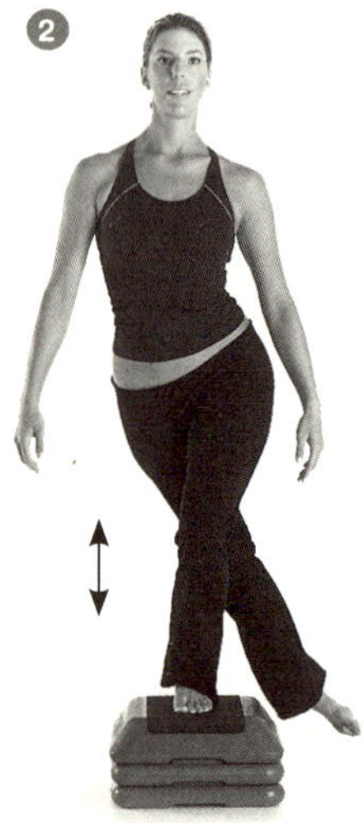

EXTENSÃO E FLEXÃO CRUZADA DAS PERNAS

Fortalece os glúteos e as pernas, inclusive a parte interior das coxas, além de melhorar o equilíbrio.

1. Apóie o pé esquerdo no step e erga a perna direita até sentir os glúteos se contraírem, depois a cruze por trás da perna esquerda, sempre esticando a ponta do pé.

2. Com os músculos abdominais contraídos e sem balançar o corpo (apóie-se em uma cadeira se for necessário), dobre e estique lentamente a perna esquerda (isso corresponde a 1 repetição). Repita o exercício com a outra perna.

Faça 3 séries de 8 repetições com cada perna.

Atenção: *Pare se sentir dor nos joelhos ou no quadril.*

AGACHAMENTO

Fortalece os glúteos e os músculos das coxas.

1. Apóie o pé esquerdo no step. Mantenha o pé direito no chão. Posicione os pés na diagonal. (Caso tenha problemas no joelho, faça esse exercício sem o step.)
2. Flexione os joelhos até uma posição confortável. Os ossos dos tornozelos devem estar alinhados com os joelhos para evitar problemas nas articulações.
3. Agache-se até sentir os músculos dos glúteos contraídos. Em seguida, erga e abaixe as pernas entre 2,5 e 5cm (um movimento completo de subida e descida corresponde a 1 repetição). Você vai sentir a musculatura da parte posterior do joelho "queimando". Troque de perna e repita o exercício. O movimento deve ser curto e controlado. Apóie a outra perna sobre o step e repita o exercício.

   Faça 3 séries de 8 repetições em cada perna.

Variação: Depois que tiver força suficiente, experimente fazer uma variação mais difícil. Eleve o calcanhar do pé que não está no step enquanto ergue e abaixa as pernas para cima e para baixo.

Faça 3 séries com 8 repetições em cada perna.

Atenção: *Pare se sentir dor nos joelhos ou no quadril.*

1 2 3 4

ELEVAÇÃO E ROTAÇÃO ALTERNADAS DOS OMBROS

Excelente para proporcionar flexibilidade e maior capacidade de movimento aos ombros.

1. Fique de pé com as pernas separadas na largura dos quadris. Erga os dois braços na altura do peito, mantendo-os paralelos ao chão, com cotovelos flexionados a 90° e palmas das mãos viradas para o rosto. Mantenha o peito aberto e elevado em todos os movimentos. O queixo permanece paralelo ao chão, mas não projetado para a frente.
2. Estenda o braço direito para o alto, sentindo os músculos sob ele se contraírem. Em seguida, gire a mão e o braço estendido para fora e para trás.
3. Em um movimento contínuo, mantenha o braço direito estendido, movendo-o lentamente para trás e para baixo – como se você estivesse passando o braço estendido sobre alguém sentado no banco do carona do seu carro.
4. Sem parar, continue a mover o braço para baixo até que o cotovelo atinja a altura do quadril. Retorne à posição inicial. Esse movimento completo corresponde a 1 repetição.

Faça 3 séries de 8 repetições com cada braço.

Atenção: *Pessoas com lesões nos ombros ou nos punhos ou com problemas causados por impactos nessa região devem executar este exercício com cuidado.*

ELEVAÇÃO FRONTAL COM HALTERES (DE PÉ)

Melhora a postura e aumenta e fortalece a mobilidade dos ombros. Você pode usar halteres de 1 ou 2kg ou executar este exercício sem pesos.

1. De pé com um haltere em cada mão, afaste as pernas na largura dos ombros. Vire as palmas das mãos para baixo e mantenha os dois braços esticados na altura do tórax, paralelos ao chão. Se não estiver usando pesos, feche as mãos, deixando-as viradas para baixo.

2-3. Mantendo o braço esquerdo na altura do ombro, abaixe o braço direito até à coxa direita e depois, sem parar, eleve o braço direito até à altura do ombro e desça o braço esquerdo até à coxa esquerda. O movimento deve ser contínuo (isso corresponde a 1 repetição).

Faça 3 séries de 8 repetições.

Dicas: *As mãos não devem passar da altura dos ombros. Os músculos dos braços devem estar contraídos e você deve sentir as escápulas se unirem sem projetar o tronco para a frente. Não deixe que os ombros se elevem, para evitar tensão no pescoço. Fique atento à postura. Mantenha o queixo paralelo ao chão e o tórax erguido durante todo o exercício.*

Atenção: *Não use halteres se você tiver lesão nos ombros ou sentir dor ao executar o exercício.*

ABDOMINAL COM EXTENSÃO E FLEXÃO DOS JOELHOS

Fortalece e define o abdômen. Alonga os músculos do tórax. Melhora o equilíbrio e a coordenação.

1. Sente-se no chão com os joelhos flexionados e os braços estendidos para trás. Apóie as palmas das mãos no chão, com os dedos apontados para trás. Contraia os músculos pélvicos e os músculos abdominais para se manter equilibrado enquanto ergue as pernas a cerca de 10cm do chão.

2-3. Mantendo os músculos abdominais contraídos, estenda e flexione as pernas. Se não tiver força suficiente para esticar as duas pernas, estenda uma perna de cada vez.

Faça 3 séries de 8 repetições.

Variação: Quando já estiver executando bem este exercício básico, aumente a dificuldade fazendo círculos para fora e para dentro com as duas pernas estendidas. Um movimento circular para fora e outro para dentro correspondem a 1 repetição.

Faça 3 séries de 8 repetições.

Atenção: *Se você tiver lesão nos ombros, não apóie as mãos no chão, e sim os cotovelos – sem projetar os ombros para trás.*

ABDOMINAL COM AS PERNAS SEMIFLEXIONADAS

Define os músculos abdominais.

1. Deite-se de costas, com o corpo apoiado nos cotovelos. Pressione os antebraços e as palmas das mãos no chão, com os dedos apontados para a frente. Aproxime as escápulas para manter o tórax erguido. Flexione os joelhos e vire-os para fora, pressionando as solas dos pés uma contra a outra. (Quanto mais pressionar, mais intenso será o trabalho.) Erga os pés a 10cm do chão, sempre com as solas unidas.
2. Faça um movimento circular com os pés para fora, dando uma volta e retornando à posição inicial (1). Repita 4 vezes.
3. Ainda mantendo as solas dos pés juntas, inverta a direção do círculo. Repita 4 vezes.

   Faça 3 séries de 4 repetições em cada direção.

PONTE DE JOELHOS

Fortalece as costas e melhora a postura. Alonga o peitoral, o quadril e as coxas.

1. Ajoelhe-se e mantenha os joelhos afastados na largura do quadril. Contraia os glúteos e os músculos abdominais.
2. Incline-se lentamente para trás, sem flexionar o quadril. Use os glúteos e os músculos posteriores das coxas para sustentar o peso do corpo. Mantenha-se nessa posição por 5 segundos e depois retorne à posição inicial. Esse movimento corresponde a 1 repetição.

   Faça 3 séries de 8 repetições.

   Atenção: *Pessoas com lesões no joelho ou dores nas costas não devem fazer este exercício.*

FASE 3

Caminhada intervalada

Parabéns! Você conseguiu chegar à caminhada intervalada da Fase 3. Depois de passar pelas seis semanas de treinamento das Fases 1 e 2, você certamente deve estar notando os resultados na balança e se sentindo mais bem-disposto. Seu corpo e seu coração devem estar mais fortes. Sua capacidade respiratória provavelmente melhorou e o bem-estar também. Combinar uma alimentação saudável com um método de exercícios físicos é imbatível. Afinal, com o metabolismo acelerado, você está queimando uma quantidade muito maior de gorduras e calorias.

A caminhada intervalada da Fase 3 é, na verdade, um programa de atividade física para toda a vida. Por isso, vou lhe mostrar como ele funciona para que você possa adaptar os intervalos aos exercícios cardiovasculares de sua preferência.

Semanas 1 e 2: desenvolvimento gradual. Nessas duas primeiras semanas da Fase 3, o trabalho se torna mais desafiador a cada dia, com o aumento constante do nível de intensidade. É um desenvolvimento lento porém contínuo, com uma pausa no segundo dia da semana 2, para ajudá-lo a lidar com a elevação do grau de dificuldade. Além disso, a quantidade de esforço e de recuperação muda ao longo dessas duas semanas, para tornar ainda mais variada a intensidade do seu programa de exercícios. Isso permite exigir cada vez mais de seu corpo, porém ainda mantém períodos de recuperação suficientes para que você possa recarregar as baterias entre os períodos de alta atividade.

Semana 3: alta intensidade. A terceira semana da Fase 3 é de pique total. Os períodos de caminhada serão mais curtos e mais intensos, enquanto os de recuperação serão mais longos para que você recarregue sua energia. As repetições atingem o auge no dia 5 e depois diminuem no dia 7, de modo que você possa se empenhar ainda mais. O fator principal é a intensidade, mas você também precisa se recuperar. Há um bom motivo para isso: se você continuasse a aumentar a intensidade e a duração dos exercícios dia a dia, elevaria o risco de fadiga muscular, o que reduziria os ganhos e ampliaria as chances de lesões por excesso de treino (veja o capítulo 5).

Semana 4: momento de relaxar. Na última semana da Fase 3, há uma *diminuição* no nível de intensidade e no tempo da atividade física. Há uma razão para isso. O corpo precisa se recuperar para o próximo ciclo de 4 semanas. O segredo do treino intervalado é saber controlar o próprio ritmo. Daí a importância da recuperação, que não é simplesmente um período de descanso, mas uma pausa fundamental para que o corpo possa trabalhar na sua capacidade máxima quando for preciso. Quem não leva a sério os períodos de recuperação nunca atinge realmente seu potencial.

Treino de fortalecimento muscular

Na Fase 3 do treino de fortalecimento muscular, você vai, enfim, perceber o incrível progresso conquistado ao longo das últimas semanas. Na verdade, talvez se surpreenda com sua facilidade em se adaptar aos novos exercícios e seus graus de dificuldade. Os movimentos específicos são mais difíceis, mas você estará pronto para eles.

Além de estar mais forte, você terá desenvolvido uma nova consciência corporal. Isso transparece não só quando se exercita, como também na forma como realiza as atividades do dia-a-dia. A estabilidade e o equilíbrio mais apurados o ajudam a evitar lesões. E a sensação de bem-estar é tão grande que você já deve estar ansioso para voltar a se exercitar.

Fase 3 - Semana 1

DIA 1 - Caminhada intervalada

Aquecimento: caminhada de 3 minutos em ritmo Suave.

- Caminhada de 45 segundos em ritmo Moderado.
- Caminhada de 15 segundos em ritmo Suave.
- *15 repetições.*

Desaquecimento: finalize com uma caminhada de 2 minutos em ritmo Suave.

DIA 2 - Treino de fortalecimento muscular

Exercícios da Fase 3: consulte as páginas 154-161.

Caminhada recreativa de 15-20 minutos em ritmo Suave (opcional).

DIA 3 - Caminhada intervalada

Aquecimento: caminhada de 3 minutos em ritmo Moderado.

- Caminhada de 30 segundos em ritmo Acelerado.
- Caminhada de 15 segundos em ritmo Suave.
- *20 repetições.*

Desaquecimento: finalize com uma caminhada de 2 minutos em ritmo Suave.

DIA 4 - Treino de fortalecimento muscular

Exercícios da Fase 3: consulte as páginas 154-161.

Caminhada recreativa de 15-20 minutos em ritmo Suave (opcional).

DIA 5 - Caminhada intervalada

Aquecimento: caminhada de 2 minutos em ritmo Moderado.

- Caminhada de 30 segundos em ritmo Acelerado.
- Caminhada de 30 segundos em ritmo Moderado.
- *16 repetições.*

Desaquecimento: finalize com uma caminhada de 2 minutos em ritmo Suave.

DIA 6 - Treino de fortalecimento muscular

Exercícios da Fase 3: consulte as páginas 154-161.

Caminhada recreativa de 15-20 minutos em ritmo Moderado (opcional).

DIA 7 - Caminhada intervalada

Aquecimento: caminhada de 2 minutos em ritmo Moderado.

- Caminhada de 30 segundos em ritmo Turbinado.
- Caminhada de 45 segundos em ritmo Suave.
- *12 repetições.*

Desaquecimento: finalize com uma caminhada de 2 minutos em ritmo Suave.

Fase 3 - Semana 2

DIA 1 - Treino de fortalecimento muscular

Exercícios da Fase 3: consulte as páginas 154-161.

Caminhada recreativa de 15-20 minutos em ritmo Suave (opcional).

DIA 2 - Caminhada intervalada

Aquecimento: caminhada de 3 minutos em ritmo Suave.

- Caminhada de 45 segundos em ritmo Acelerado.
- Caminhada de 30 segundos em ritmo Suave.
- *12 repetições.*

Desaquecimento: finalize com uma caminhada de 2 minutos em ritmo Suave.

DIA 3 - Treino de fortalecimento muscular

Exercícios da Fase 3: consulte as páginas 154-161.

Caminhada recreativa de 15-20 minutos em ritmo Suave (opcional).

DIA 4 - Caminhada intervalada

Aquecimento: caminhada de 3 minutos em ritmo Moderado.

- Caminhada de 60 segundos em ritmo Turbinado.
- Caminhada de 30 segundos em ritmo Suave.
- *10 repetições.*

Desaquecimento: finalize com uma caminhada de 2 minutos em ritmo Suave.

DIA 5 - Treino de fortalecimento muscular

Exercícios da Fase 3: consulte as páginas 154-161.

Caminhada recreativa de 15-20 minutos em ritmo Moderado (opcional).

DIA 6 - Caminhada intervalada

Aquecimento: caminhada de 3 minutos em ritmo Suave.

- Caminhada de 45 segundos em ritmo Turbinado.
- Caminhada de 15 segundos em ritmo Moderado.
- *10 repetições.*

Desaquecimento: finalize com uma caminhada de 2 minutos em ritmo Moderado.

DIA 7 - Treino de fortalecimento muscular

Exercícios da Fase 3: consulte as páginas 154-161.

Caminhada recreativa de 15-20 minutos em ritmo Suave (opcional).

Fase 3 - Semana 3

DIA 1 - Caminhada intervalada

Aquecimento: caminhada de 3 minutos em ritmo Moderado.

- Caminhada de 60 segundos em ritmo Acelerado.
- Caminhada de 30 segundos em ritmo Moderado.
- *10 repetições.*

Desaquecimento: finalize com uma caminhada de 2 minutos em ritmo Suave.

DIA 2 - Treino de fortalecimento muscular

Exercícios da Fase 3: consulte as páginas 154-161.

Caminhada recreativa de 15-20 minutos em ritmo Suave (opcional).

DIA 3 - Caminhada intervalada

Aquecimento: caminhada de 3 minutos em ritmo Suave.

- Caminhada de 45 segundos em ritmo Acelerado.
- Caminhada de 30 segundos em ritmo Suave.
- *10 repetições.*

Desaquecimento: finalize com uma caminhada de 2 minutos em ritmo Suave.

DIA 4 - Treino de fortalecimento muscular

Exercícios da Fase 3: consulte as páginas 154-161.

Caminhada recreativa de 15-20 minutos em ritmo Suave (opcional).

DIA 5 - Caminhada intervalada

Aquecimento: caminhada de 2 minutos em ritmo Suave.

- Caminhada de 30 segundos em ritmo Turbinado.
- Caminhada de 45 segundos em ritmo Moderado.
- *12 repetições.*

Desaquecimento: finalize com uma caminhada de 2 minutos em ritmo Suave.

DIA 6 - Treino de fortalecimento muscular

Exercícios da Fase 3: consulte as páginas 154-161.

Caminhada de 15-20 minutos em ritmo Moderado (opcional).

DIA 7 - Caminhada intervalada

Aquecimento: caminhada de 2 minutos em ritmo Moderado.

- Caminhada de 30 segundos em ritmo Turbinado.
- Caminhada de 60 segundos em ritmo Moderado.
- *9 repetições.*

Desaquecimento: finalize com uma caminhada de 2 minutos em ritmo Suave.

Fase 3 - Semana 4

DIA 1 - Treino de fortalecimento muscular

Exercícios da Fase 3: consulte as páginas 154-161.

Caminhada recreativa de 15-20 minutos em ritmo Suave (opcional).

DIA 2 - Caminhada intervalada

Aquecimento: Comece com uma caminhada de 2 minutos em ritmo Suave.

- Caminhada de 30 segundos em ritmo Acelerado.
- Caminhada de 45 segundos em ritmo Moderado.
- *12 repetições.*

Desaquecimento: finalize com uma caminhada de 2 minutos em ritmo Suave.

DIA 3 - Treino de fortalecimento muscular

Exercícios da Fase 3: consulte as páginas 154-161.

Caminhada recreativa de 15-20 minutos em ritmo Suave (opcional).

DIA 4 - Caminhada intervalada

Aquecimento: caminhada de 3 minutos em ritmo Suave.

- Caminhada de 30 segundos em ritmo Acelerado.
- Caminhada de 60 segundos em ritmo Suave.
- *8 repetições.*

Desaquecimento: finalize com uma caminhada de 2 minutos em ritmo Suave.

DIA 5 - Treino de fortalecimento muscular

Exercícios da Fase 3: consulte as páginas 154-161.

Caminhada recreativa de 15-20 minutos em ritmo Moderado (opcional).

DIA 6 - Caminhada intervalada

Aquecimento: caminhada de 2 minutos em ritmo Suave.

- Caminhada de 30 segundos em ritmo Moderado.
- Caminhada de 60 segundos em ritmo Suave.
- *6 repetições.*

Desaquecimento: finalize com uma caminhada de 2 minutos em ritmo Moderado.

DIA 7 - Treino de fortalecimento muscular

Exercícios da Fase 3: consulte as páginas 154-161.

Caminhada recreativa de 15-20 minutos em ritmo Suave (opcional).

Exercícios do treino de fortalecimento muscular: Fase 3

Variação 1

Variação 2

AGACHAMENTO APOIADO NA PAREDE

Fortalece os glúteos, as coxas e as panturrilhas.

Encoste as costas na parede e abaixe-se pressionando as palmas das mãos contra a parede. Afaste os pés na largura do quadril e mantenha-os firmemente apoiados no chão. Alinhe os joelhos com os calcanhares. Contraia os músculos abdominais e imagine que está se sentando numa cadeira. Faça força para juntar as pernas, mas não as tire do lugar. Sustente essa contração por 15 segundos.

Faça 5 contrações de 15 segundos cada uma.

Dica: *Mantenha as palmas das mãos pressionadas contra a parede — isso ajuda a estabilizar os músculos das costas.*

Atenção: *Interrompa o exercício se sentir dor no joelho.*

Variação 1: Na posição de agachamento contra a parede, eleve os calcanhares e sustente por 5 segundos. Volte à posição inicial e repita até conseguir sutentar por mais tempo. Para evitar lesões, mantenha os joelhos alinhados com os tornozelos.

Faça 5 repetições de 5 segundos cada.

Variação 2: Na posição de agachamento contra a parede, estenda a perna esquerda e faça 4 movimentos circulares para fora e depois 4 para dentro. Volte à posição inicial e repita os movimentos com a perna direita.

Faça 3 séries de 4 círculos com cada perna.

CRUCIFIXO COM HALTERES (DE PÉ)

Define e fortalece a musculatura do braço. Use halteres de 1 ou 2kg ou execute esse exercício sem pesos.

1. Com um haltere em cada mão (ou com os punhos fechados), afaste os pés na largura dos ombros. Mantenha os braços na altura do tórax, como se estivesse abraçando alguém (os punhos fechados devem ficar de frente para você).

2-3. Flexionando apenas os cotovelos, abra e feche os braços. Imagine que seus cotovelos são as dobradiças de uma porta.

Faça 3 séries de 8 repetições.

Atenção: *Pessoas com lesões nos ombros ou no punho ou com problemas causados por impactos nessa região não devem se exercitar com halteres.*

ELEVAÇÃO E ROTAÇÃO DOS OMBROS

Fortalece e define os ombros e braços.

1. Fique de pé com as pernas afastadas na largura dos ombros. Erga os dois braços na altura do tórax, mantendo a parte superior paralela ao chão, os cotovelos flexionados a 90° e as palmas das mãos voltadas para dentro. Deixe o tórax ereto durante todos os movimentos. O queixo deve permanecer paralelo ao chão, sem se projetar para a frente.

2. Estenda os dois braços na direção do teto. Sinta os músculos sob os seus braços se contraírem enquanto realiza esse movimento. Gire as mãos e os braços para fora.

3-4. Em um movimento contínuo, desça os braços esticados e movimente-os para trás e para baixo. Sem parar, continue a movê-los, fazendo um círculo – os cotovelos devem chegar à altura dos quadris e ficar a 90°. Mantenha as palmas das mãos voltadas para cima. Retorne à posição inicial.

Faça 3 séries de 8 repetições.

Atenção: *Pessoas com lesões nos ombros ou no punho ou com problemas causados por impacto nessa região devem fazer este exercício com cuidado.*

ABDOMINAL COM AS PERNAS ESTENDIDAS

Fortalece e define os músculos abdominais e melhora a flexibilidade.

1. Deite-se no chão. Eleve o tronco apoiando-se nos cotovelos. Pressione os antebraços e as palmas das mãos no chão, com os dedos virados para a frente. Junte as escápulas para manter o peitoral erguido. Estenda as pernas, mantendo-as afastadas na largura do quadril. Os pés permanecem flexionados. Eleve as pernas a cerca de 10cm do chão.

2-3. Abra e feche as pernas, sempre aproximando os calcanhares, mas sem deixar que se toquem. Esse movimento deve ser contínuo, sem intervalos entre as aproximações (cada uma delas corresponde a 1 repetição).

Faça 3 séries de 8 repetições.

Variação: Quando se sentir à vontade com o exercício, experimente uma variação mais difícil. Com as pernas erguidas, flexione os pés e faça com ambos um pequeno movimento circular para dentro e depois para fora (o que corresponde a 1 repetição).

Faça 3 séries de 8 repetições.

ABDOMINAL COM FLEXÃO DAS PERNAS

Define os músculos abdominais.

1. Deite-se de costas no chão. Eleve o tronco apoiando-se nos cotovelos. Pressione os antebraços e as palmas das mãos no chão, com os dedos apontados para a frente. Comprima as escápulas para manter o tórax erguido. Flexione os joelhos e vire-os para fora. Junte as solas dos pés. Contraia os músculos abdominais. Eleve os pés a cerca de 10cm do chão.
2. Ainda com as solas dos pés unidas, estenda as pernas até ficarem esticadas, depois flexione os pés até não conseguir mais manter as solas unidas.
3. Abra e estenda as pernas o máximo que puder (de preferência, mais do que a largura do quadril). Mantenha os músculos abdominais contraídos para permanecer nessa posição e também para evitar forçar as costas.
4. Junte novamente os calcanhares. Flexione as pernas e pressione as solas dos pés uma contra a outra à medida que retorna à posição inicial (1) — isso corresponde a 1 repetição. Suas pernas ainda deverão estar a 10cm do chão. Esses movimentos devem ser contínuos, sem intervalos entre as repetições.

   Faça 3 séries de 8 repetições.

EXTENSÃO E SUSTENTAÇÃO DA COLUNA COM FLEXÃO ALTERNADA DAS PERNAS

Melhora a postura e fortalece as costas e o abdômen.

1. Deite-se de barriga para baixo. Apóie-se nos cotovelos e pressione os antebraços no chão. Contraia os músculos dos braços na direção um do outro, sem deixar que se movam. Mantenha o tórax elevado, evitando que se projete em direção ao chão.

2. Contraia os músculos abdominais e os glúteos à medida que eleva as pernas a cerca de 10cm do chão.

3-4. Flexione a perna direita na altura do joelho e tente chutar o glúteo com o calcanhar; depois, em um movimento contínuo, alterne a perna e tente chutar o glúteo com o calcanhar esquerdo.

Faça 3 séries de 8 repetições.

Atenção: *Não execute este exercício se tiver dores na região lombar ou lesões nos discos da coluna ou no joelho.*

EXTENSÃO E SUSTENTAÇÃO DA COLUNA COM ABDUÇÃO DAS PERNAS

Melhora a postura e fortalece as costas e o abdômen.

1. Deite-se de barriga para baixo. Apóie-se nos cotovelos e pressione os antebraços no chão. Contraia os músculos dos braços na direção um do outro, sem deixar que se movam. Mantenha o tórax elevado, evitando que se projete em direção ao chão. Contraia os músculos abdominais e os glúteos. Flexione os dois pés e dobre os joelhos.
2. Estenda as pernas e depois as afaste, formando um triângulo. Mantenha os pés elevados a cerca de 15cm do chão.
3. Junte as pernas, abaixe-as e retorne à posição inicial. Repita 4 vezes.

Inverta a ordem: comece com as pernas na posição 3, mude para a posição 2 e termine na posição 1. Repita 4 vezes.

Faça 3 séries de 4 repetições de cada maneira.

Atenção: *Não faça este exercício se tiver dores na região lombar ou lesões nos discos da coluna ou no joelho.*

1

2

3

ROTAÇÃO DAS PERNAS

Melhora a postura e fortalece os músculos das costas e o abdômen.

1. Deite-se de barriga para baixo. Apóie-se nos cotovelos e pressione os antebraços no chão. Contraia os músculos dos braços na direção um do outro, sem deixar que se movam. Mantenha o tórax elevado, evitando que se projete em direção ao chão. Contraia os músculos abdominais e os glúteos à medida que eleva as pernas a cerca de 10cm do chão.

2-3. Com as pernas estendidas, faça movimentos circulares para fora 4 vezes. Sem parar, execute movimentos circulares para dentro 4 vezes. O movimento deve ser lento e controlado. Descanse entre as séries se precisar.

Faça 3 séries de 4 círculos para cada direção.

Atenção: *Não faça este exercício se tiver dor na região lombar ou lesões nos discos da coluna.*

EM FORMA E DE BEM COM A VIDA

Você merece parabéns por ter concluído as três fases do programa de atividade física da Dieta de South Beach Aditivada. Para manter os bons resultados, basta incorporar os exercícios à sua rotina diária.

Veja algumas dicas de como dar continuidade ao que você aprendeu e adaptar o esquema de exercícios ao seu estilo de vida.

Treino intervalado: É possível aplicar os princípios do método intervalado a praticamente qualquer tipo de exercício ou esporte, caso você queira intensificar os resultados. O esquema da caminhada intervalada pode ser adaptado à esteira, à bicicleta ergométrica e ao transport (veja as páginas 102-103). Melhor do que isso: alterne diferentes tipos de exercícios a cada dia para variar a rotina. Se desejar manter a caminhada como opção preferencial, basta continuar com o programa da Fase 3 e repeti-lo nos ciclos de quatro semanas descritos nas páginas 145-152. O programa de caminhada intervalada tem apenas 20 minutos de duração, por isso se encaixa na agenda das pessoas mais ocupadas. Mas, se você tem disponibilidade de tempo e gosta de praticar exercícios cardiovasculares, pode adaptar o programa de acordo com seu horário. Só não passe o tempo extra se exercitando na intensidade alta. Não se esqueça de um conceito básico: quanto mais tempo você se exercitar, menor será a intensidade geral dos intervalos. E lembre-se sempre de inserir os períodos de recuperação.

Treino de fortalecimento muscular: Agora você está muito mais consciente de como o corpo funciona. Além disso, está se movimentando com mais firmeza, segurança e flexibilidade. A boa postura se tornou algo natural para você. Os ombros já não permanecem contraídos, a cabeça não se projeta mais para a frente e a barriga não fica distendida. Você está usando seus músculos centrais para se manter ereto, o que favorece a aparência e, por tabela, a auto-estima. Certamente sentiu que as dores no joelho ou na região lombar melhoraram. E não há dúvida de que está feliz da vida por ver que os músculos do abdômen, das pernas e dos braços estão mais fortes e definidos.

Manter o programa de fortalecimento muscular e adaptá-lo ao seu modo de viver o ajudará a preservar o tônus muscular pelo resto da vida. Veja como fazer isso na prática:

Execute duas fases seguidas. Crie o seu próprio programa, associando os exercícios de duas fases. Por exemplo, faça todos os exercícios da Fase 1 e passe diretamente para a Fase 2 ou 3. Ou comece pela Fase 2 e siga para a Fase 3. Seja criativo e faça diferentes combinações de exercícios em dias alternados. Não se apresse, pois isso prejudica a qualidade da execução, mas tente realizar os dois programas em, no máximo, 30 minutos.

Execute três fases seguidas. Para ter um programa de atividade física divertido e vigoroso, reserve uma hora, uma vez por semana, para fazer os exercícios de todas as fases.

Volte à Fase 1 sempre que precisar. A Fase 1 concentra movimentos básicos que farão você se sentir ótimo. Todos os exercícios na cadeira podem ser realizados diante da sua mesa de trabalho ou na sua sala de estar. Pratique sempre que quiser cuidar das suas articulações e dos seus músculos. Isso o ajudará a se manter flexível e livre de lesões.

Pausas e recomeços

Obviamente, haverá momentos em que você talvez precise suspender as caminhadas intervaladas ou os exercícios de força e flexibilidade por um ou dois dias. Isso não fará uma grande diferença no seu nível geral de condicionamento físico, mas será preciso retomar o mais cedo possível do ponto em que tiver parado. Entretanto, se a interrupção for de várias semanas, recomendo recomeçar pela Fase 1, tanto na caminhada quanto nos exercícios de fortalecimento muscular. Isso vai preparar gradualmente seu corpo para um programa mais intenso e evitar lesões.

Qualquer forma de exercício vale a pena

Agora que você está em forma, pode explorar novos tipos de exercícios. Andar de bicicleta, por exemplo. No próximo dia bonito, pegue a bicicleta na garagem e experimente pedalar pelo simples prazer de fazer isso. Caso goste da sensação, comece a aplicar o método intervalado a essa atividade.

Se caminhadas e trekkings eram o seu sonho, mas você temia ser incapaz de acompanhar os outros participantes, pode confiar: depois que você tiver concluído as três fases do programa de caminhada intervalada, *os outros participantes* é que terão dificuldade em alcançar o seu pique.

Experimente uma aula de Pilates, de dança de salão ou até de spinning na academia. Manter-se ativo evita a recuperação do peso e mantém a boa forma e a saúde física por toda a vida. Essa é a filosofia da Dieta de South Beach Aditivada.

PARTE TRÊS

Alimentação aditivada

INTRODUÇÃO À DIETA DE SOUTH BEACH

Se você é novato na Dieta de South Beach e está ansioso para começar a perder os indesejados quilos extras e melhorar sua saúde, vai encontrar nas páginas a seguir as ferramentas necessárias para dar os primeiros passos rumo ao seu objetivo. Mas, caso já seja um seguidor da dieta, se surpreenderá com as novidades. A lista de alimentos permitidos foi ampliada, novos e deliciosos cardápios foram criados, bem como receitas fáceis de preparar. Como venho acompanhando as dúvidas de quem tem adotado os princípios da Dieta de South Beach nesses últimos cinco anos – tanto no consultório quanto no site SouthBeachDiet.com –, decidi incluir no final de cada uma das três fases um capítulo em que respondo às perguntas mais freqüentes.

Então, vamos começar.

As listas de alimentos permitidos e de alimentos a serem evitados nas duas primeiras semanas que compõem a Fase 1 estão nas páginas 181-186. Mais generosa, a lista de alimentos liberados nesta edição aditivada da Dieta de South Beach oferece uma enorme variedade de proteínas magras (carnes de caça e carneiro), de boas gorduras (abacate e margarina e maionese sem gordura trans), de bons carboidratos (hortaliças e leguminosas), de laticínios com baixo teor de gordura – inclusive creme de leite light.

Note que, mesmo sendo a Fase 1 a que impõe as maiores restrições, a lista do que é permitido consumir é muito mais longa do que a de alimentos a serem evitados. Garanto que, se você planejar as refeições e os lanches com os itens recomendados, vai se sentir saciado e sua vontade de comer doces e carboidratos desaparecerá.

Nas páginas 258-260, você encontrará a lista de alimentos a serem reintroduzidos na Fase 2. E na página 253 você verá explicações de como fazer isso sem parar de emagrecer. Caso esteja começando a dieta na Fase 2, pode comer todos os alimentos permitidos na Fase 1 (veja as páginas 181-185) e também os que são liberados na Fase 2. Mas tenha cuidado com os itens ricos em amidos refinados e em açúcar (a lista do que deve ser evitado ou consumido raramente na Fase 2 está na página 261).

O objetivo é que você aprenda a fazer as melhores escolhas alimentares e transforme a Dieta de South Beach em um estilo de vida. Mas, enquanto estiver na Fase 2, é mais seguro ficar longe dos alimentos a serem evitados. Afinal, todo mundo "escorrega" de vez em quando.

Assim que você se familiarizar com os princípios da alimentação saudável, terá mais facilidade para preparar as refeições em casa e para fazer escolhas mais conscientes quando precisar comer na rua. Inicialmente, porém, terá que consultar de vez em quando as listas dos itens liberados e proibidos. Muitas pessoas costumam fazer cópias das listas e levá-las consigo até que escolher os alimentos corretos para cada fase se torne algo natural.

Para facilitar a incorporação desses deliciosos alimentos ao seu dia-a-dia, desenvolvi cardápios com refeições para duas semanas. As sugestões são orientações, não regras imutáveis. Digo isso porque já fui abordado em aeroportos e shoppings por pessoas que traziam o livro da Dieta de South Beach na mão e perguntavam: "Doutor, não gosto de homus, será que posso optar por outra coisa no lanche do dia 13?" ou então "Não como carne de porco. Dá para substituir o presunto por salmão defumado e acompanhar com ovos no dia 9?" A resposta a essas perguntas é "sim". Você deve consumir aquilo de que gosta. Nem todos possuem as mesmas preferências, sem contar que algumas pessoas seguem restrições alimentares – por isso coloco várias opções à sua escolha.

E quanto ao tamanho das porções?

Na Dieta de South Beach, não é preciso pesar, medir nem contar as calorias, gorduras e carboidratos dos alimentos. Essas ações dão muito trabalho, o que não está em harmonia com uma dieta que pretende se transformar em um estilo de vida. Embora eu não recomende pesar nem medir os alimentos, sugiro comer o equivalente a 2 xícaras de hortaliças no almoço e no jantar e, se possível, 1/2 xícara de hortaliças no café da manhã, a fim de obter o máximo benefício das fibras e das substâncias antioxidantes cardioprotetoras presentes nesses alimentos. Indico ainda as quantidades de gorduras, de laticínios e de determinados condimentos. No caso das nozes, em particular, limito a quantidade diária a uma porção (veja a página 183).

Ainda que eu não defenda a contagem de calorias, elas são muito importantes porque é a sua qualidade que proporciona saciedade. Caso você esteja fazendo as escolhas alimentares certas, a quantidade não será problema. Refeições à base de proteína magra e de alimentos ricos em nutrientes e fibras são substanciais, e isso faz desaparecer a vontade de comer exageradamente. Outra maneira de evitar repetir o prato é saborear cada bocado devagar, para que o cérebro tenha tempo de detectar a elevação dos níveis de açúcar no sangue.

UMA DIETA PARA O MUNDO REAL

A Dieta de South Beach tem os seus princípios, mas não a considero uma doutrina. Trata-se de uma dieta para pessoas que vivem no mundo *real*. Não espero que você seja perfeito; portanto, não cobre isso de si mesmo. Meu objetivo é ensiná-lo a fazer boas escolhas alimentares sempre *que for possível*. Se, eventualmente, você comer uma fatia de bolo de chocolate ou metade de um saco de batatas fritas, não sinta que fracassou. A pior coisa a fazer é pensar: "Já que pisei na bola hoje e comi bolo de chocolate, posso muito bem me encher de bobagens e recomeçar a dieta amanhã." Quando você encara a dieta como um estilo de vida, e não como uma interrupção da vida real, um deslize ocasional não vai derrubá-lo. É só fazer as escolhas certas da próxima vez.

Não se apresse nas refeições. Na verdade, tente esperar 20 minutos antes de repetir o prato. Assim você saberá se está realmente com fome, se está comendo por mero hábito ou se é porque não deu tempo suficiente para que os sinais de saciedade chegassem ao cérebro.

Limpando a despensa

Se você está começando a fazer a Dieta de South Beach, deve eliminar de sua despensa todos os alimentos não recomendados e abastecê-la somente com os itens permitidos. Produtos feitos de grãos integrais, assim como bebidas alcoólicas (vinho e cerveja, por exemplo), devem ser guardados no fundo do armário para depois das próximas duas semanas, quando a Fase 2 tiver início. Recomendo, porém, jogar fora todos os carboidratos simples. Batata frita de saquinho e biscoitos recheados, por exemplo, devem ir direto para a lata de lixo – sobretudo se você gosta de comer doces e carboidratos.

A lista apresentada a seguir identifica os alimentos que devem ser eliminados durante a Fase 1.

Produtos de panificação e confeitaria: Mesmo feitos de farinhas integrais, pães, bolos, bolachas, biscoitos, massas e waffles só podem reaparecer em sua despensa na Fase 2.

Cereais: Todos os cereais estão proibidos durante as duas primeiras semanas da dieta, inclusive a aveia e os farelos. Os que são ricos em fibras e pobres em açúcar serão reintroduzidos na Fase 2.

Farinhas: Estão proibidas na Fase 1, inclusive a de soja, a de milho e a de nozes.

Aperitivos: Livre-se das barras de cereais, dos sacos de pipoca, dos petiscos industrializados, da batata de saquinho, etc.

Massas: Nenhum tipo de massa deve ser consumido na Fase 1 – nem o que é feito de farinha integral.

Arroz: Todos os tipos de arroz, inclusive o integral, devem ser esquecidos durante as duas primeiras semanas da dieta.

Vegetais amiláceos: Nada de beterraba, cenoura, milho, ervilha, batata, abóbora nem inhame na Fase 1. Substitua-os pelas hortaliças ricas em fibras e em nutrientes que estão na lista de alimentos permitidos.

Bebidas: Elimine os sucos de frutas, os refrigerantes e qualquer outra bebida que contenha açúcar, frutose ou xarope de milho. Todas as bebidas alcoólicas (cerveja, whisky, vinho, etc.) ficam de fora na Fase 1. Em seu lugar, tome suco de hortaliças (V8) e de tomate, água com sabor não adoçada e refrescos instantâneos light. É claro que você pode beber água, água mineral com e sem gás e chás de ervas. Também são permitidas, com restrições, bebidas com cafeína, tais como café, chá preto e refrigerante diet. Curiosamente, as pesquisas têm mostrado que a cafeína pode melhorar a resistência à insulina em portadores de diabetes.

Queijos e laticínios: Estão cortados o leite integral, os sorvetes, os queijos gordurosos, os iogurtes integrais e o requeijão (inclusive os queijos cremosos). Abasteça a geladeira com leite desnatado ou semidesnatado, queijos light e iogurte natural desnatado.

Óleos e gorduras: Substitua as gorduras sólidas, a banha e os óleos hidrogenados por azeite de oliva extravirgem, óleo de canola e margarina light sem gorduras trans.

Carnes e aves: Estão proibidos os produtos industrializados que contenham açúcar (presunto preparado com mel) ou gordura em excesso (pato, ganso, patê de carne escura de aves, como a da coxa e da asa), bem como os produtos processados do tipo *nuggets* e cortes gordurosos de carne bovina (picanha, fígado, costela). Prefira a carne branca de aves e os cortes magros de carne vermelha recomendados na lista de alimentos permitidos.

Sopas: Estão fora as sopas instantâneas em pó e com ingredientes desidratados e as sopas cremosas em lata. Substitua-as por caldos de vegetais e de carne, *gazpacho*, *consommés* e sopas de feijão ou de lentilha. Leia os rótulos das sopas prontas, pois muitas delas contêm gordura trans e outros ingredientes prejudiciais.

Açúcar: Exceto os adoçantes, tudo o que adoça está proibido na Fase 1: açúcar branco e mascavo, mel, melaço e xarope de milho.

Condimentos, molhos e temperos: Ketchup e molho pronto de salada, mesmo na versão light, devem ser eliminados. Opte por molhos com menos de 3 gramas de açúcar. Melhor ainda: prepare em casa seu próprio molho (veja nas páginas 241-245).

A Dieta de South Beach em restaurantes

Em geral, as pessoas comem fora em restaurantes, o que é sempre um risco quando se está tentando emagrecer (nas Fases 1 e 2) e, depois, quando se está querendo manter o peso (Fase 3). Se você escolher mal o que vai pedir no restaurante, pode voltar a sentir, em algumas semanas, aquela velha vontade de ingerir doces e carboidratos. E, antes que perceba, terá engordado novamente. Portanto, é essencial seguir os princípios da Dieta de South Beach, seja em casa ou na rua.

Há mais de uma década, quando comecei a recomendar essa dieta aos meus pacientes cardíacos, comer fora era um desafio e tanto. Evitar as gorduras trans era uma tarefa difícil, pois elas estavam presentes em quase todas as frituras e na maior parte dos alimentos industrializados. Além disso, poucos lugares ofereciam pães ou massas de grãos integrais – a regra era a farinha branca, altamente refinada. Nas lanchonetes, a opção era ficar com fome ou se encher de comida repleta de gordura e de carboidratos refinados.

O mundo tornou-se um lugar mais agradável para as pessoas que buscam uma alimentação saudável, e fico extremamente feliz quando os editores de revistas e jornais me dizem que a Dieta de South Beach teve muito a ver com isso. Hoje é comum restaurantes e até mesmo redes de fast-food oferecerem diversos tipos de pães, inclusive integrais. E, no que diz respeito às gorduras saudáveis, o mundo também melhorou. É provável que o garçom não o olhe com cara de espanto se você pedir azeite de oliva no lugar da manteiga. Os chefs ficarão felizes em lhe servir peixe grelhado com azeite ou suco de limão, e não com um molho cremoso à base de manteiga. E as gorduras trans não foram apenas banidas de uma boa parte dos produtos alimentícios. Em algumas cidades, como Nova York, elas já são totalmente proibidas.

Conheça algumas sugestões sobre como se alimentar bem e de forma sensata em restaurantes:

Examine o cardápio antes de entrar. Ao escolher um restaurante, verifique o cardápio. Se todas as opções parecem ter saído direto da lista de alimentos a serem evitados, talvez esse não seja o lugar certo para você. Cair em tentação de vez em quando é aceitável, principalmente quando se está na Fase 3 e já se alcançou a meta de emagrecimento. Mas, até chegar lá, é preciso ter cuidado.

Ignore o pão. Na Fase 1, diga "não" à cesta de pães. Você não precisa disso. Caso esteja nas Fases 2 ou 3, pode até comer um pedaço de pão integral com azeite (a gordura retarda a absorção dos carboidratos pela corrente sanguínea). Porém, se ficar tentado a esvaziar a cestinha de pães antes da chegada do prato principal, peça ao garçom para levá-la embora. Se estiver jantando com amigos, empurre-a para o outro lado da mesa.

Cuidado com as bebidas. Esqueça as bebidas alcoólicas na Fase 1. Peça água, refrigerante diet ou chá gelado. Nas Fases 2 e 3, é permitido beber uma taça de vinho tinto ou branco no jantar, mas não exagere. As calorias líquidas também podem se acumular.

Peça uma sopa de entrada. Pedir sopa é uma excelente maneira de iniciar uma refeição, pois ela diminui a fome e evita que você exagere no prato principal. Se estiver na Fase 1, opte por um *consommé* ou por uma sopa de feijão ou de hortaliças feita com caldo de frango ou de legumes e engrossada com purê de hortaliças.

Em seguida, peça uma salada. Outro truque para se sentir saciado: troque o couvert por uma salada verde. Peça azeite e vinagre à parte.

Faça de conta que está em casa. Escolha pratos à base de proteína magra: peixe ou frutos do mar grelhados, carne branca de frango ou de peru ou um corte magro de carne bovina, como filé ou alcatra. Como acompanhamento, opte por hortaliças cozidas no vapor ou ligeiramente refogadas no azeite.

Prazeres à mesa

Lembre-se de que diferentes cozinhas impõem desafios específicos. Você adora comida francesa, mas se preocupa com os molhos? É louco por comida mexicana, porém tem receio em relação aos queijos? Veja a seguir algumas dicas que podem ajudá-lo a continuar freqüentando seus restaurantes favoritos sem comprometer os princípios da Dieta de South Beach.

Comida italiana. Nem só de pizzas e massas vive a culinária italiana. Na verdade, os italianos consomem muita salada e têm o hábito de iniciar as refeições com uma porção pequena de massa e, depois, como prato principal, comem carne grelhada ou frutos do mar acompanhados de vegetais. A esta altura, você já sabe o que funciona melhor para quem está seguindo a Dieta de South Beach, não é mesmo? Se estiver na Fase 1, pule o pão e a massa e fique apenas com a salada, os vegetais e a proteína magra (peixe ou frango). Caso esteja na Fase 2, pode comer uma pequena porção de massa integral com molho de tomate, mas evite pratos que contenham ingredientes fritos ou empanados. Para a sobremesa, peça frutas frescas e uma fatia pequena de queijo parmesão, se estiver na Fase 2. Os que não resistem a uma boa pizza não precisam se preocupar. Muitos estabelecimentos oferecem pizza de massa fina – de preferência integral e com mozarela light em vez de coberturas gordurosas, como calabresa, bacon ou almôndegas. Opte por coberturas de espinafre, de cogumelo ou de outra hortaliça.

Comida francesa. A culinária francesa tem a não merecida reputação de ser um pesadelo para quem está de dieta. Dê uma olhada nos franceses. É verdade que existem pratos banhados em manteiga e creme que, decididamente, não são opções adequadas para os que precisam emagrecer. Mas há também a culinária mediterrânea, mais leve e saudável, que odota o azeite no lugar da manteiga e usa grande quantidade de saladas e hortaliças frescas, peixes, aves e frutos do mar. Se você estiver jantando em um restaurante francês, não será possível errar caso peça um peixe sauté com legumes. Acompanhe o prato com uma taça de vinho branco ou tinto. Faça como os franceses: saboreie a comida com calma. E encerre a refeição com uma pequena sobremesa – uma porção de morangos, talvez, ou um pedaço de chocolate meio-amargo. Bem no estilo da Fase 3.

Comida japonesa. Conhecida por usar peixes frescos, hortaliças ligeiramente cozidas e carnes grelhadas, a culinária japonesa é uma aposta certa para quem está seguindo a Dieta de South Beach. O sushi (peixe cru servido com uma pequena quantidade de arroz) tornou-se um dos pratos mais populares do mundo. Você pode consumi-lo na Fase 2 se o restaurante trabalhar com arroz integral. No entanto, se ainda estiver na Fase 1, contente-se com o sashimi (finas fatias de peixe cru servidas sem arroz) e com os pratos à base de tofu – e fique longe do *tempurá* e de frituras. Embora os pratos com *teriyaki* sejam grelhados ou assados de carne, o molho normalmente contém muito açúcar. Pratos nesse estilo são permitidos apenas de vez em quando na Fase 3. Nas Fases 2 e 3 você também pode comer *soba* (macarrão feito com trigo-sarraceno) com moderação. Muitos restaurantes japoneses trabalham com *edamame* (soja verde), saladas de algas e vegetais refogados ou cozidos no vapor, o que facilita a tarefa de comer 2 xícaras de hortaliças em cada refeição.

Comida mexicana. Para o adepto da Dieta de South Beach, a culinária mexicana pode ser ótima ou péssima, dependendo das escolhas que fizer. Por exemplo, fuja das entradas com tortilhas chips e *nachos* e pule o feijão refrito, o *taco*, a *quesadilla* e outros carboidratos refinados (como arroz branco e milho). Por outro lado, a *fajita,* prato com tiras de frango, carne ou frutos do mar grelhados e muitas hortaliças, é uma boa opção. Quem está na Fase 1 deve evitar o pão que acompanha a *fajita* e se contentar com a carne e as hortaliças. Se você estiver na Fase 2, tente encontrar um restaurante que ofereça o pão em versão integral ou coma apenas metade da *fajita* tradicional.

Comida chinesa. A autêntica comida chinesa é muito saudável. As pessoas que visitam a China pela primeira vez ficam surpresas com o fato de as hortaliças serem servidas *al dente*, com pouco ou nenhum molho, e de só verem o arroz na mesa no fim da refeição, depois de todos já terem consumido os outros alimentos. Por isso, diga ao garçom que você quer a comida à moda *chinesa*: nada de molhos pesados, frituras nem empanados. Na Fase 1, dispense o arroz. Se estiver na Fase 2 ou 3, pergunte se há arroz integral. Evite massas feitas com farinha de trigo e arroz. Os caldos com hortaliças e qualquer combinação de vegetais no vapor com pequenas quantidades de carne, aves ou frutos do mar são sempre opções saudáveis. Pratos com carne bovina, de porco ou de frango sauté acompanhados de vegetais também são boas alternativas. Peça que a comida seja preparada sem glutamato monossódico, um aditivo alimentar que provoca dores de cabeça em algumas pessoas.

Comida grega ou do Oriente Médio. Restaurantes que servem comida mediterrânea, grega, turca, israelita ou libanesa têm boas opções para quem está tentando manter a dieta. É provável que o cardápio ofereça frutos do mar, carneiro e frango grelhados, grão-de-bico, hortaliças frescas e saladas com queijo *feta*. Parecem pratos saídos diretamente das páginas de *A Dieta de South Beach*. De fato, grande parte de nosso plano alimentar tomou como modelo a alimentação saudável e o estilo de vida do Mediterrâneo. Mas, mesmo nesse ambiente propício, é preciso evitar algumas opções, entre elas o *mussacá* (carne moída de carneiro ou de boi, berinjela e batata) e o *pastitsio* (massa com carne moída), em geral feitos com molho béchamel, rico em gordura. Se estiver na Fase 3, deixe para comer esses pratos em ocasiões especiais.

Cozinha indiana. Graças ao estilo condimentado dessa culinária, as mesmas proteínas magras, os bons carboidratos e as boas gorduras que você vem comendo diariamente adquirem um sabor inteiramente novo nas mãos de um chef indiano. Experimente os pratos no estilo *tandoori* – peixes, aves, carnes e vegetais assados em altas temperaturas em um forno de barro. Outras boas opções são *raita* (molho à base de iogurte), *masala* (tempero elaborado com vários tipos de pimentas e curry), *dal* (prato com lentilha ou outros tipos de grãos) e as saladas. Se o restaurante não tiver o arroz *basmati* marrom, fique apenas com a salada e as hortaliças. Os pães – o *puri* (frito) e o *naan* (assado) – devem ser evitados. O mesmo vale para o petisco *samosa* (massa triangular frita com recheio de hortaliças), que tem alto teor de carboidratos refinados.

Dicas para fast-food. Muitas lanchonetes já oferecem alternativas saudáveis, inclusive saladas (sem os *croûtons*, é claro), frango grelhado ou assado e hambúrguer vegetariano, com teor de gordura menor do que o tradicional hambúrguer com batata frita. Para beber, escolha refrigerante light ou água mineral (com ou sem gás).

■ ■ ■

O bacana da Dieta de South Beach é que ela não exige alimentos especiais e pode ser adaptada a qualquer tipo de culinária. Seguindo as orientações que acabou de ler, você não terá problemas em escolher refeições saudáveis e deliciosas nas ocasiões em que comer fora.

A Dieta de South Beach em viagens

Como viajo muito a trabalho, sei que se manter fiel à dieta pode ser uma tarefa difícil. Afinal, há estresse, as mudanças de fuso horário, as alterações nas rotinas de comer e dormir, para não falar na frustração de ficar horas esperando em aeroportos por conta de atrasos nos vôos. Mas nem tudo está perdido. Com um pouco de planejamento, você pode seguir a Dieta de South Beach como se estivesse em casa.

O primeiro passo consiste em tentar prever os maiores obstáculos. Não há dúvida de que, para muitas pessoas, o maior deles é sair de casa. Os aeroportos e os aviões são territórios perigosos para quem faz dieta. A combinação de rígidas normas de segurança e atrasos nos vôos torna as viagens aéreas muito estressantes. Acrescente-se a isso o fato de muitas empresas aéreas estarem diminuindo as opções de comida e, em vez de servirem refeições ou mesmo sanduíches, agora oferecem (e, em alguns casos, vendem) salgadinhos industrializados, barras de cereais e biscoitos. Se você não se cuidar, pode estar em apuros antes mesmo de chegar ao destino. Dependendo do aeroporto, talvez seja possível encontrar uma salada, um iogurte desnatado ou um sanduíche de pão integral para comprar antes de embarcar. Dê preferência a um pacote de nozes ou queijos light.

Se você estiver em dúvida se vai conseguir comprar algum lanche saudável no aeroporto, a melhor opção é levar de casa. Por questões de segurança, os funcionários vão confiscar qualquer tipo de bebida antes que você passe pelo aparelho de raio X, mas não sua comida. Como ter alimentos saudáveis à mão é essencial para quem está na Fase 1, prepare seu lanche antes de sair de casa. Lave e pique hortaliças cruas e coloque em um recipiente plástico, acrescentando pedaços de queijo light, um punhado de nozes e fatias de presunto ou peru light. E procure se alimentar antes que a fome aumente, para não ficar tentado a comer a primeira coisa que encontrar pela frente. Quem está na Fase 2 ou 3 pode levar um sanduíche de pão integral com peito de peru ou presunto sem gordura, uma ou duas frutas, queijo light, iogurte natural desnatado e hortaliças cruas picadas.

Os frigobares dos quartos de hotel também representam um perigo em potencial. Se estiver com fome, é melhor nem olhar para os chocolates e salgadinhos industrializados à disposição. Analise o cardápio do serviço de quarto ou vá até o restaurante do hotel, onde poderá pedir alguma coisa mais saudável para comer. Minhas refeições favoritas em viagens são: salada Caesar com frango grelhado (sem *croûtons* e com molho à parte), salmão grelhado com hortaliças ou hambúrguer de peru com salada. Ou seja, hambúrguer com batata frita não é a única alternativa. Há outras opções.

Tão importante quanto cuidar da alimentação é manter a rotina de exercícios durante as viagens. Além de queimar calorias, a atividade física o motivará a persistir na dieta e aliviará o estresse. Dependendo da localização do hotel, talvez não seja possível sair para dar uma caminhada. Por sorte, o treino de fortalecimento muscular pode ser feito no quarto. Alguns hotéis, no entanto, possuem sala de ginástica, em geral equipada com uma esteira e uma bicicleta ergométrica (veja como fazer o treinamento intervalado com e sem equipamentos nas páginas 102-104). E lembre-se de que deixar de se exercitar algumas vezes não é o fim do mundo. Quando você voltar para casa, poderá recomeçar de onde parou.

FASE 1

Perdendo a vontade de comer doces e carboidratos refinados

Precisa emagrecer 5 quilos ou mais? Sente vontade de comer doces e carboidratos refinados? Se você respondeu "sim" a uma dessas perguntas, é sinal de que deve começar a dieta pela Fase 1. Se disse "não" às duas perguntas, pode entrar direto na Fase 2.

A Fase 1 é a mais restritiva e também a mais curta – dura apenas duas semanas. Durante esse período estão proibidos o amido e todos os tipos de doce. Ou seja, nada de pão branco, massas, arroz, bolos, biscoitos, produtos de confeitaria, cerveja ou qualquer outra bebida alcoólica. Nada também de grãos integrais e frutas – esses bons carboidratos serão reintroduzidos na Fase 2. As frutas e sobretudo os sucos de frutas são naturalmente ricos em açúcar. E até mesmo os grãos integrais podem ser problemáticos quando o objetivo é estabilizar os níveis de glicose no sangue e acabar com a vontade de comer doces e carboidratos refinados.

Ao eliminar os alimentos problemáticos, a Fase 1 permite que você assuma o controle de suas refeições. Embora inicialmente isso pareça difícil, lembre-se de que são apenas duas semanas de restrições – depois desse período, você reintroduzirá vários desses alimentos na sua dieta.

O que torna mais fácil enfrentar a Fase 1 é o fato de que não se sente fome. Depois dos primeiros dias, a pessoa acaba se adaptando, pois se alimenta de forma saudável: proteína magra (peixe e frutos do mar, frango sem pele e cortes magros de carne), hortaliças ricas em fibras, nozes, ovos, laticínios light e gorduras insaturadas, como azeite de oliva extravirgem e óleo de canola (não é preciso comer salada a seco). Estão previstas três refeições por dia, inclusive algumas sobremesas, como o *cheesecake* de ricota com limão e pinhão (veja a receita nas páginas 244-245).

Os lanches são *essenciais* na Fase 1 – devem ser consumidos de 1 a 2 horas após a refeição ou 1 hora antes de a vontade de comer aumentar. O objetivo é combater a fome antes que ela chegue para evitar comer demais. A melhor opção é a que combina proteína com hortaliças ricas em fibras – por exemplo, peito de peru, queijo light, iogurte desnatado e um punhado de nozes ou talos de aipo ou, ainda, fatias de pimentão cru.

Depois dessas duas semanas, sua aparência e sua disposição terão mudado. Em geral, o emagrecimento é bem rápido na Fase 1, especialmente na região da cintura. Embora isso seja motivador, não é o principal objetivo dessa fase da Dieta de South Beach. Na verdade, ela foi elaborada para eliminar a vontade de comer doces e carboidratos refinados e para ensinar a fazer as escolhas alimentares corretas. A pessoa costuma chegar ao final da Fase 1 sem vontade de comer alimentos açucarados, se sentindo bem mais leve e com as roupas começando a ficar confortáveis.

Nas páginas que se seguem, apresentamos uma lista de alimentos permitidos e outra de itens a serem evitados durante essa fase, bem como cardápios para as refeições. Para esta edição atualizada de *A Dieta de South Beach Aditivada*, desenvolvemos novas receitas, rápidas e fáceis de preparar, mas incluímos algumas das receitas favoritas que constam do primeiro livro. Além disso, há vários pratos da Fase 2 que podem ser usados por quem está na Fase 1. Nesses casos, há uma observação no final da receita.

A variedade de itens da lista de alimentos liberados permite misturá-los e combinar os alimentos de acordo com as preferências pessoais. Quem não gosta de presunto na omelete, por exemplo, pode substituí-lo por salmão ou vegetais. Não gosta de bacalhau? Escolha outro peixe de carne branca, como linguado ou pescada. Os cardápios, na realidade, servem apenas como orientações.

Além disso, preparei uma seção em que respondo às dúvidas mais freqüentes a respeito da Fase 1. Como expliquei antes, o acréscimo de exercícios a essa fase certamente ajudará a acelerar o processo de emagrecimento. Os seguidores bem-sucedidos da Dieta de South Beach nos dizem que, quando começam a emagrecer na Fase 1, sentem-se tão mais leves e com tanta energia que ficam inspirados a aumentar o nível de atividade física. Além de caminharem mais, sentem-se mais motivados a praticar outras formas de exercícios.

Sendo assim, quando você iniciar a Fase 1 da dieta, aconselho-o a começar também a Fase 1 do programa de atividade física (veja a página 107). Com certeza, você vai emagrecer mais rápido se fizer exercícios regularmente. A Fase 1 da dieta talvez seja a mais difícil; em compensação, a Fase 1 do programa de atividade física é a mais fácil. O que há de comum entre elas? Ambas o ajudarão a ficar mais elegante e saudável.

ALIMENTOS PERMITIDOS NA FASE 1

CARNE BOVINA (CORTES MAGROS)*

Alcatra (pode ser moída)

Filé mignon

Lagarto

Patinho

** A carne magra tem 10g ou menos de gordura total e 4,5g ou menos de gordura saturada por porção de 100g.*

AVES

Frango (sem pele)

Peito de frango ou de peru (pode ser moído)

Peito de peru em fatias

Salsicha de peru light (3-6g de gordura por porção de 60g)

PEIXES E FRUTOS DO MAR

Moluscos e peixes (todas as variedades)

Ovas de salmão

Sashimi

CARNE DE PORCO

Filé

Lombo

Presunto cozido

VITELA

Filé

Lombo

Pernil

CARNEIRO*

Costeleta

Lombo

Pernil

** Retire a gordura visível.*

FRIOS (SOMENTE LIGHT)

Lombinho canadense

Pastrami magro

Peito de peru defumado

Peito de peru fatiado

Presunto cozido

Presunto defumado

Rosbife fatiado

PROTEÍNA DE SOJA (OU SUBSTITUTOS DA CARNE)

Exceto quando especificado o contrário, procure produtos que contenham 6g ou menos de gordura por porção de 60-90g.

Hambúrguer de soja

Salsicha de soja

Seitan (glúten)

Soja em grão ou texturizada – porção sugerida: 1/4 xícara (60g)

Tempeh – porção sugerida: 1/4 xícara (60g)

Tofu (todas as variedades) – porção sugerida: 1/2 xícara

Yuba (nata de tofu)

QUEIJOS (LIGHT OU COM GORDURA REDUZIDA)

No caso dos queijos de consistência firme, procure os que contêm 6g ou menos de gordura por porção de 30g.

Cheddar

Cottage

Feta

Fundido

Gorgonzola (como não existe versão light, use com moderação)

Minas

Mozarela light

Prato

Ricota

OVOS

A utilização de ovos comuns é permitida, a menos que o seu médico recomende alguma restrição. Você pode usar apenas a clara, se quiser.

LATICÍNIOS

Creme de leite light

Iogurte desnatado

Leite de soja desnatado ou com adoçante (4g ou menos de gordura por porção de 225ml). O produto não pode conter frutose.

Leite desnatado ou semidesnatado*

Margarina light (2 colheres de sopa)

** São permitidas 2 xícaras por dia, inclusive de iogurte natural desnatado.*

LEGUMINOSAS

Frescas, congeladas ou em lata (sem adição de açúcar). Comece com 1/3 à metade de uma porção usual.

Ervilha partida

Ervilha-torta

Feijão (*azuki*, feijão-de-lima, grão-de-bico, italiano, lentilha, manteiga, mulatinho, preto, soja, vagem, verde)

HORTALIÇAS

Frescas, congeladas ou em lata (sem adição de açúcar). Coma no mínimo 2 xícaras no almoço e no jantar.

Abóbora-espaguete

Abobrinha

Acelga

Agrião

Aipo

Alcachofra

Alcaparra

Alface (todas as variedades)

Algas (alga-marinha, *nori*)

Alho

Alho-poró

Aspargo

Berinjela

Brócolis

Brócolis-americano (miúdo)

Brotos (alfafa, feijão, brócolis, lentilha, girassol)

Castanha-d'água
Cebola
Cebolinha verde
Chalota
Chuchu
Chucrute (repolho fermentado)
Cogumelo (todas as variedades)
Corações de alcachofra
Couve
Couve-chinesa
Couve-de-bruxelas
Couve-flor
Endívia
Escarola
Espinafre
Folha de uva
Funcho
Mostarda em folha
Palmito
Pepino
Pepperoncino (pimenta-cumari)
Picles (sem adução de açúcar)
Pimenta (todas as variedades)
Pimentão
Quiabo
Rabanete e suas folhas
Radicchio (chicória)
Repolho
Rúcula
Ruibarbo
Salsa
Suco de hortaliças
Suco de tomate
Tomate (todas as variedades)

NOZES E SEMENTES

Limite o consumo a 1 porção por dia. Recomenda-se ingerir as variedades secas e torradas.

Amêndoa – 15 unidades
Amendoim torrado ou cozido – 20 unidades pequenas
Avelã – 25 unidades
Castanha – 6 unidades
Castanha de caju – 15 unidades
Castanha-do-pará – 4 unidades
Creme de amendoim – 2 colheres de sopa
Edamame (soja verde) – 1/4 de xícara
Linhaça – 3 colheres de sopa (30g)
Noz – 15 unidades
Noz-macadâmia – 8 unidades
Noz-pecã – 15 unidades
Pinhão (*pinoli*) – 30g
Pistache – 30 unidades
Semente de abóbora – 3 colheres de sopa (30g)
Semente de gergelim – 3 colheres de sopa (30g)
Semente de girassol – 3 colheres de sopa (30g)
Semente de soja – 1/4 de xícara

GORDURAS E ÓLEOS

São permitidas até 2 colheres de sopa diárias dos óleos listados a seguir (os monoinsaturados são especialmente recomendados).

Óleos monoinsaturados

Azeite (dê preferência do tipo extravirgem)

Canola

Óleos poliinsaturados ou uma mistura de monoinsaturados e poliinsaturados

Açafrão

Amendoim

Gergelim

Girassol

Milho

Semente de linhaça

Semente de uva

Soja

Outras opções

Abacate – 1/3 de um abacate = 1 colher de sopa de óleo

Azeitona (verde ou preta) – 15 = 1/2 colher de sopa de óleo

Maionese comum – 1 colher de sopa

Maionese light sem gordura trans – 2 colheres de sopa (evite as feitas com xarope de milho por causa do alto teor de frutose)

Margarina sem gordura trans – 2 colheres de sopa

Molho para salada – 2 colheres de sopa. Prefira os que apresentam 3g de açúcar ou menos por porção (2 colheres de sopa). Os melhores são os que contêm óleo de canola ou azeite de oliva.

Pastas sem gordura trans – 2 colheres de sopa

TEMPEROS E CONDIMENTOS

Os condimentos com baixo teor de carboidratos só podem ser usados se não contiverem gorduras trans nem açúcar.

Todas as variedades, desde que sem adição de açúcar

Caldos light

Essências (amêndoa, baunilha, etc.)

Leite de coco light

Molho Salsa (veja a receita na página 231)

Pimenta (pimenta-do-reino, caiena, malagueta, branca)

Pó de café *espresso*

Raiz-forte e molho de raiz-forte

Spray de manteiga (sem gordura trans)

Suco de limão (siciliano e taiti)

Os molhos listados a seguir podem ser usados com moderação, mas é importante verificar a presença de açúcar e de glutamato monossódico (MSG).

Cream cheese light — 2 colheres de sopa

Creme chantilly light — 2 colheres de sopa

Missô – 1/2 colher de sopa

Molho de pimenta

Molho de soja – 1/2 colher de sopa

Molho inglês – 1 colher de sopa

Molho para carne – 1/2 colher de sopa

Molho para taco – 1 colher de sopa

Shoyo – 1/2 colher de sopa

Sour cream light — 2 colheres de sopa

PEQUENOS AGRADOS (LIMITE A 75-100 CALORIAS POR DIA)

Balas sem açúcar

Cacau em pó sem açúcar

Calda de chocolate diet

Caldas sem açúcar

Chiclete diet

Chocolate em pó sem açúcar

Gelatina diet

Geléia sem açúcar

Picolé diet

ADOÇANTES

Os adoçantes feitos de álcool de açúcar (isomalte, lactitol, manitol, sorbitol e xilitol) são permitidos na Dieta de South Beach, mas, se consumidos em excesso, podem provocar efeitos colaterais no trato gastrointestinal.

Acesulfame-K

Aspartame

Frutose

Sacarina

Sucralose

BEBIDAS

Café e chá nas versões com e sem cafeína (consuma os produtos cafeinados com moderação)

Chás de ervas (hortelã e camomila)

Leite de soja desnatado, sabor baunilha ou adoçado com sucralose (4g ou menos de gordura para cada 225ml). O produto não pode conter xarope de milho por causa do alto teor de frutose.

Leite desnatado ou semidesnatado

Refrigerantes e bebidas dietéticos, nas versões com e sem cafeína

Suco de hortaliças

Suco de tomate

ALIMENTOS A SEREM EVITADOS NA FASE 1

CARNES

Carne-seca

Cortes gordurosos

Costela

Fígado

Peito

AVES

Asa e coxa de frango

Asa e coxa de peru

Ganso

Pato

CARNE DE PORCO

Bacon

Presunto assado com mel

Torresmo

VITELA

Peito

LATICÍNIOS

Iogurte

Leite de soja com mais de 4g de gordura para cada 225ml

Leite integral

Sorvete cremoso

QUEIJO

Qualquer tipo de queijo que não seja light

FRUTAS

Evite todo tipo de fruta, bem como sucos de frutas.

HORTALIÇAS

Abóbora

Batata-doce

Batata-inglesa

Beterraba

Cenoura

Ervilha (comum)

Inhame

Milho

Nabo

AMIDOS

Evite todos os amiláceos, inclusive os feitos com grãos integrais: pães, cereais, croûtons, matzá, *mingau de aveia.*

Arroz

Bolos

Massas

CONDIMENTOS

Molho pronto para salada

Ketchup

BEBIDAS

Bebidas alcoólicas (todos os tipos)

Refrigerantes e outras bebidas que contenham açúcar

Sucos de frutas

Dia 1

Café da manhã

170ml de suco de hortaliças (V8)

Omelete de queijo e presunto com cebolinha verde

Café ou chá com leite desnatado e adoçante

Lanche da manhã

Pasta de hortaliças com abacate (1/3 de abacate amassado com 1/3 de xícara de queijo cottage light, cebola picada, alho amassado, coentro e pimenta-malagueta em flocos)

Almoço

Chili de hortaliças (página 229)

Salada grande de folhas verdes

2 colheres de sopa de molho Ranch (páginas 234-235) ou de qualquer molho preparado em casa com pouco açúcar

Lanche da tarde

Coquetel de camarão com molho de pimentão (bata no liquidificador 1 pimentão vermelho cortado em cubos com 2 colheres de sopa de *sour cream* light – página 231 –, 1 dente de alho e molho de pimenta picante)

Jantar

Filé grelhado (prepare uma porção maior para usar as sobras no almoço do Dia 2)

Salada de "batata" de palmito (página 230)

Pimentão e cebola grelhados com alho amassado e vinagre balsâmico (grelhe com antecedência e deixe marinar no molho para pegar gosto)

Sobremesa

Flã de amêndoa (página 243)

Dia 2

Café da manhã

170ml de suco de hortaliças (V8)

Quiche de hortaliças (página 205)

Café ou chá com leite desnatado e adoçante

Lanche da manhã

30g de queijo cheddar light em cubos com tomate-cereja

Almoço

Sopa de cogumelos (caldo de galinha light com cogumelos secos reidratados)

Salada de filé (fatie o que sobrou do jantar do Dia 1 e arrume sobre folhas verdes mistas)

2 colheres de sopa de vinagrete de limão (página 234) ou de qualquer molho preparado em casa com pouco açúcar

Lanche da tarde

Rolinho de frango grelhado e pimentão vermelho assado (página 213)

Jantar

Shepherd's pie à la South Beach (página 225)

Salada de *radicchio* com endívias

2 colheres de sopa de vinagrete Dijon (página 233) ou de qualquer molho preparado em casa com pouco açúcar

Sobremesa

Delícia de amendoim (misture no processador 1/2 xícara de queijo cottage light, 1 colher de sopa de creme de amendoim sem gordura trans, 1/2 colher de chá de essência de baunilha e 1 pacote de adoçante; leve à geladeira antes de servir)

Dia 3

Café da manhã

170ml de suco de tomate

Ovo poché e salmão à moda florentina (1 ovo poché com salmão defumado servido sobre 1/2 xícara de espinafre refogado no azeite de oliva)

Lanche da manhã

Rolinho de frango grelhado e pimentão vermelho assado (página 213)

Almoço

Escolha uma das sopas permitidas na Fase 1 (páginas 208-210), opcional

Salada de atum com feijão-branco (coloque 170g de atum light sobre folhas verdes, acrescente pepino em fatias, tomate e aipo; adicione 1/2 xícara de feijão-branco cozido – pode ser enlatado – e 1/3 xícara de abacate em cubos)

Lanche da tarde

1 tomate cortado ao meio e fatias de salsicha de peru light

Jantar

Frango assado com salada verde e pistache torrado (use as sobras do peito para preparar o almoço do Dia 4)

2 colheres de sopa de molho verde das deusas (página 233) ou de qualquer molho preparado em casa com pouco açúcar

Corações de alcachofra assados (leve ao forno médio um tabuleiro com corações de alcachofra, regue com azeite de oliva e acrescente uma pitada de sal e pimenta-do-reino moída na hora)

Sobremesa

Suflê cremoso de ricota com limão e baunilha (página 239)

Dia 4

Café da manhã

170ml de suco de hortaliças (V8)

2 ovos mexidos com cebola picada e pimentão vermelho assado (em conserva)

Peito de peru

Café ou chá com leite desnatado e adoçante

Lanche da manhã

Rolinho de rosbife e raiz-forte (página 214)

Almoço

Gazpacho verde (página 206)

Salada de frango sulista (misture o frango que sobrou do jantar do Dia 3 com 1/2 xícara de feijão-preto cozido, 1/3 de abacate pequeno em cubos, cebolinha verde picada e molho Salsa – página 231 – e sirva sobre folhas mistas)

Lanche da tarde

Talos de aipo com pasta de queijo light com cebola

Jantar

Salmão grelhado com tomate, espinafre e alcaparra (página 220; prepare uma porção maior para usar as sobras no almoço do Dia 5)

Salada de rabanete com cebola-roxa

2 colheres de sopa de molho de gorgonzola (página 232) ou de qualquer molho preparado em casa com pouco açúcar

Sobremesa

Custard de café (página 241)

Dia 5

Café da manhã

170ml de suco de hortaliças (V8)

Omelete de aspargos e cogumelos (refogue os aspargos e os cogumelos no azeite de oliva antes de usar como recheio)

Café ou chá com leite desnatado e adoçante

Lanche da manhã

Surpresa de tomate (tire a tampinha do tomate, recheie com mozarela light e leve ao microondas)

Almoço

Escolha uma das sopas permitidas na Fase 1 (páginas 208-210), opcional

Salada de salmão (misture as sobras de salmão do jantar do Dia 4 com pepino cortado em cubos, agrião, 2 colheres de sopa de *sour cream* light – página 231 – e aneto picado)

Lanche da tarde

Hortaliças picadas com molho de iogurte à moda indiana (misture iogurte natural desnatado com cominho, coentro e cúrcuma)

Jantar

Bolo caseiro de peru com cogumelos e feijão-branco (páginas 217-218)

Salada verde com 1/2 xícara de pinhão torrado

2 colheres de sopa de vinagrete Dijon (página 233) ou de qualquer molho preparado em casa com pouco açúcar

Sobremesa

Musse de cacau com nozes (página 242)

Dia 6

Café da manhã

170ml de suco de hortaliças (V8)

Cogumelo-portobello grelhado com tomate (grelhe o cogumelo e o tomate por 3 minutos e depois acrescente 1 ovo mexido e cebolinha picada)

Café ou chá com leite desnatado e adoçante

Lanche da manhã

1 fatia de queijo light com cubos de pepino

Almoço

Salada Cobb (frango defumado desfiado, 1/3 de 1 abacate em cubos, 2 fatias de peito de peru, tomate e cebola-roxa picados sobre folhas verdes)

2 colheres de sopa de vinagrete de limão (página 234) ou de qualquer molho preparado em casa com pouco açúcar

Lanche da tarde

4 bolinhas de *labne* (página 212) com hortaliças cruas

Jantar

Bacalhau à moda mediterrânea (página 219)

Aspargos assados com casca de limão e pimenta-do-reino

Salada de hortaliças cortadas à juliana com queijo *feta* light esfarelado

2 colheres de sopa de vinagrete balsâmico (páginas 231-232) ou de qualquer molho preparado em casa com pouco açúcar

Sobremesa

1 picolé sem açúcar

Dia 7

Café da manhã

170ml de suco de tomate

Tortilha de alcachofra (página 204)

Café ou chá com leite desnatado e adoçante

Lanche da manhã

30g de queijos light variados em cubos com hortaliças cruas

Almoço

Tomate recheado com salada de siri (misture 120g de carne de siri, 1/4 de xícara de pimentão vermelho fatiado e cebolinha picada com 1 colher de sopa de maionese e 1 colher de sopa de iogurte natural desnatado; recheie o tomate, sem as sementes, com a mistura)

Sorvete de limão e tomilho (página 247)

Lanche da tarde

1 xícara de café com leite desnatado e adoçante

30 pistaches

Jantar

Lombinho ao gengibre com mostarda (página 233; prepare uma porção maior para usar as sobras no almoço do Dia 8)

Purê-surpresa de South Beach (página 237)

Hortaliças grelhadas (aspargo, abobrinha e pimentão)

Sobremesa

Custard de ricota (página 240)

Dia 8

Café da manhã

170ml de suco de hortaliças (V8)

Picadinho de hortaliças (página 203)

1 ou 2 ovos (mexidos, cozidos ou pochés)

Café ou chá com leite desnatado e adoçante

Lanche da manhã

120ml de iogurte desnatado com essência de amêndoa

Almoço

Sopa de tomate com hortaliças e favas (página 207)

Lombinho fatiado (use as sobras do jantar do Dia 7) sobre salada verde

2 colheres de sopa de molho cremoso de limão e aneto (página 233) ou de qualquer molho preparado em casa com pouco açúcar

Lanche da tarde

Rolinho de peru ao curry (página 213)

Jantar

Truta crocante com noz-pecã (página 221)

Couve refogada no azeite de oliva com alho

Purê de feijão-vermelho (página 236)

Sobremesa

Creme de ricota com baunilha (página 238)

Dia 9

Café da manhã

170ml de suco de hortaliças (V8)

2 ovos mexidos com lombinho canadense

Tomates fatiados

Café ou chá com leite desnatado e adoçante

Lanche da manhã

Salmão defumado com 30g de *cream cheese* light, alcaparras e endívias

Almoço

Hambúrguer de filé com 60g de queijo cheddar light derretido, mostarda Dijon e tomate sobre salada verde

Salada de feijão (misture quantidades iguais de feijão-preto, feijão-mulatinho e grão-de-bico cozidos com cebolinha verde picada; acrescente o molho de sua preferência, páginas 231-235); sirva-se de 1/2 xícara

Lanche da tarde

30g de queijo cottage light com fatias de pimentão

Jantar

Mussacá vegetariana (páginas 227-228)

Salada de rabanete, pepino e cebolinha verde

2 colheres de sopa de molho Ranch (páginas 234-235) ou de qualquer molho preparado em casa com pouco açúcar

Sobremesa

Iogurte desnatado com 1 colher de sopa de crocante de granola South Beach (página 246)

Dia 10

Café da manhã

Shake matinal energético (bata no liquidificador 1/2 xícara de leite de soja sabor baunilha com adoçante, 1/2 xícara de iogurte natural desnatado, 90g de tofu firme e 1/4 de xícara de amêndoas torradas)

Café ou chá com leite desnatado e adoçante

Lanche da manhã

Rolinho à Califórnia (página 213)

Almoço

Escolha uma das sopas permitidas na Fase 1 (páginas 208-210), opcional

Filé de atum grelhado (marine por 1 hora em azeite de oliva com gengibre e alho)

Feijão-branco cozido e vagem no vapor com casca de limão ralada

Lanche da tarde

15 amêndoas e 1 copo de 225ml de leite desnatado

Jantar

Frango marroquino com limão, abobrinha e azeitona verde (páginas 215-216)

Salada de funcho e cebola-roxa com azeitona picada

2 colheres de sopa de vinagrete de limão com cominho (página 234) ou de qualquer molho preparado em casa com pouco açúcar

Sobremesa

Creme de baunilha (bata no liquidificador 1 xícara de iogurte desnatado, 2/3 de xícara de leite de soja diet, 1 colher de chá de essência de baunilha, cubos de gelo e canela em pó)

Dia 11

Café da manhã

170ml de suco de hortaliças (V8)

Purê de feijão-vermelho (página 236) com 1 ou 2 ovos mexidos e salsa

Café ou chá com leite desnatado e adoçante

Lanche da manhã

Talos de aipo com 2 colheres de sopa de creme de amendoim sem gordura trans

Almoço

Hambúrguer de peru grelhado com tomate e cebola sobre salada de agrião

2 colheres de sopa de molho Thousand Island (página 235) ou de qualquer molho preparado em casa com pouco açúcar

Lanche da tarde

1/2 xícara de *edamame* (soja verde) com sal marinho

Jantar

Stir-fry de camarão picante com repolho chinês (página 222)

Abóbora-espaguete com pimenta-do-reino e 2 colheres de sopa de vinagrete de limão (página 234)

Sobremesa

Creme de ricota com baunilha (página 238)

Dia 12

Café da manhã

170ml de suco de hortaliças (V8)

Omelete de queijo cheddar light

Tomates fatiados

Café ou chá com leite desnatado e adoçante

Lanche da manhã

Salmão defumado com fatias de pepino

Almoço

Sopa de feijão-branco à moda provençal (página 211)

Salada de endívias com nozes torradas e queijo de cabra light, 2 colheres de sopa de vinagrete Dijon (página 233) ou de qualquer molho preparado em casa com pouco açúcar

Lanche da tarde

Babaganuj com hortaliças cruas

Jantar

Costeleta de porco com acelga sauté (página 224)

Salada de alface roxa

2 colheres de sopa de molho de gorgonzola (página 232) ou de qualquer molho preparado em casa com pouco açúcar

Sobremesa

Suflê cremoso de ricota com limão e baunilha (página 239)

Dia 13

Café da manhã

170ml de suco de hortaliças (V8)

1 ou 2 ovos mexidos com hortaliças (refogue cogumelos, abobrinha e cebolas no azeite de oliva extravirgem antes de preparar os ovos mexidos)

Café ou chá com leite desnatado e adoçante

Lanche da manhã

Homus com pimentão vermelho, aipo e pepino cortados em fatias

Almoço

Atum em lata (conservado em água) com tomate e cebola sobre salada verde

2 colheres de sopa de molho cremoso de coentro (página 232) ou de qualquer molho preparado em casa com pouco açúcar

Lanche da tarde

1/4 de xícara de soja torrada

1 copo de 225ml de leite desnatado

Jantar

Carneiro com espinafre e grão-de-bico (página 226)

Berinjela assada com queijo parmesão

Sobremesa

Sorvete de limão e tomilho (página 247)

Dia 14

Café da manhã

Shake mocha (bata no liquidificador 1/2 xícara de leite desnatado, 1 xícara de iogurte natural desnatado, pó de café instantâneo a gosto, 2 colheres de sopa de calda de chocolate diet e 6 cubos de gelo)

Café ou chá com leite desnatado e adoçante

Lanche da manhã

Queijo cottage light temperado com ervas e fatias de pimentão verde e vermelho

Almoço

Escolha uma das sopas permitidas na Fase 1 (páginas 208-210)

Salada do chef (30g de presunto, 30g peito de peru e 30g de queijo light com salada verde)

2 colheres de sopa de molho cremoso de tomilho e mostarda Dijon (página 233) ou de qualquer molho preparado em casa com pouco açúcar

Lanche da tarde

Aspargos com 2 ovos cozidos fatiados e temperados com sal marinho

Jantar

Espetinho de frango grelhado, pimentão e cebola-roxa

Salada grega (pepinos fatiados, azeitonas e 30g de queijo *feta* light com salada verde)

2 colheres de sopa de vinagrete balsâmico (páginas 231-232) ou de qualquer molho preparado em casa com pouco açúcar

Sobremesa

Cheesecake de ricota com limão e pinhão (páginas 244-245)

Receitas dos cardápios da Fase 1

Picadinho de hortaliças

Tempo de preparo: 10 minutos – Tempo de cozimento: 15 minutos

Este picadinho fica delicioso com um ovo poché (ou com ovos preparados de outras maneiras), mas também pode ser usado como recheio de omelete. Tempere com ervas (secas ou frescas) de sua preferência.

1 colher de sopa de azeite de oliva extravirgem
1 cebola pequena picada
1 pitada de tomilho desidratado
1 pitada de páprica
1/8 de colher de chá de sal
1 pimentão vermelho pequeno cortado em cubos
4 champignons grandes picados grosseiramente
2 abobrinhas pequenas cortadas em cubos
1 dente de alho pequeno amassado

Numa frigideira grande, leve o azeite ao fogo médio a alto. Acrescente a cebola, o tomilho e a páprica. Diminua um pouco o fogo e deixe cozinhar, mexendo de vez em quando, por 7 minutos ou até que a cebola amoleça. Junte o sal, o pimentão, o champignon, a abobrinha e o alho. Tampe e deixe cozinhar por mais 4 minutos. Tire do fogo e sirva – sozinho ou com um ovo poché.

Rendimento: 4 porções

INFORMAÇÕES NUTRICIONAIS

Cada porção (sem ovo) contém: 59 calorias, 4g de gordura, 0,5g de gordura saturada, 2g de proteína, 6g de carboidrato, 2g de fibra, 81mg de sódio.

Cada porção (com ovo poché) contém: 77 calorias, 5g de gordura, 1g de gordura saturada, 3g de proteína, 6g de carboidrato, 2g de fibra, 99mg de sódio.

Tortilha de alcachofra

Tempo de preparo: 10 minutos – Tempo de cozimento: 50 minutos

Na Espanha e em algumas partes da América do Sul, as tortilhas são pratos semelhantes às fritadas, geralmente feitos com batata. Nesta variação, substituímos a batata por coração de alcachofra. Prepare para o café da manhã ou como entrada para um almoço ou jantar leve.

1 colher de sopa de azeite de oliva extravirgem
2 cebolas médias cortadas em fatias finas
2 dentes de alho amassados
1/4 de colher de chá de sal
90g de corações de alcachofra cortados em 4 partes
1/2 colher de chá de páprica
1/8 de colher de chá de pimenta-de-caiena
6 ovos grandes levemente batidos

Leve uma frigideira antiaderente ao fogo médio com o azeite. Acrescente a cebola, o alho e o sal. Cozinhe, mexendo de vez em quando, por 5 minutos ou até que a cebola comece a amolecer. Tampe, reduza o fogo e deixe cozinhar por mais 15 minutos para que a cebola fique bem macia.

Junte os corações de alcachofra, a páprica e a pimenta-de-caiena. Mantenha a frigideira destampada, por cerca de 5 minutos, até que as alcachofras estejam aquecidas. Despeje os ovos batidos sobre as hortaliças, tampe e cozinhe em fogo baixo por mais 20 minutos.

Destampe a frigideira e coloque sobre ela um prato grande. Vire a frigideira com cuidado, colocando a tortilha sobre o prato. Torne a virar a tortilha sobre a frigideira e continue a cozinhar por 5 a 7 minutos ou até que o fundo fique marrom-dourado. Transfira para uma travessa e corte em 4 partes. Sirva quente.

Rendimento: 4 porções

INFORMAÇÕES NUTRICIONAIS

Cada porção contém: 163 calorias, 2g de gordura saturada, 11g de proteína, 12g de carboidrato, 5g de fibra, 336mg de sódio.

Quiche de hortaliças

Tempo de preparo: 15 minutos – Tempo de cozimento: 25 minutos

Esta receita de quiche sem massa pode ser usada como base para qualquer combinação de hortaliças e queijos light. As quiches de hortaliça podem ser congeladas individualmente e aquecidas no microondas.

300g de espinafre picado
3/4 de xícara de queijo light ralado
3 ovos
1/4 de xícara de chá de pimentão verde em cubos
1/4 de xícara de chá de cebola em cubos
3 gotas de molho de pimenta (opcional)

Aqueça o forno a 175°C. Unte 6 fôrmas de quiche com margarina light.

Cozinhe o espinafre no microondas por 2,5 minutos na potência alta. Escorra o excesso de líquido.

Numa tigela grande, junte o espinafre, o queijo, os ovos, o pimentão, a cebola e o molho de pimenta (se for usar). Misture bem, antes de distribuir nas fôrmas.

Asse em fogo médio durante 20 minutos. Para ver se estão assadas, insira uma faca no centro – se sair limpa, as quiches estão prontas.

Rendimento: 6 porções

INFORMAÇÕES NUTRICIONAIS

Cada porção contém: 77 calorias, 3g de gordura, 2g de gordura saturada, 9g de proteína, 3g de carboidrato, 2g de fibra, 160mg de sódio.

Quiches para o café da manhã: Se você não tiver fôrmas para quiche, coloque a mistura em um refratário de 20 x 20cm, com pelo menos 22cm de diâmetro. Asse em fogo médio por 20 a 25 minutos ou até que a faca introduzida na massa saia limpa. Corte em 6 pedaços.

Gazpacho verde

Tempo de preparo: 30 minutos –
Tempo de resfriamento: 2 horas ou 1 noite

O abacate, que fornece gordura monoinsaturada a esta refrescante sopa fria, também lhe confere uma textura fantástica e um sabor maravilhoso. A alface pode ser de qualquer tipo: romana, crespa ou americana. Se preferir, use espinafre.

1,5kg de pepino picado, sem sementes e sem casca
2 xícaras de alface cortada em pedaços (cerca de 6 folhas)
1 pimentão verde pequeno picado, sem sementes
2 cebolinhas verdes picadas (tanto a parte verde quanto a branca)
1 dente de alho descascado
2 colheres de sopa de água
2 colheres de sopa de suco de limão fresco
1 colher de sopa de azeite de oliva extravirgem
1/4 de colher de chá de sal
1/8 de colher de chá de cominho em pó
Pimenta-de-caiena
1 abacate pequeno cortado em cubos

Leve ao liquidificador o pepino, a alface, o pimentão, a cebolinha, o alho, a água, o suco de limão, o azeite, o sal, o cominho e bata bem, fazendo um purê homogêneo. Ajuste o sal e tempere com a pimenta-de-caiena a gosto.

Transfira para uma tigela grande. Deixe o *gazpacho* esfriar por pelo menos 2 horas ou 1 noite. Quando estiver pronto para servir, descasque o abacate e corte-o em cubos. Divida a sopa em 4 tigelas, acrescente o abacate e sirva.

Rendimento: 4 porções

INFORMAÇÕES NUTRICIONAIS

Cada porção contém: 138 calorias, 11g de gordura, 1g de gordura saturada, 2g de proteína, 11g de carboidrato, 5g de fibra, 156 mg de sódio.

Variações: Experimente a pimenta *jalapeño* no lugar da pimenta-de-caiena ou coloque por cima um pouco de seu molho picante favorito (o ideal é que ele seja verde). Acrescente minitomates pelados ou coentro picado.

Sopa de tomate com hortaliças e favas

Tempo de preparo: 15 minutos – Tempo de cozimento: 15 minutos

Preparada com produtos básicos e nutritivos, esta sopa é rica em proteínas e é fácil de fazer. É uma boa escolha para as refeições noturnas e para ocasiões atribuladas.

1 colher de sopa de azeite de oliva extravirgem
1 cebola pequena picada
2 talos de aipo picados
4 dentes de alho picados
1/4 de colher de chá de manjericão
1/4 de colher de chá de orégano desidratado
1/4 de colher de chá de pimenta-malagueta em flocos
150g de cogumelos brancos (médios) cortados em 4 partes
1 abobrinha cortada em cubos
1 lata (450g) de favas lavadas e escorridas
1 lata (420g) de tomates pelados sem sal cortados em cubos
1 lata (240g) de molho de tomate
3/4 de xícara de água

Numa caçarola, aqueça o azeite em fogo médio. Acrescente a cebola, o aipo, o alho, o manjericão, o orégano e a pimenta. Cozinhe, mexendo de vez em quando, por 5 minutos. Junte o cogumelo, a abobrinha, o tomate, o molho de tomate e a água. Deixe levantar fervura e cozinhe ligeiramente, apenas para aquecer por igual. Sirva quente.

Rendimento: 4 porções

INFORMAÇÕES NUTRICIONAIS

Cada porção contém: 146 calorias, 4g de gordura, 0,5g de gordura saturada, 6g de proteína, 22g de carboidrato, 6g de fibra, 594mg de sódio.

SOPAS FÁCEIS PARA A FASE 1

Tomar um prato de sopa é uma ótima maneira de complementar uma refeição da Fase 1. Se a receita for mais protéica, como o caldo de peixe, pode substituir uma refeição principal. Quem está na Fase 2 ou 3 pode consumir estas sopas e as que estão nas páginas 283-286.

Sopa de feijão-preto: Leve ao fogo médio uma caçarola com 1 colher de sopa de azeite de oliva extravirgem. Acrescente 4 cebolinhas verdes picadas, 1 talo de aipo fatiado, 4 dentes de alho picados, 2 colheres de chá de cominho em pó, 1/4 de colher de chá de pimenta-de-caiena e 1 pitada de sal e de pimenta-do-reino moída na hora. Cozinhe, mexendo de vez em quando, até que as hortaliças fiquem macias. Acrescente 500g de feijão-preto cozido com o caldo, 500g de tomates em lata pelados, picados e com o sumo, e 1 1/2 xícara de caldo de galinha light. Deixe levantar fervura e cozinhe por 10 minutos. Transfira 2 xícaras da sopa para o liquidificador e bata até obter uma textura homogênea. Leve a sopa de volta para a panela e mexa para misturar. Deixe ferver novamente e cozinhe por mais 10 minutos. Tempere com 1 colher de sopa de suco de limão fresco e ajuste o sal. Sirva quente, acompanhada de molho de pimenta picante e cebolinha (à parte).

Creme de couve-flor. Leve ao fogo médio uma caçarola com 1 colher de sopa de azeite de oliva extravirgem. Acrescente 1 cebola pequena cortada em fatias finas e cozinhe, mexendo de vez em quando, até ficar macia, por mais ou menos 5 minutos. Adicione as flores e o caule picado de 1 couve-flor grande (cerca de 900g). Tampe e cozinhe por 5 minutos. Junte 4 xícaras de caldo de galinha light e deixe ferver. Cozinhe até que a couve-flor fique macia (em torno de 15 minutos). Transfira a sopa aos poucos para o liquidificador e bata. Despeje novamente na panela e adicione 1/4 de xícara de *sour cream* light (veja a receita na página 231) e 1/4 de colher de chá de noz-moscada, misturando bem. Tempere com sal e pimenta-do-reino a gosto e sirva quente. Ou leve à geladeira e sirva fria.

Canja de galinha com couve: Leve ao fogo médio uma caçarola com 1 colher de sopa de azeite de oliva extravirgem. Acrescente 1 cebola pequena cortada em fatias finas, 2 talos de aipo picados, 2 dentes de alho amassados e 1 pitada de sal e de pimenta-do-reino moída na hora. Deixe cozinhar, mexendo de vez em quando, até que a cebola amoleça (cerca de 7 minutos). Junte 1 maço grande de folhas de couve cortadas, misture e cozinhe por 1 minuto. Adicione 250g de peito de frango desossado e sem pele, cortado em cubos. Misture bem e cozinhe por mais 1 minuto. Acrescente 4 xícaras de caldo de galinha light. Deixe ferver e cozinhar por mais ou menos 7 minutos ou até que o peito de frango fique macio. Misture 3 colheres de sopa de salsa picada. Sirva quente.

***Bisque* gelada de tomate:** Leve ao fogo médio uma caçarola com 1 colher de sopa de azeite de oliva extravirgem. Acrescente 1 cebola-roxa pequena cortada em fatias finas, 2 dentes de alho picados, 1/4 de colher de chá de pimenta-malagueta em flocos e 1 pitada de sal e de pimenta-do-reino moída na hora. Cozinhe, mexendo de vez em quando, até que a cebola amoleça (cerca de 7 minutos). Junte 1 lata grande de tomates pelados, cortados em cubos e com o caldo, e 2 latas pequenas de suco de hortaliças (V8) com baixo teor de sódio. Deixe ferver e cozinhe por 15 minutos. Tire do fogo e espere esfriar até ficar na temperatura ambiente. Transfira para um recipiente com tampa e leve à geladeira. Pouco antes de servir, coloque metade da sopa no liquidificador e bata bem. Passe a sopa batida para uma tigela grande e misture com a outra metade. Acrescente 2 colheres de sopa de *sour cream* light (veja a receita na página 231) e sirva fria.

Creme de brócolis: Leve ao fogo médio uma caçarola com 1 colher de sopa de azeite de oliva extravirgem. Acrescente 1 cebola grande picada e 1 dente de alho picado. Cozinhe, mexendo de vez em quando, até que a cebola fique macia (cerca de 7 minutos). Adicione 500g de brócolis (flores e talos) picado grosseiramente, 1/8 de colher de chá de sal e uma pitada de pimenta-do-reino moída na hora e misture bem. Junte 2 xícaras de caldo de vegetais e 1/2 xícara de leite semidesnatado. Deixe levantar fervura, tampe parcialmente e reduza o fogo. Cozinhe até o brócolis ficar bem macio (em torno de 25 minutos). Transfira a sopa aos poucos para o liquidificador e bata bem. Recoloque a sopa na panela e misture 2 colheres de sopa de suco de limão fresco. Aqueça e sirva quente.

Sopa de pepino e hortelã: Bata no liquidificador 2 pepinos grandes descascados e picados, 1 xícara de iogurte natural desnatado, 3/4 de xícara de água fria, 1 colher de sopa de suco de limão fresco, 1/4 de colher de chá de sal e 1/4 de colher de chá de pimenta-do-reino moída na hora. Bata bem até obter um purê. Acrescente 1/4 de xícara de hortelã fresca picada e sirva.

Caldo de peixe: Leve ao fogo médio uma caçarola com 1 colher de sopa de azeite de oliva extravirgem. Acrescente 1 cebola média picada, 3 talos de aipo cortados, 90g de lombinho canadense picado e 1/4 de colher de chá de tomilho desidratado. Cozinhe, mexendo de vez em quando, até que as hortaliças fiquem macias e o lombo esteja ligeiramente tostado (cerca de 7 minutos). Adicione 225ml de caldo de camarão ou peixe light, 1 1/4 xícara de água e 1 xícara de leite semidesnatado. Junte 750g de bacalhau em tiras finas e 1 abobrinha em cubos. Deixe ferver e cozinhe até que o peixe fique opaco (em torno de 10 minutos). Desfaça os pedaços grandes de peixe com uma colher de pau. Tempere com pimenta-do-reino moída na hora e sirva quente.

Sopa de feijão-branco à moda provençal

Tempo de preparo: 10 minutos – Tempo de cozimento: 20 minutos

O manjericão, o alecrim e o tomilho dão a esta sopa um toque francês. Acrescente um pouco mais de caldo se preferir uma versão mais diluída. O caldo de galinha light pode substituir o caldo de legumes.

1 colher de sopa de azeite de oliva extravirgem
1 cebola pequena picada
1 talo de aipo cortado fino
2 dentes de alho descascados e amassados
1/2 colher de chá de manjericão desidratado
1/2 colher de chá de alecrim desidratado
1/4 de colher de chá de tomilho desidratado
1/4 de colher de chá de sal
1/2 kg de feijão-branco cozido e escorrido
1 1/2 xícara de caldo de legumes light
Pimenta-do-reino moída na hora

Leve ao fogo médio uma caçarola com o azeite. Acrescente a cebola, o aipo, o alho, o manjericão, o alecrim, o tomilho e o sal. Diminua o fogo e cozinhe, mexendo de vez em quando, por 15 minutos ou até que as hortaliças estejam macias.

Adicione o feijão-branco e misture bem. Com o auxílio de uma concha, transfira cerca de 3/4 da mistura de feijão-branco para o liquidificador. Junte o caldo de legumes e bata até obter um purê homogêneo. Leve a mistura de volta para a panela e deixe levantar fervura, apenas para aquecer. Tempere com sal e pimenta-do-reino a gosto. Sirva morna.

Rendimento: 4 porções

INFORMAÇÕES NUTRICIONAIS

Cada porção contém: 103 calorias, 4g de gordura, 1g de gordura saturada, 4g de proteína, 16g de carboidrato, 6g de fibra, 500mg de sódio.

Bolinhas de labne (coalhada seca)

Tempo de drenagem: 48 horas - Tempo de preparo: 10 minutos

O *labne* é uma espécie de iogurte espesso, muito popular no Oriente Médio. Quando moldado em bolinhas, como neste caso, fica com a textura semelhante à da mozarela light e serve como ótima opção para os lanches da Fase 1. Procure usar um iogurte espesso.

3 potes de iogurte desnatado e sem soro (de 120g cada)
1 colher de chá de sal
2 colheres de sopa de tempero italiano (orégano, manjericão, cominho, alho, salsa, canela, páprica)
Azeite de oliva extravirgem

Forre uma peneira com gaze e coloque-a sobre uma tigela grande. Em um recipiente pequeno, misture o iogurte e o sal. Com o auxílio de uma colher, coloque o iogurte na peneira. Cubra com papel-filme e leve à geladeira até ficar grosso (cerca de 48 horas). O resultado deve ser 1 1/2 xícara de iogurte escorrido. Descarte o líquido.

Coloque o tempero italiano em uma travessa rasa. Em um pedaço grande de papel-manteiga, disponha colheradas do iogurte e enrole, formando bolas pequenas. Role as bolinhas sobre o tempero italiano até cobri-las. Sirva imediatamente ou guarde em um recipiente fechado na geladeira por até uma semana. Para armazenamento mais longo, cubra com azeite de oliva extravirgem.

Rendimento: 24 unidades

INFORMAÇÕES NUTRICIONAIS

Cada bolinha contém: 13 calorias, 2g de proteína, 1g de carboidrato, 106mg de sódio e 0g de fibra e gordura.

Variação com ervas: Passe as bolinhas em hortelã, cebolinha verde ou salsa (ou em uma combinação das três) picadas. Ou polvilhe com pimenta-malagueta em flocos, pouco antes de servir.

Pasta de coalhada seca: Não faça bolinhas. Apenas acrescente ao *labne* cominho ou uma mistura de temperos de sua preferência e sirva para acompanhar hortaliças cruas.

ROLINHOS À LA SOUTH BEACH

Os rolinhos de alface são versáteis e podem ser consumidos em todas as fases da Dieta de South Beach. A combinação de proteínas e hortaliças ricas em fibras ajuda a afugentar a fome no meio da manhã e no fim da tarde. Práticos, os rolinhos de alface são ótimos para viagens ou mesmo para levar para o trabalho. Se preferir, prepare o recheio para o rolinho de camarão à Yucatán ou de peru ao curry com antecedência e mantenha congelado até a hora de usar.

Rolinho à Califórnia: Coloque sobre 1 folha grande de alface-romana ou roxa uma fatia de peito de peru, 1 fatia de presunto cozido, 1 fatia fina de tomate, 1 fatia fina de abacate, 1 colher de chá de suco de limão fresco, algumas folhas de agrião ou de rúcula e 1 colher de sopa de molho Ranch (páginas 234-235). Enrole a folha de alface, prenda com palitos e sirva.

Rolinho de peru ao curry: Misture 1 xícara de iogurte natural desnatado com 1/2 xícara de maionese light, 3 colheres de chá de curry em pó e 1/2 colher de chá de gengibre ralado. Junte 4 xícaras de peito de peru fatiado fino, 2 talos de aipo cortados em cubos, 1 pepino pequeno cortado em cubos, 3 colheres de sopa de cebola-roxa picada e 1/4 de xícara de salsa fresca picada. Tempere a gosto com sal e pimenta-do-reino moída na hora. Distribua o recheio sobre 8 folhas de alface-romana, enrole-as e prenda com palitos.

Rolinho de frango grelhado e pimentão vermelho assado: Fatie 180g de peito de frango grelhado desossado e sem pele e 3 pimentões vermelhos. Distribua as fatias de frango e de pimentão sobre 4 folhas grandes de alface-romana ou roxa. Polvilhe com 1/4 de xícara de queijo *feta* light picado e 2 cebolinhas verdes picadas. Enrole as folhas e prenda com palitos.

Rolinho de rosbife e raiz-forte: Misture 2 colheres de sopa de raiz-forte com 2 colheres de sopa de maionese light e distribua a mistura sobre 4 folhas grandes de alface-roxa ou crespa. Cubra com 2 fatias de rosbife e ramos de agrião. Enrole as folhas e prenda com palitos.

Rolinho de hortaliças e homus picante: Misture 4 xícaras de rúcula picada com 1 bulbo de erva-doce picado, 1 pepino grande cortado em fatias finas, 1 tomate grande picado, 3 colheres de sopa de suco de limão fresco, 1 colher de sopa de azeite de oliva extravirgem, sal a gosto e pimenta-do-reino moída na hora. Distribua as hortaliças sobre 8 folhas de alface-roxa. Cubra-as com 2 colheres de sopa de homus e espalhe bem. Tempere com molho de pimenta picante. Enrole as folhas e prenda com palitos.

Rolinho de camarão à Yucatán: Tempere 16 camarões com 1/4 de colher de chá de pimenta-de-caiena e uma pitada generosa de sal. Coloque-os no forno até que fiquem rosados. Depois, pique o camarão e misture com 1 tomate grande cortado, 1 abacate pequeno em cubos, 2 colheres de sopa de maionese light e 1 colher de sopa de suco de limão. Distribua a mistura sobre 8 folhas grandes de alface. Tempere com um pouco mais de sal. Enrole as folhas e prenda com palitos.

Frango marroquino com limão, abobrinha e azeitona verde

Tempo de preparo: 20 minutos – Tempo de cozimento: 25 minutos

Embora a lista de especiarias seja grande, a maioria delas é fácil de encontrar. Quando combinadas com um pouco de azeite de oliva extravirgem, elas formam uma camada úmida que escurece durante o cozimento, conferindo ao frango um sabor rico e exótico. Trata-se de uma versão da *ras al-hanout*, a saborosa mistura de temperos e ervas usada na culinária marroquina.

4 peitos de frango desossados e sem pele (180g)
1 colher de chá de cominho moído
1 colher de chá de gengibre moído
1/2 colher de chá de canela
1/2 colher de chá de pimenta-do-reino moída na hora
1/4 de colher de chá de pimenta-da-jamaica
1/4 de colher de chá de sal
1/8 de colher de chá de pimenta-de-caiena
1 limão
4 colheres de chá de azeite de oliva extravirgem
1 cebola pequena fatiada
350g de abobrinha cortada em fatias diagonais finas
1/3 de xícara de azeitonas verdes sem caroço
2 colheres de sopa de água
2 colheres de sopa de salsa picada

Coloque os peitos de frango entre folhas de papel-manteiga e bata com o martelo de cozinha até que fiquem com cerca de 0,5cm de espessura. Numa tigela pequena, misture o cominho, o gengibre, a canela, a pimenta-do-reino, a pimenta-da-jamaica, o sal, a pimenta-de-caiena e raspas da casca do limão. Esprema 1 colher de sopa de suco de limão e acrescente à mistura de especiarias, junto com 3 colheres de chá de azeite. Mexa bem até dar liga e espalhe sobre os dois lados da carne.

Leve ao fogo médio a alto uma frigideira antiaderente. Coloque os filés de frango e deixe por cerca de 3 a 4 minutos de cada lado para que fiquem tostados por fora e cozidos por dentro. Transfira para um prato e cubra com papel-alumínio para manter aquecido.

Acrescente o azeite restante à frigideira e leve-a de volta ao fogo médio a alto. Adicione as fatias de cebola e refogue, mexendo sem parar com uma colher de pau durante 3 minutos. Junte a abobrinha, as azeitonas, a água e pitadas extras de sal e pimenta-do-reino – e mexa bem. Depois tampe e cozinhe por 4 a 5 minutos até que a abobrinha fique macia. Tire a panela do fogo. Esprema um pouco mais de suco de limão sobre o frango e as hortaliças, decore com a salsa e sirva.

Rendimento: 4 porções

INFORMAÇÕES NUTRICIONAIS

Cada porção contém: 264 calorias, 8g de gordura, 1g de gordura saturada, 41g de proteína, 6g de carboidrato, 2g de fibra, 314mg de sódio.

Dica do chef: Se não quiser ter o trabalho de bater os filés de peito de frango, corte-os em tiras. Pode-se também substituir o frango por peito de peru.

Bolo caseiro de peru com cogumelos e feijão-branco

Tempo de preparo: 15 minutos – Tempo de cozimento: 15 minutos

Esta alternativa saudável ao tradicional bolo de carne moída leva feijão-branco, conferindo ao prato um novo sabor, além da riqueza das fibras. Sirva com mostarda Dijon à parte se quiser condimentar a receita.

2 colheres de chá de azeite de oliva extravirgem
1 1/2 xícara de cebola picada
1/2 colher de chá de tomilho desidratado
1/2 colher de chá de pimenta-de-caiena
1/2 colher de chá de páprica
1/2 colher de chá de sal
1/2 colher de chá de pimenta-do-reino moída na hora
350g de cogumelos picados
4 dentes de alho grandes picados
500g de feijão-branco cozido e escorrido
600g de peito de peru moído
2 ovos grandes
1/2 xícara de salsa picada
4 colheres de chá de molho inglês
2 colheres de chá de mostarda Dijon (e 1 porção extra para servir à parte)

Aqueça o forno a 190°C. Unte com margarina light uma fôrma para pão (de metal ou refratária) de cerca de 20 x 10 x 6,5cm.

Numa frigideira grande, aqueça o azeite de oliva em fogo médio a alto. Acrescente a cebola, o tomilho, a pimenta-de-caiena, a páprica, o sal e a pimenta-do-reino. Diminua o fogo e refogue por 5 minutos, mexendo de vez em quando. Adicione os cogumelos e o alho e continue mexendo até que a cebola amoleça e os cogumelos peguem o gosto (em torno de 5 minutos). Junte o feijão-branco cozido e misture bem. Transfira a mistura para um prato e deixe esfriar por 5 minutos.

Numa tigela grande, junte a mistura de feijão-branco já fria, o peito de peru moído, os ovos, a salsa e 2 colheres de chá de molho inglês. Misture bem com as mãos (molhadas, para facilitar) e depois ajeite na fôrma untada.

Misture a mostarda e o molho inglês restantes e reserve.

Asse o bolo de carne de peru na prateleira do meio do forno durante 50 minutos. Retire e pincele com a mistura de molho inglês e mostarda. Leve novamente ao forno para assar por mais 10 a 15 minutos. Retire e deixe descansar por 5 minutos antes de servir. Sirva com a mostarda Dijon à parte.

Rendimento: 6 porções

INFORMAÇÕES NUTRICIONAIS

Cada porção contém: 205 calorias, 5g de gordura, 1g de gordura saturada, 30g de proteína, 15g de carboidrato, 4g de fibra, 549mg de sódio.

Dica: Depois de assado, o bolo de carne de peru pode ser congelado por até 3 meses. Corte em porções individuais antes de congelar e aqueça no forno de microondas quando for consumir.

Bacalhau à moda mediterrânea

Tempo de preparo: 15 minutos – Tempo de cozimento: 30 minutos

Sirva o bacalhau em tigelas rasas e coma com colher de sopa para não perder nem uma gota do delicioso molho. A receita fica mais saborosa quando preparada com os pimentões *piquillo* espanhóis, mas pode-se usar pimentão vermelho em seu lugar.

1 colher de sopa de azeite de oliva extravirgem
1 abobrinha média cortada em fatias finas
1 cebola pequena picada
3 dentes de alho amassados
1 pitada de sal
Pimenta-do-reino moída na hora
1 lata pequena de tomates pelados, cortados em cubos e escorridos
1/2 xícara de pimentão vermelho assado, cortado em fatias finas
4 filés de bacalhau
2 colheres de sopa de salsa picada

Numa frigideira grande, aqueça o azeite no fogo médio. Junte a abobrinha, a cebola, o alho, o sal e a pimenta-do-reino e cozinhe por 10 minutos, mexendo de vez em quando. Acrescente o tomate e o pimentão e deixe ferver em fogo médio por mais 10 minutos.

Acomode os filés de bacalhau no molho e, com o auxílio de uma colher, cubra-os com a mistura. Tampe a frigideira e deixe no fogo até que o peixe esteja cozido (cerca de 10 minutos). Decore com a salsa e sirva quente.

Rendimento: 4 porções

INFORMAÇÕES NUTRICIONAIS

Cada porção contém: 216 calorias, 5g de gordura, 1g de gordura saturada, 32g de proteína, 8g de carboidrato, 2g de fibra, 489mg de sódio.

Salmão grelhado com tomate, espinafre e alcaparra

Tempo de preparo: 15 minutos – Tempo de cozimento: 10 minutos

Além de simples, elegante e delicioso, este prato – graças ao salmão – oferece uma boa dose de ômega-3, que protege o coração. Se considerarmos o tomate e o espinafre, ele apresenta ainda carotenóide licopeno, betacaroteno e folato. Prepare uma quantidade maior e use as sobras numa salada de salmão no dia seguinte.

4 filés de salmão de 180g cada (com a pele)
1 pitada de sal
Pimenta-do-reino moída na hora
1 colher de sopa de azeite de oliva extravirgem
1 cebola média picada
2 dentes de alho amassados
500g de tomates picados
90g de espinafre baby (3 xícaras)
1 colher de sopa de alcaparras lavadas e escorridas
1 limão cortado em 4 pedaços

Aqueça o forno. Unte um tabuleiro grande com margarina light.

No tabuleiro, coloque o salmão com a pele para cima, tempere com sal e pimenta-do-reino e asse sem virar por 8 a 10 minutos ou até o salmão ficar cozido.

Enquanto isso, leve uma caçarola grande ao fogo médio. Coloque o azeite, a cebola e o alho e deixe fritar um pouco (cerca de 7 minutos). Mexa de vez em quando até ficarem macios. Adicione o tomate, o espinafre e as alcaparras. Deixe cozinhar por mais 2 minutos. Tire a panela do fogo.

Transfira o salmão para os pratos. Com o auxílio de uma colher, coloque a mistura de tomate sobre o peixe, esprema os limões por cima e sirva quente.

Rendimento: 4 porções

INFORMAÇÕES NUTRICIONAIS

Cada porção contém: 386 calorias, 22g de gordura, 4g de gordura saturada, 36g de proteína, 10g de carboidrato, 3g de fibra, 273mg de sódio.

Truta crocante com noz-pecã

Tempo de preparo: 10 minutos – Tempo de cozimento: 20 minutos

A noz-pecã adiciona ainda mais proteínas e gorduras monoinsaturadas a este prato fácil de preparar, conferindo-lhe excelente sabor. Sirva a truta com aspargos grelhados e um pouco de alho e azeite de oliva extravirgem.

1/2 xícara de noz-pecã
1 colher de chá de alecrim desidratado
1 dente de alho
1/8 de colher de chá de pimenta-de-caiena
4 trutas inteiras (cerca de 350g cada uma) limpas e sem espinhas
1/4 de colher de chá de sal
1 clara de ovo grande ligeiramente batida
2 colheres de chá de azeite de oliva extravirgem

Aqueça o forno a 200°C. Forre um tabuleiro com papel-manteiga.

Num processador de alimentos, bata a noz-pecã, o alecrim, o alho e a pimenta-de-caiena até que fiquem bem finos. Transfira a mistura para uma travessa rasa.

Coloque as trutas abertas e com a pele para cima sobre o papel-manteiga.

Tempere o lado da pele com sal e pincele com a clara de ovo.

Polvilhe a mistura de noz-pecã sobre a clara de ovo e pressione para aderir. Regue com o azeite e leve para assar. O ideal é que a truta fique dourada e macia, o que deve levar mais ou menos 20 minutos.

Rendimento: 4 porções

INFORMAÇÕES NUTRICIONAIS

Cada porção contém: 382 calorias, 24g de gordura, 3g de gordura saturada, 38g de proteína, 3g de carboidrato, 2g de fibra, 248mg de sódio.

Stir-fry de camarão picante

Tempo de preparo: 20 minutos – Tempo de cozimento: 10 minutos

Comum na culinária asiática, o molho de *chili* com alho confere um sabor marcante a qualquer prato. Pode ser usado durante ou após o preparo quando se deseja um toque picante. Se possível, opte por uma marca que não contenha açúcar.

750g de camarões grandes sem casca e limpos
4 cebolinhas verdes fatiadas (separar a parte branca da verde)
2 dentes de alho picados
2 colheres de chá de óleo vegetal
1kg de couve-chinesa cortada em fatias
2 colheres de sopa de molho de soja light
2 colheres de sopa de molho de *chili* com alho

Numa tigela grande, junte o camarão, as partes brancas da cebolinha e o alho.

Numa panela *wok* (ou numa frigideira grande antiaderente), aqueça o óleo no fogo médio a alto. Acrescente a mistura de camarão. Deixe cozinhar por 3 a 4 minutos, mexendo de vez em quando. O camarão deve ficar rosado.

Transfira o camarão para uma tigela grande e leve a panela de volta ao fogo com a couve-chinesa. Tampe e cozinhe por 3 a 4 minutos até que a couve-chinesa fique macia e tostada. Escorra o líquido da panela e coloque a couve-chinesa na tigela com o camarão.

Leve novamente a panela ao fogo médio a alto com os molhos de soja e de *chili*. Misture bem e, quando levantar fervura, junte a mistura de camarão. Tire a panela do fogo e acrescente a parte verde da cebolinha. Sirva quente.

Rendimento: 4 porções

INFORMAÇÕES NUTRICIONAIS

Cada porção contém: 225 calorias, 6g de gordura, 1g de gordura saturada, 35g de proteína, 9g de carboidrato, 3g de fibra, 525mg de sódio.

Lombinho ao gengibre e mostarda

Tempo de preparo: 10 minutos – Tempo de cozimento: 35 minutos

Mostarda Dijon, *sour cream* light (veja a receita na página 231) e gengibre fresco formam uma cobertura saborosa para o lombinho. Prepare uma quantidade maior e fatie para servir no almoço do dia seguinte.

1 1/2 colher de sopa de mostarda Dijon

1 colher de sopa de *sour cream* light

1 colher de chá de gengibre fresco ralado

1/4 de colher de chá de tomilho desidratado

1 pitada de sal

1 lombinho de aproximadamente 750g

1 dente de alho grande picado

1 1/2 colher de chá de azeite de oliva extravirgem

Pimenta-do-reino moída na hora

Aqueça o forno a 230°C.

Numa tigela pequena, misture a mostarda, o *sour cream* light, o gengibre, o tomilho e o sal. Reserve.

Faça vários cortes pequenos no lombinho e insira pedaços de alho. Regue a carne com o azeite e tempere com sal e pimenta-do-reino.

Aqueça em fogo alto uma frigideira de ferro (ou qualquer outro tipo de recipiente que possa ir ao forno). Coloque o lombinho e doure todos os lados por cerca de 5 minutos. Tire a frigideira do fogo.

Esfregue a mistura de mostarda sobre o lombinho antes de transferir a frigideira para o forno. O ideal é colocar um termômetro no centro do lombinho e, quando ele registrar 65°C, assar por mais 30 minutos.

Ao retirar a assadeira do forno, passe a carne para uma tábua de corte, envolva em papel-alumínio e deixe descansar por 5 minutos antes de fatiar. Sirva quente ou na temperatura ambiente.

Rendimento: 4 porções

INFORMAÇÕES NUTRICIONAIS

Cada porção contém: 267 calorias, 11g de gordura, 3g de gordura saturada, 38g de proteína, 2g de carboidrato, 0g de fibra, 327mg de sódio.

Dica: Temperar a carne com alho antes do cozimento acentua seu sabor. A técnica também pode ser aplicada à carne de boi.

Costeleta de porco com acelga sauté

Tempo de preparo: 10 minutos – Tempo de cozimento: 15 minutos

A acelga é um vegetal crucífero folhoso que contém uma boa dose de betacaroteno, potássio e fibras. O melhor modo de prepará-la é retirar cerca de 2,5cm da parte inferior do talo, que é mais grossa, depois cortar o restante em fatias finas para usar junto com as folhas. Espinafre e couve podem substituir essa hortaliça se você quiser variar.

1kg de acelga
4 colheres de chá de azeite de oliva extravirgem
2 dentes de alho grandes picados
Raspas finas da casca de 1 limão
1/2 colher de chá de alecrim desidratado
4 costeletas de porco (180 a 240g cada)
1 pitada de sal
Pimenta-do-reino moída na hora
1 colher de sopa de água

Apare as pontas duras dos talos da acelga e corte em fatias finas. Separe as folhas e pique-as.

Numa tigela média, misture 2 colheres de chá de azeite, metade do alho, as raspas de limão e o alecrim. Adicione as costeletas de porco e vire de um lado para o outro. Tempere com sal e pimenta-do-reino.

Unte uma frigideira antiaderente com margarina light e leve ao fogo médio a alto. Junte as costeletas de porco e frite por 3 a 4 minutos de cada lado ou até ficarem no ponto. Transfira a carne para um prato e cubra com papel-alumínio para mantê-la aquecida.

Limpe a frigideira, acrescente o azeite restante e leve ao fogo médio. Adicione o alho reservado e cozinhe por 30 segundos antes de juntar os talos da acelga. Deixe por 1 a 2 minutos e acrescente as folhas e a água, mexendo sempre para misturar bem. Tampe e cozinhe até as folhas murcharem (cerca de 3 a 4 minutos). Tempere com sal e pimenta-do-reino e um pouco do suco de limão.

Sirva as costeletas com o molho e a acelga à parte.

Rendimento: 4 porções

INFORMAÇÕES NUTRICIONAIS

Cada porção contém: 295 calorias, 14g de gordura, 4g de gordura saturada, 35g de proteína, 8g de carboidrato, 3g de fibra, 560mg de sódio.

Shepherd's pie à la South Beach

Tempo de preparo: 10 minutos – Tempo de cozimento: 50 minutos

Você é fã de torta de carne moída com purê, ervilhas e queijo? Então vai adorar a versão South Beach da receita clássica de *Shepherd's pie*, que é feita com carne de carneiro e batata. O *edamame* (soja fresca) substitui com brilho as ervilhas, acrescentando textura e proteína, enquanto a couve-flor amassada com queijo cheddar light recria o crocante do queijo parmesão sobre o purê de batata original.

500g de couve-flor

1 colher de sopa de azeite de oliva extravirgem

1 cebola grande picada

2 dentes de alho picados

500g de carne moída magra

2 xícaras de *edamame* sem casca (300g)

1/2 xícara de caldo de carne light

2 colheres de chá de molho inglês

2 pitadas de sal

1/2 colher de chá de pimenta-do-reino moída na hora

2 colheres de sopa de *sour cream* light (veja a receita na página 231)

gema de 1 ovo grande

1/2 xícara de queijo cheddar light picado

Aqueça o forno a 175°C. Unte uma caçarola com capacidade para 2 litros com margarina light.

Leve uma caçarola média ao fogo com água e deixe ferver. Acrescente a couve-flor e cozinhe. Escorra e transfira para uma tigela grande.

Numa frigideira grande, aqueça o azeite em fogo médio. Adicione a cebola e o alho. Cozinhe, mexendo de vez em quando, até que fiquem translúcidos, por cerca de 5 minutos. Acrescente a carne moída e refogue por 3 minutos. Junte o *edamame* e cozinhe por 3 minutos. Misture o caldo e o molho inglês. Tempere com a pimenta-do-reino e 1 pitada de sal. Transfira a mistura de carne para a caçarola.

Junte a couve-flor, o *sour cream*, a gema de ovo e 1 pitada de sal na batedeira para processar. Com o auxílio de uma colher, distribua a mistura sobre a carne. Adicione o queijo cheddar e asse por 20 a 25 minutos ou até dourar por cima. Sirva quente.

Rendimento: 4 porções

INFORMAÇÕES NUTRICIONAIS

Cada porção contém: 367 calorias, 16g de gordura, 5g de gordura saturada, 37g de proteína, 18g de carboidrato, 4g de fibra, 324mg de sódio.

Carneiro com espinafre e grão-de-bico

Tempo de preparo: 10 minutos – Tempo de cozimento: 12 minutos

Esse prato rústico é perfeito para noites frias. Para economizar tempo, peça ao açougueiro para limpar e cortar o carneiro.

1 pernil de carneiro de 750g, limpo e cortado em pedaços de cerca de 2,5cm
1 cebola pequena picada
2 dentes de alho picados
1/2 colher de chá de pimenta-de-caiena
1/2 colher de chá de canela em pó
1/2 colher de chá de cominho em pó
1/4 de colher de chá de pimenta-do-reino moída na hora
1 limão (raspar a casca e cortá-lo ao meio)
2 colheres de chá de azeite de oliva extravirgem
350g de grão-de-bico lavado e escorrido
350g de espinafre baby (o equivalente a 12 xícaras)
1/4 de colher de chá de sal

Numa tigela grande, junte o carneiro, a cebola, o alho, a pimenta-de-caiena, a canela, o cominho, a pimenta-do-reino, as raspas de limão e o azeite.

Unte uma frigideira antiaderente grande com margarina light e leve ao fogo médio a alto para aquecer. Adicione a carne temperada e vire, por 5 a 6 minutos, até que ela fique dourada por fora e ainda rosada por dentro. Transfira para um prato e cubra com papel-alumínio para manter aquecida.

Ainda com a panela no fogo médio a alto, junte o grão-de-bico e o espinafre aos poucos e cozinhe até o espinafre murchar (cerca de 3 a 5 minutos). Recoloque o carneiro na panela e mexa para misturar e reaquecer. Tire a panela do fogo e arrume a carne em uma travessa. Tempere com sal e gotas generosas de limão. Sirva quente.

Rendimento: 4 porções

INFORMAÇÕES NUTRICIONAIS

Cada porção contém: 389 calorias, 12g de gordura, 4g de gordura saturada, 41g de proteína, 30g de carboidrato, 8g de fibra, 642mg de sódio.

Mussacá vegetariana

Tempo de preparo: 15 minutos –
Tempo de cozimento: 60 minutos – Tempo de descanso: 15 minutos

Esta *mussacá* tem tanto recheio e sabor que você não sentirá falta da carne. As lentilhas fornecem proteína e fibras, além de serem supersaborosas.

1 berinjela grande cortada em rodelas finas
1 xícara de margarina light
2 colheres de chá de azeite de oliva extravirgem
1 cebola grande picada
4 dentes de alho picados
1 lata (450g) de lentilhas lavadas e escorridas
1 lata (450g) de tomates pelados cortados em cubos e com o caldo
1/4 de xícara de salsa picada
1 colher de chá de orégano desidratado
1/4 de colher de chá de canela em pó
1/4 de colher de chá de sal
Pimenta-do-reino moída na hora
2 ovos grandes
1/4 de xícara de queijo parmesão ralado na hora
1/4 de colher de chá de noz-moscada moída na hora

Aqueça o forno a 220°C.

Cubra as fatias de berinjela com uma camada fina de margarina light e arrume em um tabuleiro. Coloque para assar por 20 a 25 minutos até que fiquem macias e douradas. Depois desse tempo, diminua a temperatura do forno para 180°C.

Enquanto isso, use uma caçarola grande para aquecer o azeite em fogo médio. Acrescente a cebola e o alho e deixe cozinhar por cerca de 5 minutos, mexendo de vez em quando até a cebola ficar translúcida. Junte a lentilha, o tomate com o caldo, a salsa, o orégano, a canela, o sal e a pimenta-do-reino. Deixe levantar fervura e cozinhe por 10 minutos para engrossar um pouco.

Enquanto a berinjela e a lentilha estiverem no fogo, misture 1/2 xícara de margarina light, os ovos, metade do queijo parmesão e a noz-moscada.

Unte um refratário de cerca de 20 x 20cm com margarina light e arrume uma camada de fatias de berinjela. Espalhe metade da mistura de lentilha por cima. Repita a operação com o restante da berinjela e a mistura de lentilha, terminando com uma camada de berinjela. Distribua a mistura de margarina light e ovos por cima e polvilhe o restante do queijo parmesão.

Cubra com papel-alumínio e leve ao forno por 20 minutos. Retire o papel-alumínio e asse por 10 a 15 minutos (ou até dourar por cima).

Deixe descansar por 15 minutos antes de cortar. Sirva quente.

Rendimento: 4 porções

INFORMAÇÕES NUTRICIONAIS

Cada porção contém: 230 calorias, 7g de gordura, 2g de gordura saturada, 14g de proteína, 30g de carboidrato, 12g de fibra, 296mg de sódio.

Prepare com antecedência: A *mussacá* é um ótimo prato para se preparar com antecedência e congelar – basta dobrar ou triplicar a receita e cortar em porções menores. Pode ser armazenada no freezer por até 3 meses. Antes de servir, descongele em temperatura ambiente e aqueça no forno de microondas ou no forno convencional.

Chili de hortaliças

Tempo de preparo: 15 minutos – Tempo de cozimento: 40 minutos

Para que este *chili* vegetariano fique ainda mais saudável, acrescente uma porção de iogurte natural desnatado como acompanhamento. Passe azeite no pão-árabe integral cortado em triângulos e polvilhe com tempero italiano e pimenta-de-caiena antes de colocar para assar. Sirva com o *chili* ou esfarele e jogue por cima.

1 colher de sopa de azeite de oliva extravirgem
2 pimentões (de qualquer cor) cortados
1 1/2 xícara de cogumelos cortados
1 cebola grande picada
2 talos de aipo cortados
3 dentes de alho picados
1 colher de sopa de pimenta *chili* ou *jalapeño* em pó
1 colher de sopa de orégano desidratado
1 colher de chá de cominho em pó
1/4 de colher de chá de sal
500g de feijão-fradinho cozido
1 lata (450g) de tomates pelados sem sal cortados em cubos e com o caldo

Numa caçarola grande, aqueça o azeite no fogo médio. Acrescente os pimentões, os cogumelos, a cebola, o aipo e o alho e deixe cozinhar por cerca de 7 minutos ou até que as hortaliças fiquem macias. Adicione a pimenta *chili*, o orégano, o cominho e o sal e deixe por mais 5 minutos. Mexa de vez em quando. Junte o feijão-fradinho e o tomate com o caldo espere levantar fervura. Mexa enquanto espera o *chili* soltar seu aroma e a mistura ficar mais espessa (cerca de 25 a 30 minutos). Sirva quente.

Rendimento: 4 porções

INFORMAÇÕES NUTRICIONAIS

Cada porção contém: 229 calorias, 5g de gordura, 5g de gordura saturada, 11g de proteína, 35g carboidrato, 12g fibra, 501mg de sódio.

Salada de "batata" de palmito

Tempo de preparo: 10 minutos

O palmito substitui com louvor a batata nesta salada refrescante. O molho pode ser servido também com hambúrguer, frango ou peixe grelhado. Experimente usar coentro, açafrão, manjericão ou salsa junto com a cebolinha ou em seu lugar. O ideal é que os temperos sejam frescos.

2 colheres de chá de suco de limão fresco
1 colher de chá de mostarda Dijon
1 dente de alho pequeno amassado
1 colher de sopa de azeite de oliva extravirgem
2 latas (420g) de palmito escorrido e cortado em fatias finas
2 colheres de sopa de cebolinha verde picada
Pimenta-do-reino moída na hora

Misture o suco de limão, a mostarda e o alho numa tigela grande.

Junte o azeite, de forma lenta e contínua, sem parar de mexer. Adicione o palmito e a cebolinha. Mexa para incorporar o molho. Tempere com pimenta-do-reino a gosto e sirva.

Rendimento: 4 porções

INFORMAÇÕES NUTRICIONAIS

Cada porção contém: 77 calorias, 4g de gordura, 0,5g de gordura saturada, 4g de proteína, 8g de carboidrato, 4g de fibra, 665mg de sódio.

MOLHOS RÁPIDOS E FÁCEIS DE FAZER

Os molhos para salada feitos em casa, preparados com azeite de oliva extravirgem monoinsaturado ou óleo de canola e outros ingredientes saudáveis, podem transformar uma salada comum na estrela de qualquer refeição. Com exceção do vinagrete de cominho com laranja e do molho de cenoura e gengibre (exatamente como servido nos restaurantes japoneses), que são para as Fases 2 e 3, todas as outras receitas servem para todas as fases. Cada uma delas rende o suficiente para uma semana. Recomendamos usar, no máximo, 2 colheres de sopa por refeição. Para facilitar, prepare e armazene o molho em um recipiente de plástico ou de vidro com tampa. Agite antes de usar. Damos sugestões específicas para a utilização destes molhos nos cardápios das Fases 1 e 2, mas sinta-se à vontade para escolher os que preferir.

***Sour cream* light**: Coloque 1 lata de creme de leite light numa vasilha e bata com um batedor de arame, acrescentando um pouco de suco de limão. Prove e vá adicionando mais suco de limão, sempre experimentando, até obter o nível de acidez desejado (o *sour cream* nada mais é do que um creme de leite azedo).

Molho Salsa: Junte 375g de tomates-cereja descascados e picados, 2 pimentas *chili* (podem ser substituídas por *jalapeño*), 1/4 de cebola em fatias finas, 1/3 de xícara de coentro e sal a gosto. Coloque os tomates, as pimentas, a cebola e a água no liquidificador. Bata rapidamente, deixando pedaços. Junte o coentro, tempere com o sal e bata até obter um purê. Prove e corrija o sal. Pode ser usado imediatamente ou guardado na geladeira por até 3 dias.

Vinagrete balsâmico: Junte 3 colheres de sopa de vinagre balsâmico, 1 colher de sopa de mostarda Dijon, 1 dente de alho pequeno picado, 1 colher de chá de chalota ou de cebola-roxa picada e 1 pitada de tomilho. Acrescente 1/2 xícara de azeite de oliva extravirgem e misture bem. Tempere com sal e pimenta-do-reino moída na hora.

Molho de gorgonzola: Misture 1/2 xícara de maionese light, 2 colheres de sopa de queijo gorgonzola esfarelado, 1 colher de sopa de suco de limão fresco e 1/2 colher de chá de molho de pimenta. Acrescente 1/4 de xícara de creme de leite light, bata e tempere com sal e pimenta-do-reino moída na hora.

Molho Caesar: Misture 2 colheres de sopa de suco de limão fresco, 3 filés de anchova picados, 1 dente de alho amassado e 1 colher de chá de mostarda Dijon. Acrescente lentamente 1/2 xícara de azeite de oliva extravirgem, sem parar de mexer. Adicione 2 colheres de sopa de queijo parmesão fresco ralado e tempere com sal e pimenta-do-reino moída na hora.

Molho de cenoura e gengibre (permitido apenas nas Fases 2 e 3): Leve ao liquidificador 1/4 de xícara de cenoura finamente ralada, 3 colheres de sopa de cebolinha verde cortada em fatias finas, 2 colheres de sopa de suco de limão fresco, 2 colheres de sopa de *mirin* (saquê para uso culinário), 2 colheres de sopa de vinagre de arroz, 1 colher de sopa de molho de soja light, 2 colheres de chá de gengibre fresco ralado e 1 colher de chá de óleo de gergelim. Misture bem.

Vinagrete de champanhe: Misture 3 colheres de sopa de vinagre de champanhe e 3 colheres de chá de mostarda Dijon. Batendo lentamente, junte 1/3 de xícara de azeite de oliva extravirgem, 1 colher de sopa de água quente e 1 cebolinha verde pequena picada. Tempere com sal e pimenta-do-reino moída na hora.

Molho cremoso de coentro: Misture 1/2 xícara de iogurte natural desnatado, 1/4 de xícara de coentro fresco picado, 3 colheres de sopa de suco de limão fresco e 2 colheres de sopa de azeite de oliva extravirgem. Tempere com sal e pimenta-do-reino moída na hora.

Molho cremoso de tomilho e mostarda Dijon: Misture 1/4 de xícara de iogurte natural desnatado, 3 colheres de sopa de maionese light, 1 1/2 colher de mostarda Dijon, 1 colher de sopa de leite semidesnatado e 1 pitada de tomilho desidratado. Tempere com sal e pimenta-do-reino moída.

Molho cremoso de limão e aneto: Misture 1/4 de xícara de iogurte natural desnatado, 3 colheres de sopa de maionese light, 1 colher de sopa de leite semidesnatado, 1 colher de sopa de aneto fresco picado, 1 colher de chá de casca de limão ralada na hora e 1 colher de chá de cebola-roxa picada. Tempere com sal e pimenta-do-reino moída na hora.

Vinagrete Dijon: Misture 3 colheres de sopa de vinagre de vinho tinto, 2 colheres de sopa de cebola-roxa picada, 1 colher de sopa de mostarda Dijon e 1 dente de alho picado. Junte, lentamente e sem parar de mexer, 1/3 de xícara de azeite de oliva extravirgem. Tempere com sal e pimenta-do-reino moída na hora.

Vinagrete de ervas frescas: Misture 3 colheres de sopa de vinagre de vinho tinto, 2 colheres de sopa de cebola-roxa picada, 1 colher de sopa de mostarda Dijon, 1 dente de alho picado, 1 colher de sopa de salsa picada e 1 colher de sopa de manjericão, manjerona, orégano ou tomilho picados. Junte, lentamente e sem parar de bater, 1/3 de xícara de azeite de oliva extravirgem. Tempere com sal e pimenta-do-reino moída na hora.

Molho verde das deusas: Leve ao liquidificador 1/2 abacate médio, 3 colheres de sopa de maionese light, 3 colheres de sopa de iogurte natural desnatado, 1 colher de sopa de água, 2 cebolinhas verdes picadas e 1 dente de alho pequeno. Bata até obter uma pasta homogênea. Acrescente 2 colheres de sopa de manjericão fresco picado, 1 colher de sopa de salsa fresca picada, 1 colher de sopa de manjerona fresca picada e 2 colheres de sopa de suco de limão fresco e bata novamente. Tempere com sal e pimenta-do-reino moída na hora.

Vinagrete de limão: Misture 3 colheres de sopa de suco de limão fresco, 1 1/2 colher de chá de mostarda Dijon, 1 dente de alho picado e 1 colher de chá de orégano. Acrescente, aos poucos e sem parar de mexer, 1/2 xícara de azeite de oliva extravirgem. Tempere com sal e pimenta-do-reino moída na hora. Adicione 1 pitada de adoçante em pó se desejar.

Molho de aneto com limão: Misture 3 colheres de sopa de suco de limão fresco, 1 colher de sopa de aneto bem picado, 1 1/2 xícara de chá de mostarda Dijon e 1 dente de alho picado. Acrescente, lentamente e sem parar de mexer, 1/2 xícara de azeite de oliva extravirgem. Tempere com sal e pimenta-do-reino moída na hora.

Vinagrete de limão com cominho: Misture 3 colheres de sopa de suco de limão, 1 dente de alho picado, 1 pitada de cominho moído e 1 pitada de adoçante em pó. Acrescente, lentamente e sem parar de mexer, 1/3 de xícara de azeite de oliva extravirgem. Tempere com sal e pimenta-do-reino moída na hora.

Vinagrete de hortelã: Misture 1/3 de xícara de folhas frescas de hortelã picadas, 1/3 de xícara de vinagre de vinho branco e 2 colheres de sopa de cebola-roxa picada. Acrescente, lentamente e sem parar de mexer, 1/4 de xícara de azeite de oliva extravirgem. Tempere com sal e pimenta-do-reino moída na hora.

Vinagrete de cominho com laranja (permitido apenas nas Fases 2 e 3): Misture 1/4 de xícara de suco de laranja fresco, 3 colheres de sopa de suco de limão, 1 colher de sopa de cebola-roxa picada, 1 dente de alho picado, 2 colheres de chá de mostarda Dijon, 1 colher de chá de casca de laranja ralada na hora e 1 pitada generosa de cominho em pó. Acrescente, lentamente e sem parar de mexer, 1/2 xícara de azeite de oliva extravirgem. Tempere com sal e pimenta-do-reino moída na hora.

Molho Ranch: Misture 1/4 de xícara de creme de leite light, 2 colheres de sopa de maionese light, 2 colheres de sopa de *sour cream* light (veja a receita na página 231), 1 colher de sopa de vinagre de vinho tinto, 1 colher de sopa de cebolinha verde picada, 1 colher de chá de manjericão picado, 1 colher de chá de mostarda em pó, 1/4 de colher de chá de tomilho e 1 pitada de adoçante em pó se desejar. Tempere com sal e pimenta-do-reino moída na hora.

Molho de soja com gengibre: Misture 2 colheres de sopa de molho de soja light, 2 colheres de sopa de vinagre de vinho de arroz, 1 1/2 colher de chá de gengibre fresco ralado e 1 dente de alho picado. Acrescente, lentamente e sem parar de mexer, 1/4 de xícara de óleo de canola.

Vinagrete picante de cominho com limão: Misture 3 colheres de sopa de suco de limão fresco, 1 1/2 colher de sopa de mostarda Dijon, 1 colher de sopa de molho de pimenta, 1 dente de alho picado e 1/4 de colher de chá de cominho em pó. Acrescente, lentamente e sem parar de mexer, 1/2 xícara de azeite de oliva extravirgem. Tempere com sal e pimenta-do-reino moída na hora. Adicione 1 pitada de adoçante em pó se desejar.

Vinagrete picante de tomate: Bata no liquidificador 3/4 de xícara de tomates pelados picados, 3 colheres de sopa de vinagre de vinho branco, 1 1/2 colher de chá de mostarda Dijon e 1 colher de chá de molho de pimenta. Tempere com sal e pimenta-do-reino moída na hora.

Molho Thousand Island: Misture 1/2 xícara de maionese light, 2 colheres de sopa de molho de *chili* com alho, 2 colheres de sopa de pimentão vermelho assado e picado, 1 1/2 colher de sopa de aneto picado, 1 colher de sopa de alcaparras picadas e 1 colher de sopa de cebolinha verde picada. Tempere com molho de pimenta a gosto.

Vinagrete de tomate com manjericão: Bata no liquidificador 3/4 de xícara de tomates sem casca picados, 3 colheres de sopa de vinagre branco, 1 1/2 colher de chá de manjericão, 1 1/2 colher de chá de tomilho e 1 1/2 colher de chá de mostarda Dijon. Tempere com sal e pimenta.

Purê de feijão-vermelho

Tempo de preparo: 10 minutos – Tempo de cozimento: 12 minutos

Saudável e rico em fibras, o purê de feijão-vermelho pode ser armazenado em um recipiente tampado na geladeira por até 3 dias. Se preferir, use feijão-branco ou mulatinho. Dobre esta receita e aproveite o que sobrar no preparo de bolinhos para o café da manhã.

1 colher de sopa de azeite de oliva extravirgem
1 cebola grande cortada em fatias finas
3 dentes de alho picados
500g de feijão-vermelho cozido, lavado e escorrido
1/2 xícara de caldo de legumes light
1/4 de colher de chá de sal
3 colheres de sopa de coentro ou de salsa fresca picada (opcional)
Pimenta-do-reino moída na hora

Numa caçarola, aqueça o azeite em fogo médio. Acrescente a cebola e o alho e deixe cozinhar por cerca de 7 minutos, mexendo de vez em quando. Quando ficarem macios, junte o feijão-vermelho cozido, o caldo de legumes e o sal. Deixe ferver e cozinhe por 5 minutos. Tire a panela do fogo e adicione o coentro (ou a salsa). Use o espremedor de batata para fazer o purê. Tempere com pimenta-do-reino a gosto. Sirva quente.

Rendimento: 4 porções

INFORMAÇÕES NUTRICIONAIS
Cada porção contém: 132 calorias, 4g de gordura, 0,5g de gordura saturada, 6g de proteína, 19g de carboidrato, 7g de fibra, 568mg de sódio.

Bolinhos de feijão-vermelho: Aproveite as sobras do purê e faça bolinhos com o auxílio de uma colher de sopa. Aqueça 2 colheres de sopa de azeite de oliva extravirgem numa frigideira grande em fogo médio e frite os bolinhos por cerca de 3 minutos de cada lado.

Purê-surpresa de South Beach

Tempo de preparo: 15 minutos – Tempo de cozimento: 20 minutos

Este é um clássico da Dieta de South Beach. Experimente as variações apresentadas abaixo ou invente a sua.

750g de couve-flor cortada em pedaços grandes (somente as flores)
3 dentes de alho
400ml de caldo de galinha light
1 pitada de sal
Pimenta-do-reino moída na hora
2 colheres de sopa de cebolinha verde picada

Leve ao fogo a couve-flor, o alho e o caldo de galinha numa caçarola grande. Se o caldo não cobrir a couve-flor, acrescente água. Depois que levantar fervura, diminua o fogo e deixe cozinhar por 12 minutos (ou até que a couve-flor fique macia). Reserve 2 colheres de sopa do caldo do cozimento e escorra a couve-flor e o alho.

Leve ao processador de alimentos e bata até obter a consistência de purê. Para deixá-lo mais cremoso, adicione parte do líquido reservado. Tempere com sal e pimenta-do-reino a gosto. Um pouco antes de servir, junte a cebolinha. Sirva quente.

Rendimento: 4 porções

INFORMAÇÕES NUTRICIONAIS

Cada porção contém: 90 calorias, 1g de gordura, 0g de gordura saturada, 8g de proteína, 12g de carboidrato, 4g de fibra, 183mg de sódio.

Variações: Depois que o purê estiver pronto, adicione pedaços de queijo cheddar light ou uma pequena quantidade de queijo parmesão ralado. Misture peito de peru cozido picado, salsa fresca picada ou manjericão picado, além da cebolinha ou para substituí-la.

Creme de ricota com baunilha

Tempo de preparo: 5 minutos – Tempo de resfriamento: 2 horas

Esta receita pode ser facilmente dobrada, triplicada ou quadruplicada. Para preparar quantidades maiores, use uma batedeira elétrica para obter uma textura mais cremosa.

1/2 xícara de ricota
1/4 de colher de chá de essência de baunilha
1 envelope de adoçante

Misture a ricota, a essência de baunilha e o adoçante em uma vasilha. Sirva imediatamente ou leve à geladeira por 2 horas.

Rendimento: 1 porção

INFORMAÇÕES NUTRICIONAIS

Cada porção contém: 178 calorias, 10g de gordura, 6g de gorduras saturadas, 14g de proteína, 7g de carboidratos, 0g de fibra, 155mg de sódio.

Variação com o seu sabor favorito: Use 1/4 de colher de chá de sua essência favorita – amêndoas, nozes, água de rosas, menta ou rum – no lugar da baunilha. Para dar um toque extra, adicione 1 colher de chá de amêndoas torradas antes de servir.

Variação com café e cacau: Adicione 1/4 de colher de chá de cacau em pó (sem açúcar). Polvilhe a cobertura com pó de café.

Variação com raspas de limão: Adicione 1/4 de colher de chá de casca de limão ralada.

Suflê cremoso de ricota com limão e baunilha

Tempo de preparo: 15 minutos – Tempo de cozimento: 15 minutos

Este suflê fofinho é uma variação elegante do clássico creme de ricota e é muito fácil de fazer. O ideal é assar e servir imediatamente.

1 xícara de ricota
2 ovos grandes (claras e gemas separadas)
2 colheres de sopa de adoçante em pó
2 colheres de chá de casca de limão ralada
1/2 colher de chá de suco de limão
1/2 colher de chá de essência de baunilha
1 pitada de sal

Preaqueça o forno a 190°C. Unte com margarina light quatro fôrmas refratárias para suflê (*ramekins*) de 115ml.

Numa tigela grande, misture a ricota, as gemas, 1 colher de sopa de adoçante, a casca ralada e o suco do limão e a essência de baunilha.

Use outra tigela para bater, com a batedeira elétrica, as claras e o sal até que se formem picos macios (cerca de 2 a 3 minutos). Acrescente o restante do adoçante e continue a bater até o ponto de suspiro. Adicione 1/3 das claras batidas à mistura de ricota e mexa. Depois repita a operação com o restante das claras.

Com o auxílio de uma colher, coloque a mistura de ricota nas fôrmas. Asse por 15 minutos para que os suflês cresçam e fiquem ligeiramente dourados. Sirva imediatamente.

Rendimento: 4 porções

INFORMAÇÕES NUTRICIONAIS

Cada porção contém: 130 calorias, 7g de gordura, 4g de gordura saturada, 10g de proteína, 5g de carboidrato, 0g de fibra, 180 mg de sódio.

Custard de ricota

Tempo de preparo: 10 minutos –
Tempo de cozimento: 45 minutos – Tempo de resfriamento: 2 horas ou 1 noite

Um simples toque de canela deixa este creme com sabor de arroz-doce – só que sem o arroz.

3/4 de xícara de ricota
120g de *cream cheese* light na temperatura ambiente
1/4 de xícara de adoçante em pó
1 ovo grande
1 clara de ovo grande
1/4 de xícara de margarina light
1/4 de xícara de chá de essência de baunilha
Canela em pó

Aqueça o forno a 120°C.

Use uma tigela grande para bater, com a batedeira elétrica em velocidade média, a ricota e o *cream cheese* até formar um creme. Junte o adoçante e bata novamente. Adicione o ovo, a clara, a margarina e a baunilha e volte a bater para misturar bem os ingredientes.

Transfira a pasta para 4 fôrmas refratárias para suflê (*ramekins*) de 240ml, coloque-as num tabuleiro e acrescente água quente até a altura de 2,5cm. Leve ao forno em banho-maria por cerca de 45 minutos. Deixe esfriar, salpique canela e sirva. Outra opção é manter na geladeira por 2 horas ou 1 noite e servir gelado.

Rendimento: 4 porções

INFORMAÇÕES NUTRICIONAIS

Cada porção contém: 128 calorias, 5g de gordura, 3g de gordura saturada, 12g de proteína, 7g de carboidrato, 9g de fibra, 283mg de sódio.

Custard de café

Tempo de preparo: 10 minutos – Tempo de cozimento: 12 minutos – Tempo de resfriamento: 3 horas ou 1 noite

Os amantes do café não vão resistir a este creme aromatizado com pó de café *espresso*. Pó de *espresso* descafeinado ou de café instantâneo também valem.

1 1/2 xícara de leite semidesnatado
2 ovos grandes batidos
3 colheres de sopa de adoçante em pó
2 colheres de chá de pó de café *espresso*
1 colher de chá de essência de baunilha
Canela em pó
Rodelas de limão para decorar

Misture o leite, os ovos, o adoçante, o pó de café e a essência de baunilha em uma vasilha. Distribua a mistura em 4 fôrmas de 180ml. Coloque-as numa frigideira alta e encha de água até à metade da altura da fôrma. Espere a água ferver, diminua o fogo e cubra a frigideira com papel-alumínio. Cozinhe em banho-maria por 10 minutos. Retire as fôrmas da frigideira e deixe esfriar. Cubra então com papel-filme e leve à geladeira por pelo menos 3 horas. Enfeite com canela e rodelas de limão antes de servir.

Rendimento: 4 porções

INFORMAÇÕES NUTRICIONAIS

Cada porção contém: 110 calorias, 3,5g de gordura, 1,5g de gordura saturada, 6g de proteína, 13g de carboidrato, 0g de fibra, 80mg de sódio.

Musse de cacau com nozes

Tempo de preparo: 20 minutos – Tempo de cozimento: 10 minutos – Tempo de resfriamento: 2 horas

Coco, cacau e nozes torradas – uma velha (e deliciosa) combinação de sabores reúnem-se nesta musse. E, como se não bastasse, as nozes e a ricota conferem uma dose de proteína que deixa esta sobremesa ao mesmo tempo saudável e tentadora.

1/2 xícara de nozes em lascas
1/4 de xícara de coco ralado
4 xícaras de ricota
3 colheres de sopa de cacau em pó sem açúcar
2 colheres de chá de adoçante em pó
2 colheres de chá de essência de nozes
2 colheres de chá de essência de baunilha
1 xícara de *sour cream* light (veja receita na página 231)
Lascas de nozes cortadas e coco ralado para decorar (opcional)

Aqueça o forno a 135°C. Espalhe as nozes num tabuleiro e torre. Deixe de 8 a 10 minutos para que elas fiquem tostadas e perfumadas. Mexa de vez em quando. Transfira para um prato e espere esfriar. Reserve. Espalhe o coco sobre o tabuleiro e leve ao forno para dourar por 2 a 3 minutos. Transfira para um prato e espere esfriar. Reserve.

Use uma tigela grande para bater a ricota, com a batedeira em velocidade máxima, até obter uma mistura leve e areada (cerca de 4 minutos). Acrescente o cacau em pó, o adoçante e as essências de nozes e de baunilha. Bata até misturar bem. Acrescente o *sour creme* light, as nozes e o coco reservados.

Com o auxílio de uma colher, distribua a musse em 8 tigelas de sobremesa, cubra com papel-alumínio e leve à geladeira por, no mínimo, 2 horas. Na hora de servir, enfeite com nozes e um pouco de coco ralado.

Rendimento: 8 porções

INFORMAÇÕES NUTRICIONAIS

Cada porção contém: 260 calorias, 16g de gordura, 8g de gordura saturada, 16g de proteína, 12g de carboidrato, 2g de fibra, 160mg sódio.

Flã de amêndoa

Tempo de preparo: 10 minutos – Tempo de cozimento: 45 minutos – Tempo de resfriamento: 4 horas ou 1 noite

Sobremesa tradicional espanhola, o flã é um creme assado com um caramelo à base de açúcar.

3 colheres de sopa de amêndoas em lascas
240g de leite em pó desnatado
1/4 de xícara + 2 colheres de sopa de leite desnatado
2 ovos com ômega-3
1 1/2 colher de sopa de adoçante em pó
1/4 de colher de chá de essência de amêndoa
1/4 de colher de chá de essência de baunilha

Aqueça o forno a 135°C. Coloque as amêndoas num tabuleiro e torre por 8 a 10 minutos. Transfira-as para uma tábua de madeira e espere esfriar para então picar. Reserve.

Junte o leite em pó e o leite desnatado em uma caçarola pequena e aqueça em fogo médio a baixo, sem deixar ferver. Tire a panela do fogo e reserve.

Numa tigela grande, bata os ovos, o adoçante e as essências de amêndoa e de baunilha. Sem parar de mexer, acrescente 1/2 xícara da mistura de leite aquecida e, depois, o restante.

Distribua o flã em 4 fôrmas refratárias de 180ml, coloque-as no tabuleiro e acrescente água quente até à metade das fôrmas. Asse em banho-maria por cerca de 25 minutos. Tire do forno, espere esfriar e leve à geladeira por no mínimo 4 horas ou 1 noite.

Meia hora antes de servir, tire os flãs da geladeira. Pouco antes de levar à mesa, passe uma faca em volta das beiradas das fôrmas e vire-os em pratos individuais. Acrescente as amêndoas reservadas.

Rendimento: 4 porções

INFORMAÇÕES NUTRICIONAIS

Cada porção contém: 108 calorias, 3g de gordura, 0g de gordura saturada, 13g de carboidrato, 1g de fibra, 161mg de sódio.

Cheesecake de ricota com limão e pinhão

Tempo de preparo: 10 minutos – Tempo de cozimento: 1 hora e 20 minutos – Tempo de resfriamento: 4 horas ou 1 noite

Refrescante, leve e com um delicado sabor cítrico, esse *cheesecake* de sotaque italiano tem uma textura menos densa e cremosa do que a versão americana.

3 colheres de sopa de pinhão (*pinoli*)
6 ovos grandes (claras e gemas separadas)
3/4 de colher de chá de cremor de tártaro
1/3 de xícara + 1 colher de chá de adoçante em pó
2 colheres de chá de essência de baunilha
900g de ricota
1 colher de chá de casca de limão ralada fino
2 colheres de sopa de suco de limão

Aqueça o forno a 135°C.

Unte ligeiramente com margarina light uma fôrma de fundo removível.

Espalhe os pinhões sobre um tabuleiro e asse até ficarem ligeiramente dourados (cerca de 10 minutos). Transfira para um prato e espere esfriar.

Aumente a temperatura do forno para 160°C.

Num recipiente grande de metal, bata as claras em neve (cerca de 1 minuto) com o auxílio da batedeira. Acrescente o cremor tártaro e continue a bater até se formarem picos firmes (cerca de 3 minutos aproximadamente). Reserve.

Em outra tigela grande, misture com a batedeira as gemas, 1/3 de xícara de adoçante e a baunilha durante 1 minuto. Acrescente a ricota e a casca de limão ralada e bata bem.

Adicione, delicadamente, 1/3 das claras batidas à mistura das gemas, depois junte o restante das claras e mexa devagar. Transfira a massa para a fôrma de fundo removível untada com margarina light e coloque-a num tabuleiro. Asse até o bolo ficar dourado (cerca de 1 hora e 10 minutos). Tire o bolo do forno e deixe esfriar sobre um descanso por 20 minutos.

Numa caçarola pequena, junte o suco de limão e o restante do adoçante. Cozinhe em fogo brando. Tire a caçarola do fogo e pincele delicadamente a superfície do bolo frio com 2/3 da mistura de limão aquecida. Despeje o restante da mistura sobre o bolo. Guarneça com os pinhões.

Deixe o bolo esfriar completamente, depois passe uma faca em volta das beiradas, retirando-o da fôrma. Leve à geladeira, coberto com papel-alumínio, por 4 horas ou 1 noite. Sirva gelado.

Rendimento: 12 porções

INFORMAÇÕES NUTRICIONAIS

Cada porção contém: 140 calorias, 9g de gordura, 4,5g de gordura saturada, 11g de proteína, 5g de carboidrato, 0g de fibra, 140mg de sódio.

Crocante de granola South Beach

Tempo de preparo: 10 minutos – Tempo de cozimento: 25 minutos

Esta cobertura crocante deve ser consumida com moderação – de preferência, uma colher de sopa para acompanhar o iogurte natural desnatado, o queijo cottage ou a ricota light. Pode ser armazenada na geladeira, por 1 mês, em um recipiente hermeticamente fechado ou armazenada em um saco plástico especial para congelamento sem ar e bem fechado no freezer por até 3 meses. Não é preciso descongelar antes de usar.

1/2 xícara de amêndoas em lascas
1/2 xícara de coco ralado
1/2 xícara de sementes de linhaça
1/2 xícara de nozes-pecãs picadas
1/2 xícara de sementes de abóbora
1/2 xícara de sementes de girassol
1/2 xícara de nozes picadas
2 colheres de sopa de margarina light
2 colheres de chá de canela em pó
2 colheres de chá de essência de baunilha
2 colheres de chá de adoçante em pó

Aqueça o forno a 160°C.

Numa tigela gande, misture as amêndoas, o coco, as sementes de linhaça, as nozes-pecãs, as sementes de abóbora, as sementes de girassol e as nozes.

Numa panela pequena, derreta a margarina em fogo baixo. Tire a panela do fogo e acrescente a canela, a assência de baunilha e a mistura de nozes. Mexa bem. Polvilhe o adoçante e volte a mexer.

Espalhe a mistura sobre um tabuleiro e asse, sacudindo a cada 5 minutos, por 20 a 25 minutos (até dourar). Espere esfriar antes de guardar.

Rendimento: 2 1/2 xícaras (40 colheres de sopa)

INFORMAÇÕES NUTRICIONAIS

Cada porção contém: 65 calorias, 6g de gordura, 1g de gordura saturada, 2g de proteína, 2g de carboidrato, 1g de fibra, 6mg de sódio.

Sorvete de limão e tomilho

Tempo de preparo: 15 minutos – Tempo de congelamento: 2 horas

Esta sobremesa é uma ótima maneira de terminar qualquer refeição. Se preferir uma versão menos ácida, acrescente um pouco de adoçante.

7 ramos de tomilho fresco (4 são para decorar)
1/2 xícara de adoçante em pó
2 xícaras de água fervente
1 xícara de suco de limão fresco (de 5 a 6 limões)
1 colher de sopa de casca de limão ralada
1 pitada de sal

Junte o tomilho e o adoçante em uma tigela de metal média. Derrame água quente sobre eles e mexa para dissolver o adoçante. Deixe de molho por 3 minutos, depois retire o tomilho e descarte. Mantenha a tigela na geladeira por 10 minutos para que esfrie. Tire e adicione o suco de limão, as raspas de limão e o sal.

Distribua a mistura em 2 fôrmas de gelo, enchendo cada compartimento até um pouco abaixo da borda (deve dar para encher uma fôrma e metade de outra). Leve ao freezer por cerca de 1 hora. Coloque os cubos em um processador de alimentos ou em um liquidificador e bata rapidamente apenas para o gelo ficar granulado. (Não bata demais para não liquefazer).

Transfira a mistura (na forma de gelo granulado) para cumbucas de sorvete, enfeite com ramos de tomilho e sirva.

Rendimento: 4 porções

INFORMAÇÕES NUTRICIONAIS

Cada porção contém: 30 calorias, 9g de carboidrato e 0g de fibra, gordura e sódio.

SUBSTITUIÇÕES FÁCEIS PARA A FASE 1

Substitua	**Por**
Biscoitos salgados ou torradas de pão árabe	Pepino ou abobrinha em rodelas
Molho branco cremoso	Leite desnatado, *sour cream* light (veja receita na página 231)
Croûtons	"*Croûtons*" de cogumelo assado
Bolinhos	Cogumelo-portobello
Ervilha	*Edamame* (soja verde)
Miolo de pão usado em bolos de carne ou almôndegas	Feijão-branco ou lentilha
Macarrão para sopa	Abóbora-espaguete
Massas	Abóbora-espaguete, abobrinha à juliana ou berinjela fatiada (para lasanha)
Pizza	Cogumelos-portobello ou fatias de abobrinha
Arroz	Lentilhas ou couve-flor picada
Pipoca	Couve-flor assada
Batata chips	Chips de abobrinha ou aipo ao forno
Batata em cubinhos	Alcachofra, berinjela ou palmito
Batata frita	Abobrinha ou vagens inteiras assadas
Purê de batata	Purê de couve-flor ou de feijão-branco

Dr. Agatston esclarece dúvidas sobre a Fase 1

Estou achando os primeiros dias da Fase 1 muito difíceis. O que posso fazer para facilitar as coisas?

Quando você diz que está tendo dificuldade na Fase 1, entendo que está sentindo falta da breve sensação de energia causada pela elevação do nível de glicose no sangue em decorrência da ingestão de carboidratos e açúcar refinado. O organismo pode levar alguns dias para se ajustar à nova alimentação mais saudável. No entanto, se você seguir corretamente as orientações, conseguirá saciar a fome com os alimentos corretos – como proteína magra e muitas hortaliças – em todas as refeições, inclusive no café da manhã. E não se esqueça de se hidratar. Não estou falando de se empanturrar de comida, e sim de se sentir saciado. Se sentir falta daquele pãozinho doce que costumava comer no meio da manhã, faça um lanche no mesmo horário com fibras e proteínas *antes* da vontade de comer açúcar surgir. O mesmo se aplica ao lanche do meio da tarde. Essas pequenas refeições estratégicas são muito importantes no início de uma dieta. Estudos mostram que são necessárias poucas calorias para eliminar a vontade de comer, porém muito mais para satisfazê-la depois que se instala. A qualidade das calorias presentes nas refeições e nos lanches saudáveis, junto com uma sobremesa protéica, ajudará a afastar a fome. No entanto, se você chegar à conclusão de que precisa de algo mais, experimente uma das guloseimas com 75 a 100 calorias que apresento na página 194. Muitos seguidores da Dieta de South Beach disseram que comer um doce de vez em quando é o suficiente.

Lembre-se também de que o exercício físico é o melhor aliado de quem faz dieta. Ele ajuda a estabilizar a taxa de glicose no sangue e também libera endorfinas, substâncias químicas do cérebro que regulam os hormônios do estresse, deixando-nos mais felizes. Se estiver com muita vontade de comer doces e carboidratos, levante-se da poltrona e faça um treino cardiovascular intervalado (páginas 102-104). Você queimará gordura e calorias e emagrecerá mais rápido. Esses resultados positivos o deixarão mais motivado a seguir em frente. Em poucos dias, a ânsia por aqueles alimentos prejudiciais desaparecerá. E, em apenas duas semanas, você estará na Fase 2.

Estou me dando muito bem na Fase 1. Por que não posso continuar nela indefinidamente?

Há dois tipos de pessoas que seguem a Dieta de South Beach: as que mal podem esperar para chegar à Fase 2 (veja resposta à pergunta anterior) e as que não querem sair da Fase 1.

Por que algumas pessoas gostam tanto da Fase 1? Por sua simplicidade e objetividade. Não é preciso pensar muito sobre as escolhas alimentares. Consome-se basicamente proteína magra, legumes ricos em fibras, laticínios light, gorduras boas (inclusive algumas nozes) e hortaliças. Aqueles carboidratos refinados altamente processados que causaram sua ruína foram eliminados e esquecidos (pelo menos para a maioria das pessoas). Você come o suficiente para ficar saciado e faz lanches antes de sentir fome. E sempre que subir na balança um sorriso iluminará seu rosto, pois você verá os quilos extras e a indesejável gordura desaparecerem. Por isso não me surpreendo quando me perguntam: "Se estou indo tão bem na Fase 1, por que tenho que passar para a Fase 2?"

A Fase 1 não foi desenvolvida para ser um plano alimentar de longo prazo. Seus objetivos são ajudar as pessoas que precisam perder mais de 5 quilos a dar o primeiro passo (oferecendo estímulo positivo imediato) e controlar desequilíbrios na taxa de glicose no sangue, eliminando assim a vontade de comer açúcar e amidos refinados. Essa fase também pode ter um efeito positivo para quem é pré-diabético. Em apenas duas semanas essas metas são alcançadas, o que é um grande estímulo para seguir em frente.

Com a glicose no sangue e o desejo de comer doces e amidos sob controle, há um motivo crucial para você passar à Fase 2: não queremos que você se prive das vitaminas, dos sais minerais e dos outros nutrientes que acompanham as frutas e os grãos integrais, sem mencionar as fibras extras. Esses alimentos contêm milhares de substâncias fitoquímicas que protegem o organismo contra muitas doenças, entre elas as cardiopatias e o câncer. Quem fica indefinidamente na Fase 1 e deixa de ingerir esses alimentos não aprende a fazer boas escolhas alimentares na vida real. E o que é mais importante: não utiliza alguns dos melhores remédios que a natureza tem a oferecer.

Além disso, depois de algum tempo a alimentação se tornaria monótona. E assim que o tédio se instalasse você provavelmente retomaria os antigos hábitos alimentares. Para que a dieta se transforme em um estilo de vida, evitando o efeito sanfona, é preciso que a alimentação alie variedade e satisfação. Essa é outra razão pela qual a Fase 1 é breve. Lembre-se: você pode demorar mais para emagrecer seguindo as três fases da dieta, mas as chances de continuar magro são muito maiores.

Devo tomar um suplemento de fibras?

Você deve ter feito essa pergunta por que em muitas dietas, sobretudo naquelas à base de proteínas, as pessoas sofrem de constipação e precisam de suplementos de fibras. Não é o caso da Dieta de South Beach. Mesmo na Fase 1, em que a ingestão de grãos integrais não é permitida, a quantidade de hortaliças e leguminosas ricas em fibras é grande. No entanto, sem os grãos, algumas pessoas acabam sofrendo de constipação. Nesse caso, um suplemento de fibras pode ajudar a restaurar a função intestinal normal. Tanto o *psyllium*, que é natural e à base de fibras solúveis de plantas, quanto os sintéticos metilcelulose e policarbofil são seguros e eficazes. Tome-os com muita água.

Estou na Fase 1 e venho sentindo dores de cabeça. Isso é comum?

Embora não seja comum, algumas pessoas sentem dores de cabeça na Fase 1. Há algumas causas possíveis. Será que você está fazendo todas as refeições nos horários recomendados? Pular refeições ou lanches pode causar uma queda dos níveis de açúcar no sangue, provocando dores de cabeça. Isso me leva à segunda pergunta: você está comendo o suficiente? Muitas pessoas que começam a fazer a dieta pensam que a única maneira de ter sucesso na Fase 1 é passar fome. Nada mais equivocado. Se você estiver faminto e com dor de cabeça, não vai conseguir seguir o programa. Queremos que você coma porções normais e que não se levante da mesa sem estar saciado. Além disso, se limitar demais a ingestão de cafeína, pode sentir dor de cabeça por abstinência dessa substância. Tente reintroduzir uma ou duas xícaras de café pela manhã e observe se a dor de cabeça desaparece.

Eu e meu marido estamos pensando em começar a Dieta de South Beach, mas temos dois filhos na faculdade e nosso orçamento familiar está meio apertado. Será que o seu custo é alto?

Assim como muitas pessoas, você acha que uma dieta baseada em frutas e hortaliças é mais cara do que comer alimentos processados, fast-food e *junk food*. Não há dúvida de que algumas frutas e hortaliças são mais caras do que um sanduíche na lanchonete da esquina, mas é preciso levar em conta os benefícios que esses vegetais proporcionam à saúde. Não há muitas pesquisas sobre o custo da fast-food em comparação com os alimentos frescos, porém posso garantir que uma alimentação saudável ajuda a economizar nas despesas com médicos entre pessoas de todas as faixas etárias, inclusive no caso de seus filhos universitários. A lista de alimentos permitidos na Fase 1 da Dieta de South Beach pode ser adaptada sem grandes esforços à maior parte dos orçamentos. Por exemplo, você pode deixar de lado o filé mignon e satisfazer suas necessidades de proteína com cortes mais baratos, como alcatra, coxão mole, patinho ou carne branca de frango e peru. Em vez do atum fresco, prefira atum enlatado light (conservado em água). No caso das hortaliças, há opções para todos os orçamentos, muitas delas bem mais em conta do que uma série de produtos industrializados. Feijão, grão-de-bico, lentilha e outras leguminosas ricas em fibras que recomendamos em todas as fases da dieta têm preços bastante razoáveis. O acréscimo de grãos integrais na Fase 2 também não representa um aumento de custo significativo.

FASE 2

Atingindo a meta de emagrecer e ter saúde

Se você quer emagrecer menos de 5 quilos e não precisa se livrar da vontade de comer doces e carboidratos refinados, pode pular a primeira fase da Dieta de South Beach e ir direto para a Fase 2. Caso tenha seguido as orientações da Fase 1 nas duas últimas semanas e superado esse desejo, está na hora de começar a segunda etapa.

O emagrecimento na Fase 2 é mais lento do que na Fase 1 – as pessoas geralmente emagrecem de 500 gramas a 1 quilo por semana, quando seguem a dieta corretamente. Essa perda de peso gradual não só é esperada como considerada saudável, pois funciona como uma transição entre fazer dieta e assumir um novo estilo de vida. Se você continuasse emagrecendo rapidamente na Fase 2, perderia massa muscular e correria o risco de desacelerar o metabolismo. Além disso, quando as coisas acontecem de forma progressiva, os resultados são mais duradouros.

Na Fase 2, você pode comer tudo o que consta da lista de alimentos permitidos na Fase 1 (veja as páginas 181-185) e mais os que estão sendo reintroduzidos (veja as páginas 258-260). Se estiver começando a dieta pela Fase 2, eliminará de sua alimentação as gorduras prejudiciais e os carboidratos refinados. Passará a consumir as boas gorduras e os carboidratos ricos em fibras e em nutrientes (frutas, hortaliças e grãos integrais), assim como proteína magra e laticínios light. Essa mudança logo se revelará uma maneira satisfatória e saudável de se alimentar, e você vai emagrecer de forma gradual.

Na Fase 2 estão autorizados (observando certos limites, é claro) pães, massas, arroz, a maior parte das frutas e alguns tubérculos (como batata-doce), todos repletos de nutrientes benéficos. Determinadas frutas e hortaliças, no entanto, continuam permitidas apenas de vez em quando. Entre elas, as frutas ricas em açúcar natural (melancia, abacaxi, tâmara e figo, por exemplo), bem como batata-inglesa, beterraba e milho. A experiência mostra que, em algumas pessoas, esses alimentos estimulam a vontade de comer.

Embora seu cardápio básico tenha aumentado consideravelmente, tome cuidado para não exagerar nas opções adicionais. Um dos maiores erros que as pessoas cometem é acrescentar cedo demais muitas frutas, muitos grãos integrais e vegetais ricos em amido. Embora esses alimentos sejam "bons carboidratos", seu teor de açúcar é mais alto do que o de proteínas magras e hortaliças, que formam a base dos cardápios da Fase 1. Depois de passar duas semanas seguindo uma dieta com baixo teor de açúcar, se você abusar dos carboidratos, mesmo dos benéficos, poderá entir vontade de comer o que não deve – ou seja, doces e carboidratos refinados, os itens mais problemáticos.

Portanto, procure seguir a recomendação de reintroduzir de forma gradual os bons carboidratos nas refeições. Algumas pessoas podem fazer isso em duas semanas, mas outras – especialmente aquelas que não superaram o desejo de ingerir aqueles alimentos prejudiciais – devem adicionar os carboidratos de modo mais lento. Por fim devem manter o consumo de dois bons amiláceos e duas frutas ou de três frutas e menos amiláceos, caso esses carboidratos realmente estimulem sua vontade de comer o que não deve. E, se você sentir que está recuperando peso na Fase 2, reduza a quantidade de bons carboidratos e observe como seu corpo reage.

Veja a seguir como reintroduzir os bons carboidratos na alimentação em duas semanas. Obviamente, você pode fazer essa inclusão de forma mais lenta se sentir que parou de emagrecer.

Fase 2 – Semana 1

Dias 1 a 7: 1 carboidrato bom, 1 fruta por dia. Consuma um carboidrato rico em amido e uma fruta diariamente durante a primeira semana. Embora as frutas possam variar e ser adicionadas a qualquer refeição, é melhor evitá-las no café da manhã nesse período para manter à distância a vontade de comer doces. Em seu lugar, recomendamos uma fatia de pão integral ou uma porção de cereal matinal rico em fibras acompanhada de ovo. Isso manterá estáveis os níveis de glicose no sangue o dia inteiro.

Comece ingerindo uma fruta pequena (maçã) ou uma porção de frutas vermelhas no almoço. Outra opção é combinar uma fruta e um pedaço de queijo light na hora do lanche. A ingestão da fruta junto com a proteína pode impedir os picos de insulina induzidos pelo consumo de açúcar, que aumentam a vontade de comer doces e carboidratos refinados.

A introdução gradual dos bons carboidratos dá ao seu corpo a oportunidade de se ajustar ao aumento do açúcar na dieta, permitindo que você monitore a reação de seu organismo a determinados alimentos. Se sentir fome uma hora depois de comer um bom carboidrato, experimente outra opção no dia seguinte – de preferência, com mais fibras. Caso a vontade de ingerir doces e carboidratos refinados continue, aumente o consumo de proteína.

Fase 2 – Semana 2

Dia 8: 2 bons carboidratos, 1 fruta por dia. Se você se saiu bem na primeira semana da Fase 2 – ou seja, se continuou emagrecendo e não teve mais vontade de ingerir doces e carboidratos refinados –, pode incluir mais um amiláceo saudável na sua alimentação diária. A fruta continua liberada. Se o desejo de comer algo açucarado persistir, mas for mínimo, continue experimentando diferentes frutas e bons amiláceos. Quando a vontade finalmente desaparecer, comece a acrescentar mais carboidratos, de acordo com as orientações a seguir.

Dia 9: 2 bons carboidratos, 2 frutas por dia. Se você se sentiu bem no dia 8 e não teve vontade de consumir doces e carboidratos refinados, acrescente uma segunda fruta, ficando assim com duas frutas e duas porções diárias de bons carboidratos.

Dias 10 e 11: 3 bons carboidratos, 2 frutas por dia. Se a ânsia de ingerir aqueles alimentos prejudiciais estiver sob controle, pode acrescentar mais um amiláceo saudável. Agora serão três porções de bons carboidratos e duas frutas por dia.

Dias 12 a 14: 3 bons carboidratos, 3 frutas por dia. A essa altura, seu organismo terá se ajustado aos bons carboidratos adicionais. Não limitamos a quantidade de bons carboidratos que você pode comer na Fase 2, mas as pessoas em geral continuam emagrecendo quando se limitam a três frutas e três carboidratos por dia.

Agora que você já entendeu como funciona o processo de reintrodução dos carboidratos adicionais, darei duas notícias que talvez o alegrem: você pode beber uma ou duas taças de vinho junto com a refeição ou uma cerveja ou chope ocasionalmente. Além disso, terá mais opções de sobremesa, inclusive um pedaço de chocolate amargo.

Lembre-se de que a Fase 2 é um período de emagrecimento mais lento, porém constante. Embora a perda de peso não seja tão rápida quanto na Fase 1, a alimentação será muito mais variada e saborosa, com itens ricos em fibras e em nutrientes, vitaminas, minerais e fitonutrientes. Seu objetivo com a Dieta de South Beach não é obter sucesso a curto prazo, e sim aprender a comer adequadamente e fazer isso pelo resto da vida.

A notícia mais animadora é que, se você adotar o programa de atividade física da Dieta de South Beach Aditivada, começando pelos exercícios da Fase 1 ou da Fase 2 (depende do seu nível de condicionamento físico), a perda de peso será mantida.

É consenso que as pessoas que não aumentam seus níveis de atividade física quando estão seguindo uma dieta têm mais facilidade para engordar a longo prazo. Mesmo que você já esteja se exercitando, terá que intensificar seu programa de atividade física para acelerar o metabolismo.

A caminhada intervalada tem um nível de dificuldade progressivo – ele aumenta à medida que o condicionamento melhora. Essa é a maneira perfeita de estimular seu metabolismo para que você queime mais gordura e mais calorias não apenas enquanto está se exercitando, mas também durante as atividades cotidianas e até mesmo quando está sentado à sua mesa de trabalho ou assistindo à televisão. Além disso, se você executar os exercícios do fortalecimento muscular em dias alternados, seus músculos ganharão mais tônus e seu corpo ficará mais definido e mais flexível.

Nas páginas a seguir estão as listas de alimentos a serem reintroduzidos na Fase 2 e daqueles a serem evitados. Com tantas opções saudáveis, inclusive as da Fase 1, você certamente não terá dificuldade em satisfazer suas preferências. Oferecemos cardápios com sugestões para duas semanas de refeições e suas respectivas receitas. Não se esqueça de que você tem liberdade para criar seus próprios cardápios com os alimentos permitidos nesta fase.

Algumas dessas receitas não incluem carboidratos, pois na Fase 2 as fontes de carboidratos são as frutas e os grãos integrais presentes no café da manhã, nos lanches e até nas sobremesas. A boa notícia é que esses pratos podem ser consumidos também na Fase 1 (procure por uma observação nesse sentido no fim da receita. Nas páginas 308-312 você encontrará respostas para algumas das perguntas mais freqüentes feitas por pessoas que estão na Fase 2.

ALIMENTOS A SEREM REINTRODUZIDOS NA FASE 2

Você pode comer todos os alimentos permitidos na Fase 1, bem como os listados a seguir.

CARNES VARIADAS

Salsicha para cachorro-quente (de carne bovina, porco, ave, soja), desde que seja consumida apenas uma vez por semana e que tenha somente 3% de gordura, cerca de 3 a 6g de gordura por porção.

FRUTAS

Comece com 1 porção diária e aumente gradualmente até chegar a 3 porções. Para saber mais sobre a reintrodução de frutas na dieta, consulte as páginas 255-256.

Ameixa – 2 unidades

Ameixa seca – 4 unidades

Banana – 1 unidade média (115g)

Cereja – 12 unidades

Damasco – 4 unidades frescas ou 7 desidratadas

Frutas vermelhas (morango, amora, framboesa, groselha, etc.) – 3/4 de xícara

Grapefruit – 1/2 unidade

Kiwi – 1 unidade

Laranja – 1 unidade média

Maçã – 1 unidade pequena ou 5 rodelas de maçã desidratada

Mamão-papaia – 1 unidade média (115g)

Manga – 1/2 unidade média (115g)

Melão amarelo – 1/8 de unidade ou 1 xícara da fruta picada

Melão-cantalupo – 1/4 de unidade ou 1 xícara da fruta picada

Nectarina – 1 unidade pequena

Pêra – 1 unidade média

Pêssego – 1 unidade média

Romã – 1 unidade média

Tangerina – 2 unidades

Uva – 15 unidades

HORTALIÇAS

Cenoura – 1/2 xícara

Ervilha – 1/2 xícara

LATICÍNIOS

2-3 xícaras por dia, inclusive iogurte

Iogurte – 120ml por dia (desnatado ou semidesnatado)

GRÃOS INTEGRAIS E HORTALIÇAS QUE CONTÊM AMIDO

Comece com 1 porção diária e aumente gradualmente para 3 porções diárias. Para saber mais sobre a reintrodução de amidos na Fase 2, consulte as páginas 255-256. Prefira produtos de grãos integrais que tenham 3g ou mais de fibra por porção, exceto quando houver recomendação em contrário.

Abóbora – 3/4 de xícara (considerada amiláceo; conta como 1 porção de grãos/amido)

Abóbora-moranga – 3/4 de xícara (considerada amiláceo; conta como 1 porção de grãos/amido)

Aipim – 3/4 de xícara (considerado amiláceo; conta como 1 porção de grãos/amido)

Arroz – 1/2 xícara, cozido (*basmati*, integral, selvagem)

Batata-doce – 1 unidade pequena (considerada amiláceo; conta como 1 porção de grãos/amido)

Bolachas integrais (3g ou mais de fibra por porção de 30g, sem gordura trans)

Cereal matinal para consumir frio – escolha uma variedade com pouco açúcar (5g ou mais de fibra por porção)

Cereal matinal para consumir quente – escolha variedades com pouco açúcar, grãos integrais e de cozimento lento, não instantâneas (no mínimo 3g de fibra e no máximo 2g de açúcar)

Cevada – 1/2 xícara, cozida

Ervilha – 1/2 xícara (considerada amiláceo; conta como 1 porção de grãos/amido)

Farinha integral – soja, espelta, trigo

Inhame – 1 unidade pequena (considerado amiláceo; conta como 1 porção de grãos/amido)

Massa *phyllo* (ou massa para folhados) de trigo integral – 2 folhas

Massas
De soja – 1/2 xícara, cozida (3g ou mais de fibra por porção)
De trigo integral (3g ou mais de fibra por porção)

Muffin de aveia – 1 pequeno, feito em casa, sem açúcar e sem passas

Pão integral – 1 fatia (30g)
Pães caseiros com grãos integrais (trigo-sarraceno, trigo, espelta, aveia, farelo e centeio)
Pães multigrãos (aveia, centeio, trigo integral, etc.)

Pão-árabe – 30g (em geral, 1/2 unidade contém 2,5g de fibra; as variedades com 3g de fibra são a melhor opção)

Pipoca – 3 xícaras, já pronta (se for de microondas, prefira a natural, sem manteiga; se for preparar no fogão, use óleo de canola)

Quinoa – 1/2 xícara, cozida

Sêmola de trigo integral (cuscuz) – 1/2 xícara, cozida

Tortilha integral (3g ou mais de fibra por porção de 30g e sem gordura trans)

Trigo-sarraceno – 1/2 xícara, cozido

GULOSEIMAS OCASIONAIS

Chocolate (30g) – amargo e meio-amargo

Flã diet – 1 porção por dia

BEBIDAS

Chope – 1 eventualmente (340ml)

Vinho (tinto ou branco) – 1-2 taças de 110ml por dia (às refeições)

ALIMENTOS A SEREM EVITADOS NA FASE 2

AMIDOS

- Arroz branco
- Biscoito recheado
- Cornflakes
- Massas feitas com farinha de trigo branca refinada
- Mingau de aveia instantâneo
- Pães com farinha de trigo branca refinada

FRUTAS

- Abacaxi
- Figo
- Frutas em conserva
- Lichia
- Melancia
- Sucos de fruta
- Tâmara
- Uva-passa

HORTALIÇAS

- Batata-inglesa
- Beterraba
- Milho

DIVERSOS

- Geléia
- Mel
- Sorvete

Dia 1

Café da manhã

170ml de suco de tomate

1 iogurte desnatado sem açúcar (115ml)

Mingau de aveia com canela e nozes picadas

Café ou chá com leite desnatado e adoçante

Lanche da manhã

3/4 de xícara de morangos e 1 xícara de café com leite desnatado e adoçante

Almoço

Sopa *thai* de camarão (página 281)

Salada de folhas verdes, pepino e tomate-cereja

2 colheres de sopa de molho cremoso de limão e aneto (página 233)

Lanche da tarde

1 ovo cozido e fatias de pimentão vermelho

Jantar

Carne assada com molho de cogumelos frescos (cozinhe os cogumelos no caldo de carne com ervas de sua escolha)

Aspargos assados com chalotas picadas

Purê de feijão-vermelho (página 236)

Sobremesa

Musse de chocolate (120g de flã de chocolate diet misturado com 2 colheres de sopa de creme chantilly light)

Dia 2

Café da manhã

170ml de suco de hortaliças (V8)

Sanduíche aberto de peru (1 fatia de pão integral, 1 fatia de tomate, 1 fatia de de peito de peru e 1 ovo poché)

Café ou chá com leite desnatado e adoçante

Lanche da manhã

1 maçã pequena e 30g de queijo cheddar light cortado em cubos

Almoço

Consommé

Salada de espinafre com tofu cortado em cubos, grão-de-bico, champignon e cebola fatiada

2 colheres de sopa de vinagrete picante de tomate (página 235) ou de qualquer molho preparado em casa com pouco açúcar

Lanche da tarde

Rolinho de hortaliças e homus picante (página 214)

Jantar

Frango com lentilhas (página 291)

Salada de alface-crespa com azeitona preta picada e pedaços de queijo gorgonzola

2 colheres de sopa de vinagrete balsâmico (página 231-232) ou de qualquer molho preparado em casa com pouco açúcar

Sobremesa

Panna cota de café (página 306)

Dia 3

Café da manhã

170ml de suco de tomate

2 ovos cozidos

Muffin de aveia (página 279) com 1 colher de chá de geléia diet

Café ou chá com leite desnatado e adoçante

Lanche da manhã

1 kiwi fatiado e 1/2 xícara de iogurte desnatado

Almoço

Tomate recheado com salada de atum (90g de atum light em lata, cebola e aipo picados e 1 colher de sopa de maionese light)

Lanche da tarde

1 fatia de presunto light e 1 fatia de mozarela light

5 azeitonas (escolha a variedade que preferir)

Jantar

Peito de peru assado com cogumelos sauté (prepare uma quantidade maior para usar as sobras no almoço do Dia 4)

Vagem cozida no vapor e temperada com limão e sal marinho

Salada de alface com nozes

2 colheres de sopa de molho Thousand Island (página 235) ou qualquer molho preparado em casa com pouco açúcar

Sobremesa

Flã de baunilha diet

Dia 4

Café da manhã

170ml de suco de hortaliças (V8)

Torrada de trigo integral com 30g de *cream cheese* light, salmão defumado, fatias de pepino e tomate, cebola-roxa e alcaparras

Café ou chá com leite desnatado e adoçante

Lanche da manhã

15 uvas e 30g de queijo cheddar light

Almoço

Sopa de tomate assado (página 282)

Fatias de peito de peru assado sobre leito de folhas com abacate em cubos (use as sobras do jantar do Dia 3)

2 colheres de sopa de molho verde das deusas (página 233) ou de qualquer molho preparado em casa com pouco açúcar

Lanche da tarde

Shake de cacau com framboesa (bata no liquidificador 1/2 xícara de leite desnatado, 1/2 xícara de iogurte de framboesa light, 1 pacotinho de adoçante em pó e 1 colher de chá de cacau em pó sem açúcar)

Jantar

Lombinho com ervas mistas, como alecrim, tomilho, sálvia e/ou salsa (tempere com azeite de oliva extravirgem e asse uma quantidade maior para usar no almoço do Dia 5)

Couve com peru *au gratin* (página 303)

Abóbora-espaguete (cozinhe no microondas e tempere com limão)

Sobremesa

2 biscoitos de amendoim com geléia (página 304) e 1 copo (240ml) de leite desnatado ou semidesnatado

Dia 5

Café da manhã

170ml de suco de tomate

Torrada com queijo cheddar light (coloque 1 fatia de queijo sobre 1 fatia de pão integral e leve ao forno para derreter)

1 salsicha de peru light

Café ou chá com leite desnatado e adoçante

Lanche da manhã

3/4 de xícara de frutas vermelhas com 120g de iogurte

Almoço

Escolha uma das sopas permitidas na Fase 2 (páginas 283-286)

Fatias finas de lombinho sobre leito de folhas (use as sobras do jantar do Dia 4)

2 colheres de sopa de vinagrete picante de cominho com limão (página 235)

Lanche da tarde

1 fatia de mozarela light

Fatias de rabanete e pepino

Jantar

Peito de frango recheado com tomate seco e queijo *feta* (página 289)

Hortaliças à Napoleão (cozinhe no vapor fatias de berinjela, de tomate e de mozarela light; leve ao forno médio a alto até o queijo derreter)

Salada verde

2 colheres de sopa de vinagrete balsâmico (páginas 231-232) ou de qualquer molho preparado em casa com pouco açúcar

Sobremesa

Flã de chocolate diet

Dia 6

Café da manhã

170ml de suco de hortaliças (V8)

Ovos com *frijoles* (página 278)

Café ou chá com leite desnatado e adoçante

Lanche da manhã

120ml de iogurte com sabor artificial, light

Almoço

Sopa cremosa de frango à florentina (página 288)

Salada mista (folhas verdes, pepino, pimentão e tomate-cereja)

2 colheres de sopa de vinagrete de tomate com manjericão (página 235) ou de qualquer molho preparado em casa com pouco açúcar

Lanche da tarde

Wrap Reuben (páginas 297-298)

Jantar

Ensopado rápido de carneiro (página 299)

Salada Caesar sem ovos (e sem *croûtons*)

2 colheres de sopa de molho Caesar (página 232) ou de qualquer molho preparado em casa com pouco açúcar

Sobremesa

Gomos de nectarina ou de tangerina com 30g de gorgonzola e amêndoas torradas

Dia 7

Café da manhã

170ml de suco de tomate

2 ovos preparados no estilo de sua preferência

Peito de peru

Café ou chá com leite desnatado e adoçante

Lanche da manhã

1 maçã vermelha pequena e 1 fatia de queijo light

Almoço

Hambúrguer de peru grelhado, 1/2 pão-árabe integral, mostarda Dijon, tomate fatiado e cebola-roxa

Salada verde com queijo *feta* light

2 colheres de sopa de molho cremoso de coentro (página 232) ou de qualquer molho preparado em casa com pouco açúcar

Lanche da tarde

Homus com endívias

Jantar

Chili com carne e feijão (página 300)

Salada de rabanete e pepino

2 colheres de sopa de molho Ranch (páginas 234-235) ou de qualquer molho preparado em casa com pouco açúcar

Sobremesa

Suspiro diet e 1 copo de 240ml de leite desnatado ou semidesnatado

Dia 8

Café da manhã

170ml de suco de hortaliças (V8)

Wrap de ovos mexidos para o café da manhã (página 298)

Café ou chá com leite desnatado e adoçante

Lanche da manhã

1/2 xícara de queijo cottage light com tomate e pepino fatiados

Almoço

Salada Cobb do Sudoeste (alface picada com 1/2 xícara de feijão-preto sem o caldo, 1 ovo cozido picado, 30g mozarela light ralada, 2 fatias de lombinho canadense esfarelado e fatias de rabanete e pimentão amarelo)

2 colheres de sopa de vinagrete picante de tomate (página 235) ou de qualquer molho preparado em casa com pouco açúcar

Lanche da tarde

Camarão com molho de raiz-forte

Jantar

Carne fatiada com pimentão, cebola e ervilhas (página 295); prepare uma quantidade maior para usar as sobras no almoço do Dia 9

Chips de batata-doce (página 302)

Sobremesa

2 metades de pêssego grelhadas com nozes torradas

Dia 9

Café da manhã

170ml de suco de hortaliças (V8)

Pizza (1 fatia de pão integral, 2 ovos mexidos, 1 fatia de queijo cheddar light, 30g de peito de peru fatiado, tomate picado)

Café ou chá com leite desnatado e adoçante

Lanche da manhã

Pasta de coalhada seca (página 212) e hortaliças cruas

Almoço

Consomée

Salada de carne à moda asiática (alface, carne fatiada e hortaliças picadas; tempere com suco de limão)

1 mamão-papaia pequeno

Lanche da tarde

Torrada integral com *cream cheese* e salmão

Jantar

Linguado com feijão-manteiga e ragu de hortaliças (página 293)

Salada de agrião com cebola-roxa

2 colheres de sopa de vinagrete de limão (página 234) ou de qualquer molho preparado em casa com pouco açúcar

Sobremesa

Maçã assada com pistache (tire o miolo da maçã, recheie com pistache picado e leve ao forno para assar)

Dia 10

Café da manhã

170ml de suco de tomate

Mingau de aveia com canela e 3/4 de xícara de frutas vermelhas

Café ou chá com leite desnatado e adoçante

Lanche da manhã

Wrap de pizza (página 297)

Almoço

Escolha uma das sopas permitidas na Fase 2 (páginas 283-286)

Camarão grelhado em leito de espinafre refogado no azeite de oliva extravirgem

2 colheres de sopa de vinagrete balsâmico (páginas 231-232) ou de qualquer molho preparado em casa com pouco açúcar

Lanche da tarde

Talos de aipo com *babaganuj*

Jantar

Peru enpanado com ervas e cogumelos (página 292)

Acelga cozida no vapor

Pimentão, cenoura e cebola ao forno

Sobremesa

Banana assada com calda de caramelo e rum (corte uma banana ao meio e acrescente 1 colher de sopa de cobertura de caramelo diet e um pouco de essência de rum)

Dia 11

Café da manhã

170ml de suco de hortaliças (V8)

1 *muffin* pequeno de aveia (página 279)

120g de queijo cottage light

Café ou chá com leite desnatado e adoçante

Lanche da manhã

1 maçã pequena com 2 colheres de sopa de creme de amendoim sem gordura trans

Almoço

Alface-romana com 180g de atum light e *edamame*

2 colheres de sopa de molho verde das deusas (página 233) ou de qualquer molho preparado em casa com pouco açúcar

Lanche da tarde

1/2 pão-árabe com homus

Jantar

Filé grelhado com cebola (prepare uma quantidade maior para usar no almoço do Dia 12)

Abobrinha refogada em 1 colher de sopa de azeite de oliva extravirgem e aneto fresco, acompanhada de 1/2 xícara de arroz integral

Sobremesa

Ameixa com cobertura de chantilly sabor de nozes (misture 2 colheres de sopa de creme chantilly light com 1 colher de chá de essência de nozes)

Dia 12

Café da manhã

170ml de suco de tomate

Banana split (corte 1 banana média ao meio, acrescente 120g de iogurte natural desnatado e polvilhe com cereal integral sem açúcar)

Café ou chá com leite desnatado e adoçante

Lanche da manhã

5 bolachas de trigo integral com 1 colher de sopa de creme de amendoim sem gordura trans

Almoço

Escolha uma das sopas permitidas na Fase 2 (páginas 283-286)

Carne fatiada (use as sobras do jantar do Dia 11) com rodelas de pepino e fatias de pimentão sobre leito de alface-romana

2 colheres de sopa de molho de aneto com limão (página 234)

1 pêra média com 30g de queijo *feta* light esfarelado

Lanche da tarde

1 ovo cozido

Jantar

Frango refogado com macarrão *soba* (página 290)

Salada de repolho à moda asiática (couve-chinesa fatiada com broto de feijão-mungo)

2 colheres de sopa de molho de soja com gengibre (página 235)

Sobremesa

Shake cremoso de morango (página 307)

Dia 13

Café da manhã

1/2 grapefruit

2 ovos poché em leito de hortaliças refogadas

1 fatia de torrada de pão integral com 1 colher de chá de geléia de frutas diet

Café ou chá com leite desnatado e adoçante

Lanche da manhã

1 batata-doce pequena cozida no microondas e 1 maçã pequena picada com canela

Almoço

Sopa de salsicha de peru com escarola (página 287)

Salada mediterrânea (folhas mistas com queijo *feta* e azeitonas verdes)

2 colheres de sopa de vinagrete de hortelã (página 234) ou de qualquer molho preparado em casa com pouco açúcar

Lanche da tarde

Torrada integral, 1/2 banana pequena em fatias, sementes de girassol ou de abóbora e 2 colheres de sopa de queijo cottage light

Jantar

Camarão e vieiras sauté (página 294)

Brócolis sauté com alho e pimenta-malagueta em flocos

Pimentão vermelho assado com vinagrete balsâmico (páginas 231-232)

Sobremesa

Picolé diet e 1 copo de 240ml de leite desnatado ou semidesnatado

Dia 14

Café da manhã

170ml de suco de tomate

3/4 de xícara de frutas vermelhas frescas

Eggsadilla à la South Beach (página 280)

Café ou chá com leite desnatado e adoçante

Lanche da manhã

Vitamina de manga (bata no liquidificador 3/4 de xícara de fatias de manga sem casca, 1/2 xícara de iogurte natural desnatado, 1 colher de chá de adoçante em pó e 6 cubos de gelo)

Almoço

Sanduíche aberto de rosbife com alface, tomate e raiz-forte em 1 fatia de pão integral

Salada de pepino e rabanete

2 colheres de sopa de molho cremoso de tomilho e mostarda Dijon (página 233) ou de qualquer molho preparado em casa com pouco açúcar

Lanche da tarde

5 anéis de maçã desidratada mergulhados em 120g de queijo cottage light e polvilhados com canela

Jantar

Filé com molho cremoso de pimenta (página 296)

Risoto de cevada (página 301)

Salada de endívias com *radicchio*

2 colheres de sopa de molho de gorgonzola (página 232) ou de qualquer molho preparado em casa com pouco açúcar

Sobremesa

Tiramisù de South Beach (página 305)

Receitas dos cardápios da Fase 2

Ovos com frijoles

Tempo de preparo: 15 minutos – Tempo de cozimento: 20 minutos

Rico em proteínas, este prato de inspiração latina que combina ovos com feijão é uma refeição saudável, satisfatória e deliciosa para o café da manhã.

1 colher de sopa + 1 1/2 colher de chá de azeite de oliva extravirgem
1 cebola grande picada
3 dentes de alho amassados
1 colher de sopa de orégano desidratado
400g de feijão-fradinho
1/8 de colher de chá de pimenta-de-caiena
4 tortilhas de trigo integral
4 ovos grandes (ligeiramente batidos)
1 xícara de molho Salsa (página 231)

Leve ao fogo médio uma frigideira antiaderente grande com 1 colher de sopa de azeite de oliva. Acrescente a cebola, o alho e o orégano e deixe cozinhar por cerca de 7 minutos. Mexa de vez em quando, até a cebola amolecer. Junte o feijão-fradinho e a pimenta-de-caiena. Mantenha no fogo por 10 a 12 minutos, mexendo de vez em quando, até o feijão esquentar bem. Tampe para não esfriar.

Enquanto o feijão-fradinho estiver cozinhando, aqueça as tortilhas de acordo com as instruções da embalagem.

Cinco minutos antes de o feijão-fradinho ficar pronto, leve uma frigideira antiaderente média com 1 1/2 colher de chá de azeite de oliva ao fogo médio. Junte os ovos, misture por 3 a 5 minutos e tire do fogo.

Distribua o feijão-fradinho nas tortilhas, acrescente os ovos e o molho Salsa e enrole para servir.

Rendimento: 4 porções

INFORMAÇÕES NUTRICIONAIS

Cada porção contém: 345 calorias, 11g de gordura, 2g de gordura saturada, 17g de proteína, 49g de carboidrato, 10g de fibra, 460mg de sódio.

Muffin de aveia

Tempo de preparo: 10 minutos – Tempo de molho: 30 minutos – Tempo de cozimento: 15 minutos

Estes *muffins* feitos em casa são tão deliciosos que você vai querer prepará-los regularmente. Dobre a porção e congele metade para comer outro dia.

1 xícara de creme de leite light

3/4 de xícara + 2 colheres de sopa de aveia trilhada (farinha de aveia fina)

1 1/4 xícara de farinha de trigo integral

1 1/2 colher de chá de fermento em pó

1/2 colher de chá de bicarbonato de sódio

1/4 de colher de chá de canela em pó

1/4 de colher de chá de sal

2/3 de xícara de nozes picadas

1/3 de xícara de adoçante em pó

1/3 de xícara de óleo de canola

1 ovo grande batido

1 colher de chá de essência de baunilha

Preaqueça o forno a 220°C. Unte 12 forminhas antiaderentes com margarina light ou forre com forminhas de papel próprias para assar. Misture em uma tigela pequena o creme de leite light e 1/4 de xícara da aveia. Deixe descansar por 30 minutos.

Enquanto isso, junte a farinha, o fermento, o bicarbonato, a canela e o sal em uma tigela média e mexa bem. Adicione as nozes.

Use outro recipiente para misturar o adoçante, o óleo de canola, o ovo e a baunilha. Acrescente o creme de aveia e a farinha até formar uma massa consistente.

Distribua a massa nas forminhas, sem encher até a borda. Polvilhe as 2 colheres de sopa de aveia restantes sobre os *muffins* e leve ao forno por 11 a 15 minutos. Para verificar se estão assados, insira um palito no centro de um deles – se sair limpo, é porque estão prontos. Tire do forno e deixe esfriar por 5 minutos. Desenforme e sirva.

Rendimento: 12 unidades

INFORMAÇÕES NUTRICIONAIS

Cada porção contém: 179 calorias, 11g de gordura, 1g de gordura saturada, 4g de proteína, 18g de carboidrato, 2g de fibra, 157mg de sódio.

Eggsadilla à la South Beach

Tempo de preparo: 5 minutos – Tempo de cozimento: 5 minutos

Rápida de preparar, essa *eggsadilla* é uma ótima opção tanto para a manhã de um dia de semana quanto para uma manhã de domingo. Com ela você vai começar o dia cheio de energia. Acrescente 1 colher de molho Salsa (página 231) se gostar.

1 colher de chá de azeite de oliva extravirgem
3 ovos grandes ligeiramente batidos
1 pitada de sal
Pimenta-do-reino moída na hora
1 tortilha de trigo integral
60g de mozarela light cortada em fatias finas

Numa frigideira antiaderente, leve o azeite de oliva ao fogo médio a alto. Acrescente os ovos batidos, reduza o fogo e mexa por cerca de 2 minutos até que os ovos estejam cozidos, mas ainda úmidos. Transfira para um prato e tempere com sal e pimenta-do-reino.

Limpe a frigideira cuidadosamente com papel-toalha e leve novamente ao fogo médio. Acrescente as tortilhas e aqueça por cerca de 1 minuto. Adicione a mozarela light e os ovos e dobre como se fosse um crepe, para formar a *eggsadilla*. Deixe tostar os dois lados por mais 1 minuto antes de transferir para uma tábua. Corte a tortilha em duas partes e sirva.

Rendimento: 2 porções

INFORMAÇÕES NUTRICIONAIS

Cada porção contém: 280 calorias, 17g de gordura, 7g de gordura saturada, 18g proteína, 13g carboidrato, 1g de fibra, 580mg de sódio.

Sopa thai de camarão

Tempo de preparo: 10 minutos – Tempo de cozimento: 30 minutos

Esta sopa de sabor forte e apimentado é preparada com ingredientes tailandeses clássicos. Procure o molho *chili* com alho e o molho de peixe *namplá* em casas especializadas.

- 4 xícaras de caldo de galinha light
- 4 colheres de sopa de suco de limão
- 2 cebolinhas verdes picadas (com as partes branca e verde separadas)
- 1 pedaço de gengibre fresco (2,5cm) cortado em fatias finas
- 1 pimenta do tipo serrano ou *jalapeño* cortada ao comprido
- 1 vidro de leite de coco light (420g)
- 500g de camarão fresco (limpo e descascado)
- 2 tomates picados
- 2 colheres de chá de molho *chili* com alho
- 2 colheres de chá de *namplá*, molho de peixe asiático (gengibre ralado, óleo de gergelim, alho picado, mel, pimenta fresca picada, sal e vinagre de vinho tinto)

Junte o caldo de galinha, o suco de limão, a parte branca da cebolinha, o gengibre e a pimenta em uma caçarola grande. Cozinhe lentamente em fogo de médio a alto com a panela tampada por 20 minutos. Adicione o leite de coco (parecerá talhado de início). Depois acrescente o camarão, o tomate e os dois molhos. Espere levantar fervura e cozinhe o camarão por cerca de 3 minutos. Tire a panela do fogo, distribua a sopa em 4 tigelas e salpique a parte verde da cebolinha.

Rendimento: 4 porções

INFORMAÇÕES NUTRICIONAIS

Cada porção contém: 262 calorias, 11g de gordura, 6g de gordura saturada, 30g de proteína, 12g de carboidrato, 1g de fibra, 616mg de sódio.

Variação: Experimente uma combinação de camarão, vieiras e salmão em vez de utilizar apenas o camarão.

Esta receita também pode ser usada nas refeições da Fase 1.

Sopa de tomate assado

Tempo de preparo: 10 minutos – Tempo de cozimento: 55 minutos

O sabor rico e rústico desta sopa vem do cozimento lento dos tomates. Se quiser dar um tom agridoce, acrescente um pouco de adoçante aos temperos. Caso esteja nas Fases 2 ou 3, adicione *tortellini* de farinha de trigo integral.

500g de tomates cortados ao meio
1 cebola média cortada em cubos
4 dentes de alho amassados
1 colher de sopa de manjericão desidratado
1 colher de chá de orégano desidratado
1/4 de colher de chá de sal
1 pitada de pimenta-do-reino moída na hora
1 colher de sopa de azeite de oliva extravirgem
1 xícara de caldo de legumes light

Aqueça o forno a 220°C.

Forre um tabuleiro com papel-manteiga e arrume os tomates com a parte cortada para cima. Espalhe a cebola e o alho em volta dos tomates e polvilhe com manjericão, orégano, sal e pimenta a gosto. Regue com um fio de azeite. Asse por cerca de 40 minutos na prateleira do meio do forno – o objetivo é dourar a parte de baixo dos tomates e fazer com que comecem a se desmanchar. Tire do forno e transfira para o liquidificador. Acrescente 1/2 xícara do caldo de legumes e bata até obter um purê homogêneo. Coloque essa mistura numa caçarola média. Adicione o caldo restante e cozinhe lentamente em fogo médio. Tire a panela do fogo e corrija o sal e a pimenta. Sirva quente.

Rendimento: 4 porções

INFORMAÇÕES NUTRICIONAIS

Cada porção contém: 100 calorias, 4g de gordura, 0,5g de gordura saturada, 3g de proteína, 15g de carboidrato, 4g de fibra, 164mg de sódio.

Esta receita também pode ser usada nas refeições da Fase 1.

SOPAS FÁCEIS PARA AS FASES 2 E 3

Com ingredientes tão diversos quanto melão, macarrão integral, batata-doce e até xerez seco, algumas dessas sopas são fortes o bastante para serem consideradas uma refeição completa (acompanhadas de uma grande salada verde, é claro), enquanto outras são ótimas entradas para uma refeição light.

Sopa asiática de frango e macarrão: Leve ao fogo médio uma caçarola grande com 2 colheres de chá de azeite de oliva extravirgem. Acrescente 3 cebolinhas verdes cortadas, 2 talos de aipo em cubos e 2 dentes de alho picados. Cozinhe por 7 minutos, mexendo de vez em quando. Adicione 500g de cubos de peito de frango desossado e sem pele, 2 xícaras de repolho picado e 1 pitada de sal. Misture 2 xícaras de caldo de galinha light, deixe levantar fervura e cozinhe por 5 minutos. Aumente a temperatura e deixe o caldo aferventar um pouco. Junte 120g de macarrão *soba*. Mantenha no fogo por mais 5 minutos para o macarrão ficar macio e misture 1 colher de sopa de molho de soja light, 2 colheres de chá de óleo de gergelim e 2 colheres de chá de molho *chili* com alho. Sirva quente.

Sopa gelada de melão e hortelã: Bata no liquidificador 5 xícaras de melão cortado até obter um purê homogêneo. Acrescente 1 pepino grande descascado e cortado, 1/2 xícara de iogurte natural desnatado, 2 cebolinhas verdes picadas, 1 colher de sopa de suco de limão e 2 colheres de chá de cascas de limão raspadas na hora e misture bem. Transfira para um recipiente com tampa e leve à geladeira até esfriar. Antes de servir, decore com hortelã fresca picada.

Sopa cremosa de alho-poró e cogumelo: Numa caçarola grande, aqueça 1 colher de sopa de azeite de oliva extravirgem em fogo médio. Acrescente 2 alhos-porós médios fatiados, 2 dentes de alho picados, 1 colher de chá de tomilho desidratado, 1/4 de colher de chá de sal e 1 pitada generosa de pimenta-de-caiena. Cozinhe, mexendo de vez em quando, por 7 minutos. Junte 1 colher de sopa de farinha de trigo integral, reduza o fogo e mexa por mais 3 minutos. Adicione 500g de cogumelos picados e 3 xícaras de caldo de galinha light. Deixe ferver e cozinhe por 10 minutos. Transfira metade da sopa para o liquidificador e bata até obter um purê homogêneo. Leve a sopa de volta à panela, adicione 1/4 de xícara de *sour cream* light (página 231) e mexa para incorporar. Leve ao fogo novamente, ajuste os temperos e sirva quente.

***Minestrone* saboroso:** Numa caçarola grande, aqueça 1 colher de sopa de azeite de oliva extravirgem em fogo médio. Acrescente 1 cebola pequena picada, 1 cenoura cortada em cubos, 2 talos de aipo cortados em cubos, 3 dentes de alho picados, 1 colher de chá de tempero italiano e 1 pitada generosa de pimenta-do-reino moída na hora. Cozinhe, mexendo de vez em quando, por cerca de 7 minutos. Adicione 3 1/2 colheres de caldo de galinha light, 4 xícaras de folhas de espinafre picadas e 1 xícara de hortaliças variadas picadas, como couve-flor, abobrinha ou brócolis. Deixe levantar fervura, junte 1/2 xícara de macarrão do tipo conchinha e cozinhe até as hortaliças ficarem macias e a massa *al dente*. Tempere com sal e pimenta-do-reino a gosto. Polvilhe cada porção com 1 colher de sopa de queijo parmesão light ralado na hora e sirva quente.

***Bisque* de lagosta:** Numa caçarola grande, aqueça 2 colheres de sopa de óleo vegetal em fogo médio. Acrescente 1 cebola pequena picada, 2 talos de aipo em cubos, 1 colher de chá de tomilho desidratado e 1 pitada generosa de sal e de pimenta-do-reino moída na hora. Cozinhe, mexendo de vez em quando, por 7 minutos. Junte 2 colheres de sopa de farinha de trigo integral e deixe cozinhar, sem parar de mexer, por mais 3 minutos. Adicione 3 1/2 xícaras de caldo de galinha light, 1/2 xícara de extrato de tomate e 1/4 de xícara de vinho xerez seco. Deixe ferver, reduza o fogo, tampe e cozinhe por 10 minutos. Acrescente 500g de lagosta picada em pedaços de 1cm, tampe e mantenha em fogo baixo por 6 minutos. Adicione 1 1/4 xícara de leite semidesnatado, 1 tomate picado, 2 colheres de sopa de salsa bem picada, 1 colher de chá de páprica e 1/4 de colher de chá de molho de pimenta. Espere ferver e sirva quente.

Sopa de tubérculos: Corte 350g de aipo, 350g de nabo e 250g de cenoura em pedaços pequenos. Coloque as hortaliças numa caçarola grande e cubra com 5 a 6 xícaras de caldo de galinha light. Acrescente 1/4 de colher de chá de tomilho desidratado e 1 pitada de sal, espere levantar fervura e cozinhe por 25 minutos. Transfira a sopa para o liquidificador e bata até obter um purê homogêneo. Leve a mistura de volta à panela, junte 1/4 de xícara de *sour cream* light (página 231) e deixe cozinhar até aquecer bem. Ajuste o tempero e sirva quente.

Sopa de cenoura e cominho: Numa caçarola grande, aqueça 1 1/2 colher de sopa de azeite de oliva extravirgem em fogo médio. Acrescente 1 cebola pequena picada e 2 dentes de alho cortados em lâminas e cozinhe, mexendo ocasionalmente, por 7 minutos. Adicione 750g de cenouras cortadas em fatias finas, 2 colheres de chá de cominho em pó, 1/2 colher de chá de pimenta-de-caiena em flocos e 1/4 de colher de chá de sal. Cozinhe por mais 10 minutos e junte 2 xícaras de caldo de galinha light e 1 xícara de água. Deixe ferver e mantenha no fogo até a cenoura amolecer, por mais 10 a 12 minutos. Transfira a sopa para o liquidificador e bata até obter um purê. Leve de volta à panela e deixe ferver. Ajuste os temperos e sirva quente com 1 colher de chá de *sour cream* light (página 231) por porção.

Sopa de batata-doce: Numa caçarola grande, aqueça 1 colher de sopa de azeite de oliva extravirgem em fogo médio. Acrescente 1 cebola pequena picada, 2 dentes de alho amassados, 2 colheres de chá de gengibre fresco ralado, 1 colher de chá de tomilho desidratado, 1/4 de xícara de chá de sal e 1 pitada generosa de pimenta-do-reino moída na hora. Cozinhe, mexendo de vez em quando, por cerca de 7 minutos.

Enquanto isso, use um garfo para espetar 2 batatas-doces médias em várias partes. Leve para cozinhar no microondas por 10 minutos. Deixe esfriar, descasque e coloque na panela. Junte 1 1/2 xícara de caldo de galinha light e 1 xícara de leite semidesnatado. Espere ferver, mexendo de vez em quando, e cozinhe por mais 5 minutos. Transfira a sopa para o liquidificador e bata bem. Leve de volta à penela para aquecer, ajuste o tempero e sirva quente.

***Vichyssoise* de batata-doce:** Espete com um garfo 2 batatas-doces com casca e leve ao microondas por 10 minutos. Enquanto isso, numa caçarola grande, aqueça 1 colher de sopa de azeite de oliva extravirgem em fogo médio. Acrescente 2 alhos-porós médios cortados, tampe a panela e cozinhe por 5 minutos. Retire as batatas-doces do microondas e espere esfriar um pouco. Retire a casca e leve à panela. Junte 1 xícara de caldo de galinha light, deixe ferver e cozinhe por 3 minutos. Tire do fogo e espere esfriar. Transfira para o liquidificador e bata por 1 minuto. Acrescente 1 xícara de leite semidesnatado e bata até obter um purê homogêneo. Coloque a sopa em um recipiente com tampa e leve à geladeira. Polvilhe com cebolinha e sirva gelada.

Sopa de peru com massa integral: Numa caçarola grande, aqueça 1 colher de sopa de azeite de oliva extravirgem. Acrescente 1 cebola pequena picada, 1 cenoura cortada em cubos, 1 talo de aipo cortado em cubos, 1 colher de chá de um misto de temperos italianos desidratados esfarelados e 1 pitada de pimenta-de-caiena. Cozinhe, mexendo de vez em quando, por 7 minutos. Junte 1 dente de alho picado, mexa e cozinhe por mais 1 minuto. Adicione 500g de cubos de peito de peru e 1 pitada de sal e de pimenta-do-reino moída na hora. Mexa bem para incorporar. Junte 5 xícaras de caldo de galinha light, deixe ferver e cozinhe por 5 minutos. Aumente o fogo e espere levantar fervura. Junte 120g de espelta ou de macarrão integral. Cozinhe até a massa ficar macia (cerca de 5 minutos). Ajuste o tempero e sirva quente.

Sopa de salsicha de peru com escarola

Tempo de preparo: 15 minutos – Tempo de cozimento: 30 minutos

A escarola é uma hortaliça sempre deliciosa – seja crua em saladas, seja cozida. Você pode saboreá-la em sopas ou refogada no azeite de oliva e no suco de limão fresco. Se preferir, pode substituir a salsicha por almôndega de frango ou de peru.

240g de salsichas de peru ou de frango
1 colher de sopa de azeite de oliva extravirgem
1 cebola média cortada em fatias finas
1/2 colher de chá de gergelim desidratado e esfarelado
1 pitada de sal
1 dente de alho picado
1 escarola (300 a 360g) picada, lavada e escorrida
3 1/4 xícaras de caldo de galinha light

Unte uma panela de fundo grosso com margarina light e leve ao fogo médio a alto. Acrescente as salsichas e mantenha em fogo médio. Cozinhe por 8 a 10 minutos, mexendo de vez em quando, até ficarem douradas. Transfira para uma tábua de cortar.

Coloque o azeite na panela e aqueça em fogo médio. Adicione a cebola, o alecrim e o sal e deixe cozinhar por 6 minutos. Junte o alho e cozinhe por mais 2 minutos.

Enquanto isso, corte a salsicha em pedaços bem pequenos. Leve a escarola à panela e mexa até murchar. Junte a salsicha e o caldo de galinha, deixe levantar fervura e cozinhe por cerca de 2 minutos. Sirva quente.

Rendimento: 4 porções

INFORMAÇÕES NUTRICIONAIS

Cada porção contém: 182 calorias, 11g de gordura, 1g de gordura saturada, 15g de carboidrato, 3g de fibra, 513mg de sódio.

Esta receita também pode ser usada nas refeições da Fase 1.

Sopa cremosa de frango à florentina

Tempo de preparo: 15 minutos – Tempo de cozimento: 25 minutos

O *cream cheese* light enriquece esta sopa de frango de preparo rápido. Para economizar tempo, use espinafre congelado.

1 pacote (300g) de espinafre cortado congelado
1 colher de sopa de azeite de oliva extravirgem
1 cebola pequena cortada em fatias finas
2 dentes de alho amassados
1/8 de colher de chá de sal
1/8 de colher de chá de pimenta-do-reino moída na hora
2 peitos de frango (180g) desossados, sem pele e cortados em cubos pequenos
60g de *cream cheese* light cortado em cubos
3 xícaras de caldo de galinha light

Descongele o espinafre e escorra. Numa caçarola com fundo reforçado, aqueça o azeite de oliva em fogo médio. Acrescente a cebola, o alho, o sal e a pimenta-do-reino. Cozinhe, mexendo de vez em quando, por cerca de 7 minutos. Junte o frango e o espinafre e cozinhe por 1 minuto. Adicione o *cream cheese* e mexa até misturar. Junte o caldo de galinha, deixe levantar fervura e mantenha no fogo por mais 5 minutos. Sirva quente.

Rendimento: 4 porções

INFORMAÇÕES NUTRICIONAIS

Cada porção contém: 197 calorias, 7g de gordura, 2g de gordura saturada, 24g de proteína, 6g de carboidrato, 1g de fibra, 615mg de sódio.

Esta receita também pode ser usada nas refeições da Fase 1.

Peito de frango recheado com tomate seco e queijo feta

Tempo de preparo: 20 minutos – Tempo de cozimento: 25 minutos

De preparo simples, este prato funciona tanto para um jantar formal, com convidados, quanto para um jantar caseiro depois de um dia de trabalho. Prepare uma quantidade maior para que sobre para o almoço ou o jantar do dia seguinte. Corte o frango em fatias finas e sirva frio com salada verde ou pique-o e misture-o com espinafre fresco, azeite de oliva e uma massa integral quentinha.

1/3 de xícara de queijo *feta* light
2 tomates secos picados
1 dente de alho amassado
1/2 colher de chá de majericão
Pimenta-do-reino moída na hora
4 peitos de frango (180g) desossados e sem pele
1 pitada de sal
2 colheres de chá de azeite de oliva extravirgem

Aqueça o forno a 220°C.

Misture o queijo, o tomate seco, o alho e o manjericão numa tigela pequena. Tempere com pimenta-do-reino e amasse com um garfo.

Abra os peitos de frango, cortando-os na horizontal, ao longo da borda mais larga. Espalhe sobre cada parte 1/4 da mistura de queijo. Enrole os peitos de frango sobre o recheio e prenda com um palito. Tempere com sal e pimenta-do-reino.

Numa frigideira grande que possa ir ao forno, aqueça o azeite em fogo médio. Acrescente o frango e cozinhe até dourar ambos os lados (cerca de 2 minutos de cada lado). Transfira a frigideira para o forno e asse até que o frango esteja totalmente cozido (cerca de 20 minutos). Sirva quente.

Rendimento: 4 porções

INFORMAÇÕES NUTRICIONAIS

Cada porção contém: 232 calorias, 6g de gordura, 2g de gordura saturada, 42g de proteína, 1g de carboidrato, 0g de fibra, 326mg de sódio.

Esta receita também pode ser usada nas refeições da Fase 1.

Frango refogado com macarrão soba

Tempo de preparo: 20 minutos – Tempo de cozimento: 15 minutos

Para variar no dia-a-dia, experimente substituir os cogumelos por aipo ou pimentão.

- 120g de macarrão *soba*
- 750g de peito de frango desossado e sem pele, cortado na diagonal em fatias finas
- 4 cebolinhas verdes com as partes verde e branca cortadas em fatias finas e separadas
- 3 dentes de alho amassados
- 1 colher de chá de gengibre fresco moído
- 1 pitada de sal
- 1/2 colher de chá de pimenta-malagueta em flocos
- 1 colher de sopa de molho de soja light
- 2 colheres de chá de óleo de gergelim
- 1 colher de chá de óleo vegetal
- 1 cabeça de repolho (500g) cortada em fatias finas
- 180g de champignons picados
- 2 colheres de sopa de água
- 2 colheres de chá de suco de limão

Encha uma caçarola grande com água e coloque para ferver. Cozinhe o macarrão de acordo com as instruções do fabricante.

Enquanto isso, junte o frango, a parte branca da cebolinha, o alho, o gengibre, o sal e a pimenta numa tigela média.

Escorra o macarrão e transfira para outro recipiente. Acrescente a parte verde da cebolinha, o molho de soja e o óleo de gergelim e mexa. Tempere com sal.

Numa frigideira antiaderente grande ou numa panela tipo *wok*, aqueça o óleo vegetal em fogo médio. Adicione o frango e refogue por 4 a 5 minutos. Transfira para um prato.

Leve a panela de volta ao fogo e acrescente o repolho, o champignon e a água. Deixe cozinhar por cerca de 4 minutos, sempre mexendo, até as hortaliças ficarem macias. Coloque o macarrão e o frango de novo na panela, misture e deixe por mais 1 minuto. Misture o suco de limão e sirva quente.

Rendimento: 4 porções

INFORMAÇÕES NUTRICIONAIS

Cada porção contém: 359 calorias, 6g de gordura, 1g de gordura saturada, 46g de proteína, 29g de carboidrato, 4g de fibra, 349mg de sódio.

Frango com lentilhas

Tempo de preparo: 15 minutos – Tempo de cozimento: 25 minutos

Este ensopado de preparo rápido tem o mesmo sabor de um prato que exige longas horas de cozimento. O ideal é dobrar a receita e congelar o excedente para uso posterior.

1 colher de sopa de azeite de oliva extravirgem
1 cebola pequena fatiada
2 dentes de alho amassados
1/4 de colher de chá de manjericão desidratado
1/4 de colher de chá de orégano desidratado
1/8 de colher de chá de pimenta-do-reino moída na hora
1 pitada de sal
1 colher de sopa de extrato de tomate
500g de peito de frango desossado e sem pele, cortado na diagonal em fatias finas
1 lata (500g) de lentilhas lavadas e escorridas
1 lata (500g) de tomates cortados em cubos
3/4 de xícara de caldo de galinha light
120g de espinafre baby (4 xícaras)

Numa caçarola, aqueça o azeite em fogo médio. Acrescente a cebola, o alho, o manjericão, o orégano, a pimenta-do-reino e o sal. Reduza o fogo e cozinhe, mexendo de vez em quando, por 4 minutos. Adicione o extrato de tomate e cozinhe por mais 3 minutos. Junte o frango e cozinhe por 1 minuto. Acrescente as lentilhas, o tomate com o sumo e cozinhe por 7 a 10 minutos. Junte o espinafre, tampe a panela e cozinhe por mais 1 minuto ou até o espinafre murchar. Tempere com sal e pimenta-do-reino a gosto. Sirva quente.

Rendimento: 6 porções

INFORMAÇÕES NUTRICIONAIS

Cada porção contém: 311 calorias, 4g de gordura, 1g de gordura saturada, 32g de proteína, 36g de carboidrato, 17g de fibra, 326mg de sódio.

Esta receita também pode ser usada nas refeições da Fase 1.

Peru empanado com ervas e cogumelos

Tempo de preparo: 15 minutos – Tempo de cozimento: 16 minutos

Para incrementar ainda mais o prato, prepare a farinha de rosca em casa. Use pão integral e condimente com manjericão, manjerona, tomilho e alecrim desidratados.

750g de peito de peru
3 dentes de alho amassados
1 pitada de sal
Pimenta-do-reino moída na hora
1 ovo grande ligeiramente batido
2 colheres de sopa de leite semidesnatado
1 xícara de farinha de rosca integral
4 colheres de sopa de salsa picada
1 colher de sopa de azeite de oliva extravirgem
500g de champignons grandes cortados em 4 partes

Tempere os peitos de peru com 2/3 do alho, sal e pimenta-do-reino.

Bata o ovo com o leite em uma tigela grande e rasa. Espalhe a farinha de rosca em um prato grande. Passe os pedaços de peru na mistura de ovo, depois na farinha de rosca.

Unte uma frigideira antiaderente grande com margarina light e leve ao fogo médio. Frite os peitos de peru até ficarem dourados e crocantes (cerca de 2 minutos de cada lado). Transfira para um prato, polvilhe com metade da salsa e cubra com papel-alumínio para mantê-los aquecidos.

Numa frigideira, aqueça o azeite em fogo médio. Junte os champignons, o restante do alho e da salsa e tempere com sal e pimenta-do-reino. Deixe cozinhar por 4 minutos para que os cogumelos fiquem macios. Tire a panela do fogo. Arrume os peitos de peru numa travessa e cubra com os champignons.

Rendimento: 4 porções

INFORMAÇÕES NUTRICIONAIS

Cada porção contém: 230 calorias, 4g de gordura, 0,5g de gordura saturada, 40g de proteína, 6g de carboidrato, 3g de fibra, 170mg de sódio.

Linguado com feijão-manteiga e ragu de hortaliças

Tempo de preparo: 10 minutos – Tempo de cozimento: 10 minutos

O feijão-manteiga dá uma textura cremosa a este prato. Escolha tomates quase maduros, pois costumam ser mais suculentos. Para economizar tempo, compre os filés de linguado já limpos.

2 colheres de chá de azeite de oliva extravirgem
1 cebola média picada
2 dentes de alho amassados
1/4 de colher de chá de sal
1/8 de colher de chá de manjericão desidratado
1/8 de colher de chá de pimenta-do-reino moída na hora
2 tomates médios cortados
1 xícara de ervilhas
500g de feijão-manteiga escorrido
4 fatias (180g) de filé de linguado sem escamas

Aqueça o forno.

Numa caçarola média, aqueça 1 colher de chá de azeite em fogo médio. Acrescente a cebola, o alho, o sal, o manjericão e a pimenta-do-reino. Deixe cozinhar por 4 minutos, mexendo de vez em quando. Junte o tomate e a ervilha. Tampe e cozinhe por mais 4 minutos. Adicione o feijão-manteiga, tampe e cozinhe por mais 2 minutos. Tire a panela do fogo e reserve.

Coloque os filés de linguado na grelha, tempere com sal e pimenta-do-reino e regue com o azeite restante. Deixe grelhar por 6 a 8 minutos.

Distribua o ragu nos 4 pratos. Sirva o peixe quente sobre o ragu.

Rendimento: 4 porções

INFORMAÇÕES NUTRICIONAIS

Cada porção contém: 304 calorias, 7g de gordura, 1g de gordura saturada, 42g de proteína, 22g de carboidrato, 6g de fibra, 547mg de sódio.

Esta receita também pode ser usada nas refeições da Fase 1.

Camarão e vieiras sauté

Tempo de preparo: 10 minutos – Tempo de cozimento: 5 minutos

Esta entrada é ótima em qualquer época do ano. Para variar, crie novos sabores acrescentando coentro, orégano, manjericão e tomilho no lugar da salsa. Sirva os frutos do mar sobre leito de folhas ou misturados com arroz integral ou arroz-selvagem.

350g de vieiras
350g de camarões grandes descascados e limpos
3 dentes de alho amassados
1 pitada de sal
Pimenta-do-reino moída na hora
1 colher de sopa de azeite de oliva extravirgem
2 colheres de chá de suco de limão fresco
2 colheres de chá de raspas de casca de limão
1 colher de sopa de salsa picada na hora

Junte as vieiras, os camarões, o alho, o sal e a pimenta-do-reino numa tigela grande. Misture bem.

Numa frigideira grande, aqueça o azeite em fogo médio. Adicione os frutos do mar e cozinhe por 3 a 4 minutos, mexendo sempre, até o camarão ficar rosado, e as vieiras, cozidas. Transfira para uma travessa, acrescente o suco e as raspas de limão. Decore com a salsa e sirva quente.

Rendimento: 4 porções

INFORMAÇÕES NUTRICIONAIS

Cada porção contém: 195 calorias, 6g de gordura, 1g de gordura saturada, 30g de proteína, 4g de carboidrato, 0g de fibra, 328mg de sódio.

Esta receita também pode ser usada nas refeições da Fase 1.

Carne fatiada com pimentão, cebola e ervilhas

Tempo de preparo: 20 minutos – Tempo de cozimento: 20 minutos

A combinação de pimentão, cebola e ervilha confere um toque oriental a este prato. Se preferir, use pimentão vermelho ou amarelo no lugar do verde.

750g de alcatra (cerca de 2cm de espessura) fatiada
1 pitada de sal
Pimenta-do-reino moída na hora
1 colher de chá de azeite de oliva extravirgem
1 pimentão verde grande cortado em fatias finas
1 cebola média fatiada
1 dente de alho amassado
240g de ervilhas frescas
2 colheres de sopa de água
1 colher de sopa de molho de soja light

Tempere a carne com o sal e a pimenta-do-reino.

Unte uma frigideira de borda alta antiaderente grande com margarina light e aqueça em fogo médio. Coloque a carne em fatias e cozinhe por 4 minutos de cada lado até ficar ao ponto. Tire do fogo e reserve.

Use a mesma frigideira para aquecer o azeite em fogo médio a alto. Junte o pimentão, a cebola e o alho e mexa sem parar por 5 minutos. Acrescente as ervilhas e a água. Tampe a panela e deixe cozinhar por cerca de 5 minutos, mexendo de vez em quando, para que as hortaliças fiquem macias. Destampe, junte o molho de soja e cozinhe por mais 30 segundos. Coloque a carne fatiada na frigideira e mexa rapidamente. Sirva quente.

Rendimento: 4 porções

INFORMAÇÕES NUTRICIONAIS

Cada porção contém: 333 calorias, 15g de gordura, 6g de gordura saturada, 40g de proteína, 8g de carboidrato, 2g de fibra, 312mg de sódio.

Esta receita também pode ser usada nas refeições da Fase 1.

Filé com molho cremoso de pimenta

Tempo de preparo: 10 minutos – Tempo de cozimento: 10 minutos

Fresca e crocante, a pimenta-do-reino moída na hora tem função dupla neste prato. Ela dá sabor à carne e, quando deixada na panela depois do cozimento, confere um gosto especial ao molho. Se quiser variar, use caldo de galinha ou de legumes no lugar do de carne.

2 colheres de sopa de pimenta-do-reino moída na hora
4 bifes de filé mignon (180g cada) com cerca de 2,5cm de espessura
1 dente de alho cortado ao meio
1 pitada de sal
2 colheres de sopa de caldo de carne light
1/4 de xícara de *sour cream* light (página 231)

Moa os grãos de pimenta-do-reino na hora e passe na carne (nos dois lados). Faça o mesmo com as metades do alho (descarte-os depois). Tempere com o sal.

Unte uma frigideira (de preferência, de ferro) com margarina light e aqueça em fogo médio a alto. Adicione os bifes e frite rapidamente (cerca de 1 minuto de casa lado) e deixe por mais 3 minutos para ficarem ao ponto. Transfira para uma tábua de corte e deixe descansar por 5 minutos.

Enquanto isso, leve a panela de volta ao fogo, acrescente o caldo de carne e mexa com uma colher de pau para raspar quaisquer pedaços queimados que possam estar agarrados à panela. Junte o *sour cream* e tire a panela do fogo. Cubra os bifes quentes com o molho e sirva.

Rendimento: 4 porções

INFORMAÇÕES NUTRICIONAIS

Cada porção contém: 284 calorias, 13g de gordura, 5g de gordura saturada, 28g de proteína, 2g de carboidrato, 0g de fibra, 188mg de sódio.

Esta receita também pode ser usada nas refeições da Fase 1.

WRAPS À LA SOUTH BEACH

Nas Fases 2 e 3, você pode saborear um *wrap* recheado com proteínas e hortaliças no almoço ou no lanche do meio da manhã ou da tarde, desde que seja preparado com uma tortilha de trigo integral. O de ovos mexidos é uma ótima opção para substituir o cereal matinal ou a omelete no café da manhã.

***Wrap* de hortaliças à grega:** Junte 6 xícaras de alface-romana picada, 1 xícara de tomates-cereja cortados ao meio, 1/2 xícara de queijo *feta* light esfarelado, 1 cebola-roxa pequena em fatias finas, 1/4 de xícara de azeitonas sem caroço picadas, 1 colher de sopa de azeite de oliva extravirgem, 1 colher de sopa de vinagre de vinho tinto, sal e pimenta-do-reino moída na hora a gosto. Distribua a mistura entre 4 tortilhas integrais (180g). Enrole e sirva.

***Wrap* de pizza:** Abra 4 tortilhas integrais (180g) sobre uma superfície lisa. Espalhe em cada uma delas 2 colheres de sopa de molho para pizza ou de molho de tomate. Coloque um pouco de mozarela light no centro. Enrole e aqueça por 30 segundos a 1 minuto no microondas até o queijo derreter. Sirva os *wraps* quentes.

***Wrap* à cubana:** Espalhe 1 colher de sopa de maionese light e 1 colher de sopa de mostarda em 4 tortilhas integrais (180g). Acrescente 1/4 de picles cortados, 2 fatias de presunto e 2 fatias de queijo mozarela light. Enrole e pressione com a palma da mão para amassar. Unte levemente uma grelha com margarina light e aqueça em fogo médio a alto. Coloque 1 *wrap* na grelha e pressione por 1 a 2 minutos com a parte posterior de uma espátula até o fundo ficar dourado. Vire e deixe o outro lado dourar. Prepare os demais *wraps* e sirva-os quentes.

***Wrap* Reuben:** Abra 4 tortilhas integrais (180g) sobre uma superfície lisa. Espalhe em cada uma delas 1 colher de sopa de molho Thousand Island (página 235) e 1 colher de sopa de mostarda. Cubra cada tortilha com 2 fatias de *pastrami* magro, 1/3 de xícara de chucrute e 1 fatia de queijo mozarela light. Polvilhe com sementes de gergelim, se desejar. Enrole e sirva.

***Wrap* de ovos mexidos para o café da manhã:** Numa frigideira antiaderente grande, aqueça 1 colher de sopa de azeite de oliva extravirgem em fogo médio. Acrescente 1 cebola média cortada em fatias finas e 1 pitada de sal e de pimenta-do-reino moída na hora. Cozinhe por cerca de 5 minutos, mexendo de vez em quando. Adicione 6 ovos grandes ligeiramente batidos e deixe descansar por 10 segundos. Junte 60g de salmão defumado em cubos e 60g de *cream cheese* light (cortado em fatias finas). Misture com os ovos até o queijo derreter. Divida esse recheio entre 4 tortilhas integrais (180g). Enrole e sirva os *wraps* quentes.

***Wrap* de peito de peru defumado e aspargos:** Abra 4 tortilhas integrais (180g) sobre uma superfície lisa. Espalhe em cada uma delas 1 1/2 colher de sopa de maionese light e 1 colher de sopa de mostarda. Adicione 2 fatias de peito de peru defumado, 2 brotos de aspargos cozidos e 2 fatias finas de tomate. Tempere com sal e pimenta-do-reino moída na hora. Enrole e sirva.

***Wrap* de filé:** Tempere um bife de filé mignon com alho, sal, pimenta-do-reino e azeite extravirgem. Grelhe ou asse. Transfira para uma tábua de corte e deixe esfriar por 5 minutos. Corte em fatias finas. Separe 4 tortilhas integrais (180g) e espalhe nelas 1 colher de sopa de maionese light. Em seguida polvilhe com 2 colheres de sopa de pimenta-de-caiena. Cubra com as fatias de filé e 1 xícara de alface-romana picada. Enrole e sirva.

***Wrap* picante com azeitona:** Junte 3 xícaras de alface-roxa, 2 latas de atum light em pedaços (180g) sem o caldo, 2 ovos cozidos descascados e picados, 1 tomate grande cortado, 1/4 de xícara de azeitonas, 1 colher de sopa de azeite de oliva extravirgem, 1 colher de sopa de vinagre de vinho tinto e 2 colheres de chá de molho de pimenta. Divida o recheio entre 4 tortilhas integrais (180g). Enrole e sirva.

Ensopado rápido de carneiro

Tempo de preparo: 20 minutos – Tempo de cozimento: 35 minutos

O pernil de carneiro sem osso é um corte macio e por isso cozinha rapidamente. Portanto, fique atento para a carne não passar do ponto. O aipo dá um toque especial a este prato.

3 colheres de chá de azeite de oliva extravirgem
750g de pernil de carneiro sem osso cortado em pedaços pequenos
1/4 de colher de chá de sal
1/8 de colher de chá de pimenta-do-reino moída na hora
2 cenouras médias cortadas em pedaços pequenos
1 aipo descascado e cortado em cubos pequenos (cerca de 3 xícaras)
1 cebola média picada
4 dentes de alho amassados
2 colheres de chá de alecrim desidratado
1 colher de sopa de extrato de tomate
1/3 de xícara de vinho tinto seco
750g de tomates pelados com o caldo

Numa caçarola grande, aqueça 1 colher de chá de azeite em fogo médio. Adicione o carneiro e tempere com o sal e a pimenta-do-reino. Cozinhe, mexendo de vez em quando, por 6 minutos até o carneiro ficar ligeiramente dourado na parte externa e rosado no interior. Com a ajuda de uma espátula, transfira a carne para um prato.

Coloque o azeite restante na panela e leve ao fogo médio. Acrescente a cenoura, o aipo, a cebola, o alho, o alecrim, o sal e a pimenta-do-reino. Cozinhe por cerca de 5 minutos até que as hortaliças fiquem douradas. Adicione o extrato de tomate e cozinhe por mais 1 minuto. Junte o vinho e cozinhe por mais 1 minuto. Misture os tomates, desmanchando-os com a colher de pau. Deixe ferver e depois reduza o fogo. Cozinhe por cerca de 20 minutos até que as hortaliças fiquem macias e os sabores se misturem. Recoloque o cordeiro na panela e aqueça. Sirva quente.

Rendimento: 4 porções

INFORMAÇÕES NUTRICIONAIS

Cada porção contém: 398 calorias, 13g de gordura, 4g de gordura saturada, 39g de proteína, 28g de carboidrato, 6g de fibra, 568mg de sódio.

Chili com carne e feijão

Tempo de preparo: 10 minutos – Tempo de cozimento: 25 minutos

Usar dois tipos de feijão significa que este prato terá o dobro de fibras a oferecer. Escolhemos o feijão-preto e o fradinho, mas você pode optar pelo feijão-branco ou qualquer outro de sua preferência.

1 colher de sopa de azeite de oliva extravirgem

500g de carne moída magra

2 colheres de sopa de *chili* em pó

1/4 de colher de chá de pimenta-de-caiena

1 pimentão verde grande cortado em cubos

1 cebola média picada

4 dentes de alho amassados

2 colheres de chá de orégano desidratado

1 colher de sopa de extrato de tomate

450g de tomates em lata

500g de feijão-preto cozido e escorrido

500g de feijão-fradinho cozido e escorrido

1 lata de molho de tomate

Numa caçarola grande, aqueça o azeite em fogo médio. Acrescente a carne, 1 colher de sopa do *chili* e a pimenta-de-caiena. Cozinhe, mexendo bem, por cerca de 5 minutos ou até a carne ficar dourada. Com o auxílio de uma espátula, transfira-a para um prato.

Adicione o pimentão, a cebola, o alho, o orégano e o restante do *chili* na mesma caçarola. Cozinhe em fogo médio por 3 minutos, mexendo de vez em quando, até a cebola começar a amolecer. Junte o extrato de tomate e, em seguida, os tomates com o sumo, o feijão-preto, o feijão-fradinho e o molho de tomate. Tampe e deixe ferver por 10 minutos, mexendo de vez em quando. Destampe, adicione a carne cozida e cozinhe em fogo médio até o *chili* engrossar (cerca de 5 minutos). Sirva quente.

Rendimento: 4 porções

INFORMAÇÕES NUTRICIONAIS

Cada porção contém: 406 calorias, 11g de gordura, 3g de gordura saturada, 35g de proteína, 38g de carboidrato, 12g de fibra, 639mg de sódio.

Esta receita também pode ser usada nas refeições da Fase 1.

Risoto de cevada

Tempo de preparo: 5 minutos – Tempo de cozimento: 55 minutos

Como no risoto clássico, esta versão com cevada é deliciosa e cremosa. Seu preparo é ainda mais fácil do que o risoto tradicional, pois não é necessário mexer sempre. Esta receita é superversátil. Adicione cogumelos ou ervas frescas (no fim) para dar um toque original.

3 xícaras de caldo de galinha light
2 colheres de chá de azeite de oliva extravirgem
1 cebola pequena cortada em fatias finas
1/2 xícara de cevada
1/4 de xícara de queijo parmesão ralado na hora
1/4 de colher de chá de sal
Pimenta-do-reino moída na hora

Cozinhe o caldo em uma panela média, tire do fogo e tampe para manter aquecido.

Enquanto isso, leve outra panela com o azeite ao fogo médio. Acrescente a cebola e a cevada e mexa para misturar bem. Reduza o fogo e cozinhe por cerca de 5 minutos, mexendo de vez em quando, até que a cebola amoleça e a cevada esteja ligeiramente tostada.

Junte 1 xícara do caldo, deixe ferver um pouco e cozinhe por 12 minutos em fogo baixo, mexendo de vez em quando, até que o caldo tenha sido quase totalmente absorvido. Repita com outra xícara de caldo e depois com a xícara restante. O tempo de cozimento será de cerca de 50 minutos. Tire a panela do fogo e acrescente o queijo parmesão, o sal e a pimenta-do-reino. Sirva quente.

Rendimento: 4 porções

INFORMAÇÕES NUTRICIONAIS

Cada porção contém: 166 calorias, 5g de gordura, 2g de gordura saturada, 23g de carboidrato, 4g de fibra, 279mg de sódio.

Prepare com antecedência: O risoto de cevada pode ser congelado por 1 mês. Para aquecê-lo, use o forno de microondas.

Chips de batata-doce

Tempo de preparo: 10 minutos – Tempo de cozimento: 17 minutos

Estes saudáveis *chips* com pouca gordura ficam deliciosos com orégano. Para deixá-los mais picantes, adicione alho amassado.

2 batatas-doces grandes (1kg), cortadas em fatias pequenas em forma de meia-lua

2 colheres de chá de azeite de oliva extravirgem

1 colher de sopa de orégano

1 pitada de sal

Pimenta-do-reino moída na hora

Aqueça o forno a 200°C.

Junte a batata-doce, o azeite, o orégano, o sal e a pimenta-do-reino numa tigela grande e misture. Espalhe as fatias de batata-doce num tabuleiro e leve ao forno por 10 minutos. Vire as fatias com o auxílio de uma espátula e deixe assar por mais 7 minutos ou até que estejam douradas. Sirva quente.

Rendimento: 4 porções

INFORMAÇÕES NUTRICIONAIS

Cada porção contém: 216 calorias, 2g de gordura, 0,5g de gordura saturada, 4g de carboidrato, 7g de fibra, 197mg de sódio.

Couve com peru au gratin

Tempo de preparo: 15 minutos – Tempo de cozimento: 30 minutos

A couve é uma fonte abundante de nutrientes, fibras, vitamina C, vitamina B6 e betacaroteno. Sua textura forte faz com que seja ideal para um prato gratinado. Se quiser variar, use ingredientes como acelga, mostarda, nabo ou dente-de-leão. Na versão vegetariana, deixe de lado a carne.

500g de couve picada (sem o caule e as extremidades duras)
1 cebola pequena picada
2 dentes de alho amassados
4 fatias de peito de peru cortado
1/2 xícara de manteiga light
Pimenta-do-reino moída na hora
1/4 de xícara de queijo parmesão ralado na hora

Aqueça o forno.

Coloque um pouco de água em uma fôrma e leve ao forno. Adicione a couve e cozinhe em fogo médio, por cerca de 6 minutos. Escorra.

Coloque a cebola e o alho em uma panela e cozinhe em fogo baixo, mexendo até a cebola amolecer, por cerca de 7 minutos.

Acrescente o peito de peru e adicione a manteiga. Deixe ferver até reduzir ligeiramente. Tempere com pimenta-da-reino a gosto. Adicione a couve e mexa. Polvilhe o queijo e leve ao forno por 2 a 3 minutos para gratinar.

Rendimento: 4 porções

INFORMAÇÕES NUTRICIONAIS

Cada porção contém: 151 calorias, 6g de gordura, 2g de gordura saturada, 10g de proteína, 19g de carboidrato, 3g de fibra, 348mg de sódio.

Esta receita também pode ser usada nas refeições da Fase 1.

Biscoitos de amendoim com geléia

Tempo de preparo: 15 minutos – Tempo de cozimento: 14 minutos

Quem diria que se consegue preparar um biscoito tão delicioso de modo tão simples e com tão poucos ingredientes? E ainda por cima sem farinha de trigo refinada. O sabor de nozes é marcante, mas não é doce demais.

3/4 de xícara de adoçante

1 ovo grande

1 colher de chá de essência de baunilha

1 xícara de creme de amendoim sem gordura trans

1 colher de chá de bicarbonato de sódio

1/4 de xícara de geléia diet de qualquer sabor

Aqueça o forno a 175°C. Forre um tabuleiro com papel-manteiga.

Junte o adoçante, o ovo e a baunilha na batedeira e bata em velocidade baixa durante 3 minutos. Acrescente o creme de amendoim e o bicarbonato de sódio. Aumente a velocidade e bata até obter uma massa homogênea (cerca de 30 segundos).

Faça 24 bolas (2 colheres de chá) com a massa e arrume-as no tabuleiro afastadas uma da outra. Com o polegar, pressione levemente o centro de cada bola, formando uma depressão. Recheie cada depressão com 1/2 colher de chá de geléia.

Asse por 12 a 14 minutos até dourar o fundo. Depois que os biscoitos tiverem esfriado no tabuleiro, transfira para um pote com tampa.

Rendimento: 24 unidades

INFORMAÇÕES NUTRICIONAIS

Cada porção contém: 140 calorias, 11g de gordura, 2,5g de gordura saturada, 8g de proteína, 7g de carboidrato, 1g de fibra, 230mg de sódio.

Tiramisù de South Beach

Tempo de preparo: 20 minutos – Tempo de cozimento: 20 minutos – Tempo de esfriamento: 30 minutos

Esta apreciada sobremesa italiana enriquece qualquer refeição.

6 claras de ovos grandes
1/2 colher de chá de cremor tártaro
1/8 de colher de chá de sal
3/4 de colher de chá de extrato de baunilha
1/3 de xícara + 2 colheres de chá de adoçante
6 colheres de sopa de farinha de trigo integral
1/2 xícara de ricota light
1/2 xícara de creme chantilly light
1/4 de xícara de café *espresso* descafeinado forte
1/2 colher de chá de cacau em pó sem açúcar

Aqueça o forno a 175°C. Unte uma fôrma de 20 x 20cm com margarina light.

Com a batedeira em velocidade alta, bata por 5 minutos as claras, o cremor tártaro e o sal até formarem picos macios. Acrescente 1/2 colher de chá de essência de baunilha e volte a bater. Adicione 1/3 de xícara de adoçante e bata para dar mais consistência. Peneire 2 colheres de sopa de farinha de trigo sobre as claras em neve e misture para incorporar. Repita a operação com o restante da farinha. Despeje a massa na fôrma e uniformize a parte de cima. Asse por 20 minutos, virando a massa na metade do tempo. O bolo deve ficar dourado. Espere esfriar.

Misture a ricota, o chantilly e o restante do adoçante e da essência de baunilha numa tigela. Corte o bolo ao meio criando duas fatias de 10 x 20cm. Coloque as duas metades numa superfície lisa e polvilhe 2 colheres de sopa do café em cada uma delas. Espalhe metade da mistura de ricota numa das metades do bolo e cubra com metade do cacau. Disponha a outra metade do bolo por cima e cubra-a com o restante da mistura de ricota e do cacau. Corte o bolo em 4 fatias.

Rendimento: 4 porções

INFORMAÇÕES NUTRICIONAIS

Cada porção contém: 130 calorias, 2,5g de gordura, 1,5g de gordura saturada, 10g de proteína, 13g de carboidrato, 0g de fibra, 200mg de sódio.

Panna cota de café

Tempo de preparo: 20 minutos – Tempo de cozimento: 10 minutos – Tempo de resfriamento: 4 horas ou 1 noite

Tradicional sobremesa italiana gelada, *panna cota* significa "creme cozido". Na versão da Dieta de South Beach, a diferença está no uso do iogurte desnatado e da manteiga light. Se preferir um sabor mais forte de café, opte pelo pó de café *espresso* em vez do comum.

1 colher de iogurte natural desnatado
3/4 de colher de chá de gelatina sem sabor
1/2 xícara de manteiga light
3 colheres de sopa de adoçante em pó
1 colher de chá de pó de café
1/8 de colher de chá de baunilha

Unte 4 fôrmas com capacidade para 180ml com margarina light.

Forre um coador com papel-toalha e posicione sobre uma tigela grande. Coloque o iogurte no coador e deixe descansar por 15 a 20 minutos para engrossar um pouco.

Enquanto isso, numa panela pequena, polvilhe a gelatina sobre a manteiga e deixe descansar por 10 minutos. Leve ao fogo médio e cozinhe, mexendo até a gelatina se dissolver. Acrescente o adoçante, o pó de café e a essência de baunilha. Continue mexendo até o adoçante se dissolver. Tire do fogo.

Com o auxílio de uma espátula, transfira o iogurte para uma tigela grande. Adicione a mistura de manteiga e mexa bem. Distribua o creme entre as fôrmas, cubra e leve à geladeira por, no mínimo, 4 horas. Sirva gelado.

Rendimento: 4 porções

INFORMAÇÕES NUTRICIONAIS

Cada porção contém: 62 calorias, 1g de gordura, 1g de gordura saturada, 4g de proteína, 8g de carboidrato, 0g de fibra, 87mg de sódio.

Esta receita também pode ser usada nas refeições da Fase 1.

Shake cremoso de morango

Tempo de preparo: 5 minutos

Os morangos congelados dão uma consitência mais firme a este irresistível *shake* cremoso.

1 xícara de iogurte natural desnatado

1 xícara de leite desnatado

2 xícaras de morangos congelados

1 colher de chá de essência de baunilha

Junte no liquidificador o iogurte, o leite, os morangos e a essência de baunilha e bata até obter uma mistura homogênea. Sirva frio.

Rendimento: 4 porções

INFORMAÇÕES NUTRICIONAIS

Cada porção contém: 90 calorias, 1,5g de gordura, 1g de gordura saturada, 6g de proteína, 14g de carboidrato, 1g de fibra alimentar, 75mg de sódio.

Variação: Use outras frutas vermelhas de sua preferência.

Dr. Agatston esclarece dúvidas sobre a Fase 2

Agora que estou comendo novamente alguns carboidratos, posso manter a mesma quantidade de proteína que consumia antes?

Não sei qual era a quantidade de proteína magra que você estava ingerindo na Fase 1, mas tenho certeza de que era o suficiente para mantê-lo saudável e satisfeito. Como você sabe, quem faz a Dieta de South Beach não precisa contar gramas de proteína nem pesar os alimentos em nenhuma fase. Com a reintrodução dos grãos integrais e das frutas ricas em fibras na Fase 2, você naturalmente sentirá menos fome. Além disso, a quantidade de proteína magra necessária para saciá-lo será muito menor do que a da Fase 1. Dito isso, é importante, sim, ingerir alguma proteína – peixe ou frutos do mar, carne de boi ou de porco magra, carne branca de frango ou de peru – junto com os bons carboidratos na maioria das refeições. Como a proteína ajuda a retardar a digestão de carboidratos, o organismo produzirá menos insulina, as oscilações de açúcar diminuirão e você não terá mais vontade de beliscar entre as refeições. Recomendo também que se alimente devagar, saboreando a comida e apreciando a variedade de itens permitidos na Fase 2. Se fizer isso, deixará de se preocupar com a quantidade de proteína que pode ingerir, pois não sentirá fome. Outra dica: assim que estiver satisfeito, saia da mesa. Não há problema em deixar comida no prato.

Logo que comecei a Fase 2, engordei um pouco. Será que estou fazendo alguma coisa errada?

A maioria das pessoas, ao passar da Fase 1 para a Fase 2, continua emagrecendo (embora não tão rápido quanto na Fase 1), mesmo depois de reintroduzir os bons carboidratos na dieta. No entanto, algumas pessoas, como você, têm problemas. Há muitos motivos possíveis para esse ganho de peso.

1. Você está ingerindo muitos carboidratos cedo demais. Talvez esteja exagerando nos novos carboidratos e, sem querer, estimulando a vontade de comer mais. Veja nas páginas 259-260 as dicas sobre a reintrodução gradual dos bons carboidratos à dieta.

2. Você não varia a alimentação. Algumas pessoas que fazem dieta têm o hábito de comer a mesma coisa todos os dias, o que pode levá-las a comer demais para afastar o tédio alimentar. Varie sua alimentação diariamente e logo voltará a emagrecer. Os cardápios para a Fase 2 (páginas 262-275), apresentam várias idéias para café da manhã, almoço, jantar e até para deliciosas sobremesas.

3. Você não está aproveitando cada mordida. O estômago precisa de cerca de 20 minutos para comunicar ao cérebro que a quantidade de comida é suficiente. Se você comer muito rápido, esse mecanismo natural de feedback não terá tempo de entrar em ação. Meu conselho é começar a refeição com um grande prato de caldo ou sopa de hortaliças e, em seguida, saborear com calma todas as etapas da refeição. Beba uma taça de vinho, se desejar, e finalize com 1 xícara de chá ou café. Faça do jantar uma ocasião tranqüila e agradável. Você vai perceber que esse processo o ajudará a comer menos e apreciar mais a comida.

4. Você não está praticando atividade física suficiente. Não me canso de enfatizar a importância da prática regular de atividade física para estimular o metabolismo. As pessoas que encontram dificuldades na Fase 2 são as mais sedentárias. Aconselho você a consultar o programa de atividade física da Dieta de South Beach aditivada, que começa na página 107. Mesmo que você esteja sem fazer nada há muito tempo, esse programa o ajudará a se acostumar com os exercícios. O fato de estar na Fase 2 da dieta não significa que precise passar para a Fase 2 dos exercícios. Inicie o programa de caminhada intervalada e o treino de fortalecimento muscular da Fase 1 para entrar no ritmo e só passe para a Fase 2 quando estiver preparado.

Perdi peso nos primeiros meses da Fase 2, mas agora não consigo mais emagrecer. Ainda quero me livrar de 5 quilos e estou muito frustrado. O que preciso fazer para continuar emagrecendo?

Algumas pessoas obtêm ótimos resultados com a dieta nos primeiros meses, mas, em algum momento durante a Fase 2, o emagrecimento é interrompido antes que elas atinjam seus objetivos. Há vários motivos para isso. Descubra a causa do problema para resolvê-lo.

1. Você saiu dos trilhos. Faça um exame de consciência. Ainda está fiel aos princípios da dieta? Algumas pessoas, depois de seguirem o regime por um tempo, se descuidam e voltam a comer doces, carboidratos refinados e gorduras ruins em grandes quantidades. Não esperamos que você seja perfeito, mas, se quiser continuar emagrecendo, precisa se ater à dieta na maior parte do tempo. Faça uma "revisão". Leia novamente as listas de alimentos permitidos e de alimentos proibidos na Fase 1 e veja o que pode ou não reintroduzir na Fase 2. Examine os cardápios sugeridos e identifique novas maneiras de combinar alimentos. Se você comer demais, não alcançará os bons resultados que conseguiu antes. Tente controlar o que come. Para algumas pessoas, uma tática que funciona é anotar em um diário tudo o que consomem ao longo do dia. Isso lhes permite identificar em que estão exagerando, se na quantidade de nozes ou nos pedaços de queijo.

2. Você está se exercitando menos. Lembre-se: a melhor maneira de acelerar o emagrecimento é praticar mais exercícios. Quando começam a seguir o programa de atividade física, as pessoas ficam animadíssimas e têm o cuidado de encaixar os exercícios em seu dia-a-dia. Com o passar do tempo, porém, o entusiasmo pode diminuir. Mesmo quem gosta de fazer ginástica às vezes relaxa e dá uma "escorregada". Se você ainda segue a dieta mas diminuiu o ritmo ou parou de vez com os exercícios, pode ser esse o motivo que o está impedindo de emagrecer. Se quiser voltar a perder peso, retorne à rotina de atividades físicas e aumente sua intensidade. Examine novamente o programa de caminhada intervalada apresentado na parte dois deste livro – ele é a melhor maneira de manter o metabolismo queimando gordura e calorias o tempo todo.

3. Você chegou a um peso saudável. É possível que você tenha parado de emagrecer porque já chegou a um peso saudável. Se os níveis de colesterol e de açúcar no sangue se normalizaram e você não sente mais vontade de comer doces e carboidratos refinados, o desejo de perder mais 5 quilos pode ser mais uma questão estética do que de saúde (consulte a página 38 para obter informações sobre o assunto). Portanto, está na hora de intensificar sua rotina de exercícios, e não de restringir o consumo de calorias, o que pode levar ao efeito sanfona e posterior ganho de peso (consulte a página 45). Em vez de se preocupar com a balança, é melhor se exercitar de maneira mais eficiente e valorizar as conquistas que obteve em termos de aparência e bem-estar.

Descobri que quando me peso a toda hora as flutuações de peso me deixam louco. Qual é a melhor maneira de fazer esse monitoramento?

Nosso peso pode, de fato, aumentar e diminuir ao longo do dia, dependendo da quantidade de comida ingerida ou de quanto líquido retemos (peso líquido). Essas flutuações às vezes causam ansiedade e não têm importância. Ignore-as. A melhor maneira de acompanhar seu progresso é pesar-se uma vez por semana, na mesma hora e na mesma balança. Para a maioria das pessoas, o momento ideal para fazer isso é o começo da manhã.

A Dieta de South Beach é segura para crianças?

Não recomendo dietas de emagrecimento para crianças exceto em situações especiais, como expliquei no capítulo 8. Se elas têm hábitos alimentares saudáveis e fazem atividade física, o peso se estabilizará naturalmente. É verdade que crianças precisam de muitas calorias e nutrientes para se desenvolver de modo adequado, mas não devem ingerir calorias sem valor nutricional. Minha recomendação é que os pais e as crianças sigam os princípios da Dieta de South Beach e reforcem a presença dos bons carboidratos (frutas e hortaliças), das gorduras boas, da proteína magra, dos laticínios light e dos alimentos ricos em fibras. E também podem saborear uma guloseima de vez em quando. Essa é uma maneira saudável de se alimentar, pois evita o desenvolvimento do pré-diabetes, do diabetes e de muitas outras doenças que vemos em proporções epidêmicas em pessoas cada vez mais jovens.

Tenho problemas com glúten. A Fase 1 é ótima para mim porque não permite os grãos, mas e a Fase 2?

O glúten é uma proteína encontrada no trigo, na cevada e no centeio. Quem sofre de sensibilidade ao glúten, conhecida como doença celíaca, pode apresentar sintomas que vão de dor e inchaço abdominal à perda de peso e, em casos mais graves, problemas neurológicos. A intolerância ao glúten é causada por níveis elevados de anticorpos que atacam um componente do glúten denominado gliadina, provocando uma resposta inflamatória no organismo.

A doença celíaca pode ser diagnosticada com um exame de sangue ou com uma biópsia do intestino delgado, mas é possível ter um resultado negativo e ainda assim apresentar alguns sintomas da sensibilidade ao glúten, se não todos eles. Conheço histórias de pessoas que só descobriram a doença quando começaram a Fase 1 e deixaram de consumir grãos que contêm glúten. Muitos médicos (eu sou um deles) acreditam na existência de formas sutis de sensibilidade ao glúten que não são detectadas nesses exames de diagnóstico. O verdadeiro teste consiste em ver como a pessoa se sente depois de eliminar essa substância da alimentação.

Mesmo que você não possa ingerir alimentos que contêm glúten, é possível seguir todas as fases da Dieta de South Beach. Basta escolher os carboidratos certos e passar a consumir produtos sem glúten compatíveis com a dieta. Por exemplo: pães, cereais e massas feitas com farinha de arroz integral, além de batata-doce e abóbora-espaguete. A receita de quiche de hortaliças (página 205) que recomendamos na Fase 1 é perfeita para você em qualquer fase. Ingerir proteínas magras e carboidratos bons é vital no seu caso, sejam quais forem os outros alimentos que esteja ingerindo. Tome cuidado porque existem versões sem glúten de carboidratos processados. É preciso ler os rótulos com atenção. Fique longe dos produtos com muito açúcar e poucas fibras. Às vezes, o glúten está presente em itens que nem imaginamos, como em algumas marcas de hambúrguer. Portanto, se você tem intolerância a essa substância, precisa examinar em detalhes todos os produtos alimentícios antes de comprá-los.

FASE 3

Seguindo a Dieta de South Beach pelo resto da vida

Parabéns! Você conquistou um peso saudável e agora está pronto para passar à fase de manutenção da dieta. Na verdade, poderá continuar na Fase 3 para sempre, pois não se trata mais de seguir um regime alimentar, e sim de adotar um estilo de vida. Os princípios saudáveis da Dieta de South Beach melhoram a saúde e o bem-estar de um modo geral.

Imagino que as suas novas escolhas alimentares sejam agora algo natural, quase automático, pois você conseguiu emagrecer e alcançar o peso desejado depois de cumprir os fundamentos básicos das Fases 1 e 2. Dar preferência a refeições à base de hortaliças, pães e cereais integrais, peixes, frutos do mar e cortes magros de carne e aves já deve ser um hábito tão arraigado em você quanto ler os rótulos dos alimentos e evitar os que contêm gorduras saturadas ou trans.

É por esse motivo que não há cardápios nem receitas para a Fase 3 deste livro. Minha experiência de cinco anos com adeptos da Dieta de South Beach mostra que, nesta altura do processo, você já deve ser capaz de preparar refeições saudáveis sozinho. A idéia é que use os cardápios planejados e todas as receitas das Fases 1 e 2 sempre que quiser e, é claro, sinta-se livre para consultar as listas de alimentos quando sentir necessidade de refrescar a memória.

Nosso objetivo sempre foi ensiná-lo a fazer escolhas alimentares benéficas, tanto para si mesmo quanto para sua família, permitindo que desfrute até de uma sobremesa de vez em quanto, sem que volte a engordar.

Agora que você chegou à Fase 3, poderá reintroduzir novos alimentos, especificamente os que procurou evitar durante a Fase 2. Isso não será um problema. Você já deve conseguir monitorar a reação de seu corpo a determinados itens, saber o que dispara sua compulsão e, assim, fazer as escolhas certas. Se, diante dessa nova liberdade, descobrir que não consegue comer apenas um pedaço de pão francês sem devorar todos os outros pãezinhos que vê pela frente ou que não é capaz de tomar uma bola de sorvete sem acabar com o pote inteiro, é sinal de que deve evitar essas tentações, pelo menos por um tempo.

A boa notícia é que na Fase 3 nenhum alimento é proibido, a não ser que você assim o declare. O desafio agora consiste em aprender a incorporar esses pequenos pecados à alimentação sem engordar. Para isso, é essencial continuar seguindo o programa de atividade física – a caminhada intervalada e os exercícios de fortalecimento muscular. Essa é a melhor maneira de manter tanto o peso quanto a saúde.

Dr. Agatston esclarece dúvidas sobre a Fase 3

Mal entrei na Fase 3 e já comecei a engordar um pouco. O que devo fazer?

No seu caso, a pergunta certa a fazer é: por que está engordando? Há duas razões possíveis: ou você não está mais seguindo os princípios da dieta ou não está se exercitando o suficiente.

Em primeiro lugar, analise o que está comendo. Será que está exagerando nos alimentos que só devem ser ingeridos em ocasiões especiais? Se for o caso, precisa entender que os antigos hábitos alimentares o farão engordar. Se começar a ter vontade de consumir doces e carboidratos refinados (o que eu desconfio que possa ser a causa de seu problema), talvez precise voltar à Fase 1 até que o desejo de comer essas coisas desapareça. Se o ganho de peso for mínimo e você não estiver sentindo vontade de comer esses alimentos, volte para o plano alimentar da Fase 2 que funcionou antes. O bom da Dieta de South Beach é sua flexibilidade de acomodar as mudanças da vida cotidiana.

Em segundo lugar, é importante avaliar a intensidade de sua atividade física. Algumas pessoas acreditam que, ao atingirem o peso desejado, podem parar de se exercitar. Nada mais errado. A ginástica ou o esporte são essenciais para a manutenção do peso a longo prazo, especialmente quando se está adotando um estilo de vida que inclui aquelas guloseimas ocasionais.

O mais interessante do programa de atividade física é que ele mantém o metabolismo acelerado, aumentando a queima de gorduras e calorias. E é isso que permite comer aquela guloseima ocasional sem engordar.

É importante integrar o programa de atividade física ao estilo de vida, como você fez com a dieta. Ou seja, exercite-se na mesma hora e no mesmo lugar o máximo de vezes que puder.

Minha vontade de consumir doces e carboidratos refinados voltou na Fase 3. É uma tortura comer apenas um biscoito. Não engordei, mas estou preocupado. O que devo fazer para evitar que isso aconteça?

O melhor da Fase 3 é que não há alimentos proibidos, o que significa liberdade para consumir qualquer coisa, do biscoito à batata frita, *de vez em quando*. Trata-se de uma fase em que você deve experimentar alimentos diferentes (de preferência saudáveis) e identificar quais deles são adequados no seu caso. Se não conseguir incluir alguns tipos de alimentos com açúcar ou amido sem que eles aumentem sua vontade de comer, só há uma solução: evitá-los. Por que se torturar? Há muitos itens que não causam problemas. Experimente os biscoitos de amendoim com geléia (página 304) ou os chips de batata-doce (página 302).

É claro que haverá ocasiões em que você não vai resistir às tentações. Quando isso acontecer, coma uma pequena quantidade delas, mas volte às escolhas alimentares mais saudáveis assim que possível. Jamais sinta que está abandonando a Dieta de South Beach. Empanturrar-se num dia porque no outro não vai mais poder comer gera uma mentalidade do tipo "tudo ou nada" que prejudica a transformação da dieta em um estilo de vida.

Ainda preciso fazer lanches entre as refeições durante a Fase 3?

Depende do que você come durante o dia. Se estiver fazendo três boas refeições e não sentir fome nos intervalos, talvez nem precise dos lanches. Lembre-se de que o objetivo deles é evitar as quedas nos níveis de glicose no sangue que causam a vontade de ingerir doces e carboidratos refinados. Nas Fases 1 e 2, os lanches eram importantes para ajudá-lo a livrar-se desses alimentos e a se ajustar a esse novo estilo de nutrição. Porém, agora que você chegou à Fase 3, não está mais

VIVENDO A DIETA DE SOUTH BEACH

JOCELYN J., 57 ANOS: "NOSSA VIDA MUDOU PARA MELHOR."

Recebi o diagnóstico de câncer de mama em 2000 e enfrentei uma mastectomia dupla, seguida de sessões de quimioterapia. Foi um período muito difícil. Depois que o tratamento terminou, engordei por causa da medicação. Meu manequim mudou rapidamente. Eu, que sempre tinha sido magra, logo estava com 80 quilos, o que é demais para minha altura (1,70m). É desnecessário dizer que não fiquei contente com a situação. Procurei comer menos, porém, não adiantou. Pensei que jamais conseguiria recuperar minha forma física e resignei-me a viver infeliz com meu peso. Na época, meu marido, que pesava mais de 100 quilos, foi orientado por seu cardiologista a seguir a Dieta de South Beach para tentar baixar o colesterol. Como eu também queria emagrecer, decidimos experimentá-la juntos.

Comprei o livro de receitas da dieta e aprendi muito sobre como comer e como combinar as refeições. Sou meio *gourmet* e adoro comida de qualidade. Fiquei muito animada quando comecei a ler as receitas. Eram ótimas. Meu marido, que não gosta muito de peixe, até apreciou um dos pratos de peixe que preparei. Ao longo dos meses que se seguiram, perdemos quase 15 quilos. A Dieta de South Beach mudou nossa vida para melhor. Agora fazemos nossas escolhas alimentares de forma consciente. De vez em quando comemos alguma coisa que não devíamos, mas não voltamos a engordar. Doei todas as minhas "roupas de gorda" e jurei que nunca mais chegaria àquele ponto novamente. Sempre que sinto que meu peso está fugindo do controle, volto para a Fase 2.

ingerindo os itens que despertam esse desejo de comer, o que diminui a importância dos lanches.

O interessante é que muitos adeptos da dieta que estavam na Fase 3 me disseram que preferiam "beliscar" e saborear refeições menores durante o dia a fazer três refeições completas. Há realmente uma vantagem em comer menos, porém com mais freqüência, e o motivo é a termogênese – a medida da quantidade de calorias queimadas como parte da digestão da refeição. Não é surpresa que se queimem mais calorias durante a digestão de refeições maiores – mas não são tantas assim. Portanto, se você ingerir a mesma quantidade de alimentos saudáveis só que divididos em cinco refeições menores, aumentará a queima de calorias porque acionará o sistema digestivo mais vezes.

Não se esqueça de que há ocasiões em que o lanche pode ser muito útil. Quando você sabe que jantará tarde ou irá a um coquetel cheio de tentações, lanchar em casa vai ajudá-lo a aplacar a fome. Se você permitir que o desejo de comer apareça, acabará comendo demais. Conclusão: na Fase 3, a Dieta de South Beach se ajusta ao *seu* estilo de vida. Só você sabe o que é melhor para manter seu novo peso. E está livre para fazer essas escolhas.

Devo tomar algum suplemento nutricional?

Recomendo a ingestão de poucos suplementos, pois esses produtos não proporcionam resultados tão eficientes quanto os alimentos propriamente ditos. Devemos obter os nutrientes necessários por meio de uma alimentação rica em alimentos naturais, o que significa uma grande variedade de frutas e hortaliças, pois elas contêm milhares de fitonutrientes que são muito importantes para a saúde (consulte o capítulo 7). Até o momento, as pesquisas realizadas sobre suplementos antioxidantes foram desanimadoras. Não há pílula, incluindo-se a polivitamínica, que funcione tão bem quanto uma alimentação saudável. Recomendo apenas um suplemento de ômega-3 (óleo de peixe) porque é difícil obter a quantidade necessária desse ácido graxo a partir dos alimentos. Eu tomo um suplemento de óleo de peixe e oriento meus pacientes a fazerem o mesmo. Os ingredientes ativos do ômega-3 são o ácido docosahexaenóico (DHA) e o ácido eicosapentaenóico (EPA) e ambos são mencionados no rótulo do suplemento. A dose ideal é de 1.000 a 2.000mg de DHA e EPA por dia. Os suplementos de cálcio também podem ser úteis para mulheres que correm risco de desenvolver osteoporose.

Posso realmente comer o que eu quiser na Fase 3?

Se você está se referindo a uma sobremesa de vez em quando, é claro que sim. Na Fase 3 não há restrições. Você pode comer aquela taça pequena de sorvete ou aquele pedacinho de bolo de chocolate que antes eram proibidos. Mas não exagere. Entrar na Fase 3 não é abandonar os bons princípios da dieta e retomar velhos hábitos prejudiciais. É preciso continuar fazendo escolhas saudáveis pelo resto da vida.

VIVENDO A DIETA DE SOUTH BEACH

WENDY N., 30 ANOS: "ESTE É MEU NOVO ESTILO DE VIDA."

Há dois anos, eu pesava 167 quilos. Já estava tomando medicação para hipertensão e os médicos me alertaram sobre a possibilidade de desenvolver diabetes se não emagrecesse. Minha mãe é diabética, mas eu era jovem e me considerava invencível. Em outubro de 2006, meu médico me disse que eu estava pré-diabética.

Foi o próprio médico quem recomendou a Dieta de South Beach. Ao ler os fundamentos da dieta, percebi que conseguiria fazer aquilo. Eu podia continuar comendo as mesmas coisas, mas tinha que prepará-las de maneira diferente. Nas duas primeiras semanas, perdi quase 7 quilos e nem fiz exercícios, apenas ingeri os alimentos certos. Notei que, se seguisse o programa de atividade física, poderia emagrecer muito mais. Comecei lentamente e hoje me exercito 6 dias por semana. Emagreci mais de 55 quilos ao longo de um ano. Há dias em que dou uma escapada, mas sempre me lembro do que o Dr. Agatston diz sobre voltar rapidamente aos trilhos.

Durante uma consulta recente com o médico, descobri que não estou mais pré-diabética e que não preciso mais de medicação para hipertensão. Foi tão fácil adotar a Dieta de South Beach que nem lembro que estou fazendo regime. É simplesmente minha nova maneira de viver.

Informações sobre os próximos lançamentos

Para receber informações sobre os lançamentos da EDITORA SEXTANTE, basta cadastrar-se diretamente no site www.sextante.com.br

Para saber mais sobre nossos títulos e autores, e enviar seus comentários sobre este livro, visite o nosso site www.sextante.com.br ou mande um e-mail para atendimento@esextante.com.br

EDITORA SEXTANTE
Rua Voluntários da Pátria, 45 / 1.404 – Botafogo
Rio de Janeiro – RJ – 22270-000 – Brasil
Telefone (21) 2286-9944 – Fax (21) 2286-9244
E-mail: atendimento@esextante.com.br